Blanchemain
a longtemps habité Longfond
Commune S Outches (Indre)
voir p 417

150

84項

POÉSIES
1460

SE TROUVE AUSSI

A PARIS, chez AUGUSTE AUBRY, rue Dauphine, 16.
A ROUEN, chez LEBRUMENT.
A CAEN, chez LEGOST-CLÉRISSE.

Tiré à 250 Exemplaires.

PARIS. — IMPRIMERIE DE J. CLAYE, RUE SAINT-BENOIT, 7

POÉSIES

DE

PROSPER BLANCHEMAIN

FOI, ESPÉRANCE ET CHARITÉ
POËMES ET POÉSIES
IDÉAL

PARIS

PAUL MASGANA, LIBRAIRE

GALERIE DE L'ODÉON, 12

MDCCCLVIII

FOI
ESPÉRANCE ET CHARITÉ

Toi qui m'as si tendrement chéri sur la terre, toi qui me protéges encore aujourd'hui du ciel où ton âme est allée, reçois l'hommage de ces vers que tu aimais, et dans lesquels peut-être survit un parfum de ton coeur.

Tu aurais été heureuse de les voir ainsi réunis.

Pourquoi faut-il que je ne puisse consacrer qu'au souvenir seul de ta tendresse ineffable, à la mémoire de tes pieuses vertus, ce livre que j'aurais déposé avec tant de joie sur tes genoux,

O Ma Mère Adorée!

LIVRE PREMIER

Et quoi que ce soit que vous demandiez avec foi dans la prière, vous l'obtiendrez.

SAINT MATHIEU, ch. XXI, v. 22.

Bella, immortal, benefica
Fede ai triomfi avvezza,
Scrivi ancor questo....

A. MANZONI.

LA FOI

A UN APOTRE MODERNE

> Prenez garde de ne pas refuser
> d'entendre celui qui parle.
> SAINT PAUL *aux Hébreux*, c. XII, v. 25.

I.

Déjà ce peuple-roi qui portait les deux pôles,
A force de grandeur se créant des revers,
Avait senti ployer ses robustes épaules
    Sous le fardeau de l'univers.

Le temps obscurcissait sa brillante auréole;
Son aigle s'endormait dans un repos profond,
Et l'écho murmurait, la nuit, au Capitole :
    « Les dieux s'en vont! les dieux s'en vont! »

1.

La croyance était morte et n'avait plus d'apôtre;
Les cieux déserts roulaient des astres inconnus,
Et les peuples tremblants se disaient l'un à l'autre :
    « Les derniers jours sont-ils venus? »

Il fallait au vieux monde une nouvelle idée;
Il n'avait plus l'Olympe et pas encor le Ciel.
Un homme, nommé Jean, parut dans la Judée,
    Prêchant aux tribus d'Israël.

C'était un saint prophète à la voix fière et mâle;
Il disait : « Ouvrez-vous, sentiers de l'avenir!
Je ne mérite pas d'essuyer la sandale
    Du Rédempteur qui va venir.

« J'arrive seulement prêchant la pénitence;
Car le fils de David marche derrière moi.
Chante, ô Jérusalem, un hymne d'espérance :
    Voici ton Seigneur et ton Roi! »

Alors Jérusalem prit ses habits de fête,
Monta sur sa colline, et regardant au loin,
Dit : « Où donc est celui qu'annonce le prophète?
    Et d'où vient qu'il ne paraît point? »

Sion! malheur à toi! Jésus fils d'une femme,
Jésus persécuté, Sion, malheur à toi!
Jésus crucifié sur le Calvaire infâme,
    Voilà ton Seigneur et ton Roi!

C'est lui qui doit, sorti de ses voiles funèbres,
Renaître de la mort, et, dans sa majesté,
Ainsi que le soleil qui chasse les ténèbres,
    Resplendir sur l'immensité !

II.

Apôtre ! nous rentrons dans ces jours d'épouvante
    Où la terre mouvante,
Dans la convulsion d'un grand enfantement,
    Frémit jusques à ses entrailles.
D'un monde corrompu, qui se meurt lentement,
    Le Temps sonne les funérailles.

Voici que nous errons dans la nuit d'autrefois ;
    De lamentables voix
Aux dieux d'un siècle impur lancent leur anathème ;
Les premiers de jadis sont derniers aujourd'hui,
    Et le Maître suprême
A retiré son bras qui faisait leur appui.

III.

A chaque point du ciel une tempête gronde ;
Des tonnerres nouveaux ébranlent ce vieux monde
    Sur ses antiques fondements ;
La flamme qui dévore et demande à s'étendre,

Tord dans ses bras de feu, brise et réduit en cendre
    Les palais et les monuments.

La sanglante discorde et les guerres civiles
De meurtres inouïs épouvantent les villes;
    Les premiers-nés des nations,
Au lieu de vivre en paix et de s'aimer en frères,
Meurent en s'égorgeant et lèguent leurs colères
    Aux autres générations.

Le pâle choléra, ce monstre aux pieds rapides,
Qui couve l'univers sous ses ailes livides
    Et qui souffle un vent de trépas,
Confondant les vainqueurs, les vaincus pêle-mêle,
Moissonne avant la guerre et revient, après elle,
    Glaner dans le champ des combats.

L'Éternel, irrité de nos longues offenses,
Aurait-il déchaîné le char de ses vengeances
    Contre le monde épouvanté?
Et les astres des cieux, et les mers, et la terre
Vont-ils s'anéantir, comme un fragile verre,
    Aux mains de la Divinité?

Non; car le siècle sent, au sein de la tourmente,
Quelque germe inconnu, qui dans l'ombre fermente
    Sur les dépouilles du passé,
Qui jette lentement ses profondes racines,
Qui va, resplendissant, s'élancer des ruines
    Du vieil univers renversé!

Car Dieu n'a pas de nous détourné son visage ;
L'homme, né de son souffle et fait à son image,
    N'est pas encor déshérité ;
Et, pour régénérer notre race maudite,
Déjà quelque Sauveur, prêt à naître, palpite
    Dans les flancs de l'humanité !

IV.

Et toi, nouveau saint Jean, avec ta voix austère,
    Avec ton élan chaleureux,
Tu parais, annonçant aux peuples de la terre
    L'Évangile rouvert pour eux.

Tu dis : « Venez vers Dieu, vous tous dont le cœur ploie,
    Humains fatigués de souffrir,
Et Dieu vous donnera l'espérance et la joie,
    Le baume qui doit vous guérir.

« Venez ! vous qui pleurez les pleurs de la misère,
    Et l'on vous séchera les yeux ;
Venez ! vous dont le front tombe dans la poussière,
    On l'élèvera vers les cieux. ».

Alors le laboureur achève, avec ivresse,
    Le sillon qu'il mouillait de pleurs,
Espérant moissonner un jour dans l'allégresse
    Ce qu'il sema dans les douleurs.

La jeune travailleuse, en t'écoutant, s'arrête,
    Se relève et sourit d'amour ;
Comme le lis des champs, courbé par la tempête,
    Renaît sous un rayon du jour.

Et le jeune soldat, dont le cœur plein de séve
    Ne rêvait que d'exploits guerriers,
Gémit sur sa conquête ; il ne veut plus de glaive
    Que pour défendre ses foyers.

V.

Ainsi la Foi première, à ta voix revenue,
    Nous verse les trésors du ciel.
En vain des cœurs pétris d'amertume et de fiel
    L'ont proscrite et l'ont méconnue.

En vain, fiers de leur haine et de leur désespoir,
    Ils ont renié ses merveilles ;
En vain ils ont fermé les yeux et les oreilles,
    De crainte d'entendre et de voir.

Malheur à qui sur elle entasse les outrages ;
    Car l'Éternel est son appui.
Victime impérissable et sainte comme lui,
    Elle attend la fin des orages.

Qu'ils dressent donc la croix, qu'ils hâtent le bourreau !
    Fille du Sauveur de la terre,

La Foi supportera comme lui le Calvaire,
  Et les douleurs et le tombeau.

Ils croiront que les vers en ont fait leur pâture ;
  Mais que le réveil sera prompt !
Elle se lèvera soudain, brisant du front
  La pierre de sa sépulture.

Et tout tremblants encor, les yeux à peine ouverts,
  Ils chercheront en bas sa trace,
Que déjà, de sa gloire illuminant l'espace,
  Elle éblouira l'univers !

L'ORAISON DOMINICALE

PARAPHRASE

O Seigneur ! à travers l'espace radieux,
    Où les mondes autour des mondes
Entrelacent sans fin leurs spirales profondes ;
Du sein des univers, des soleils glorieux,
Dans l'éther qui toujours finit et recommence,
    S'élève une prière immense :
O notre père à tous, notre père des cieux !

Et la création, ainsi qu'une captive
    Qui presse les genoux d'un roi,
Tressaillant de ferveur, de tendresse et d'effroi,
S'incline et se confond devant vous attentive ;
Ainsi qu'un vermisseau la terre est sous vos pieds,
    Sur le ciel vous vous asseyez :
Que votre nom soit saint, que votre règne arrive.

Vous êtes le seul grand! l'éclair est dans vos yeux,
    Et vous parlez avec la foudre;
Comme le voyageur qui fait voler la poudre,
Vous pourriez, balayer d'un geste insoucieux,
Les mondes confondus dans un seul anathème :
    Que votre volonté suprême
Soit faite sur la terre ainsi que dans les cieux.

Car vous tenez sur nous une coupe inclinée,
    D'où les orages en fureur
Pourraient verser sans fin le désastre et l'horreur.
Mais la terre par vous n'est pas abandonnée,
C'est vous qui gouvernez l'aile de l'aquilon,
    Vous qui fécondez le sillon...
Donnez-nous aujourd'hui le pain de la journée.

Et l'homme, atome vain que toujours caressa
    Votre tendre sollicitude,
Flétrit tout par sa haine et son ingratitude!
Adoucissez le cœur qu'un autre cœur froissa,
Vous, le Dieu bon, le Dieu de toutes les clémences,
    Et pardonnez-nous nos offenses
Comme nous pardonnons à qui nous offensa.

L'existence est en butte à des piéges infâmes.
    Ainsi qu'un ravisseur de nuit,
Le démon tentateur nous épie et nous suit;
Est-il sur terre un bien à l'abri de ses flammes?
Est-il un bras si fort qu'il n'ait su le courber?
    Ne nous laissez pas succomber
A la tentation qui menace nos âmes!

Veillez sur nous ! la vie est un chemin fatal
    Qui mène vers un but sublime,
Mais qui serpente, au flanc des monts, sur un abîme,
D'où semblable au vertige un esprit infernal
Éblouit et surprend le passant misérable.
    Seigneur, soyez-nous secourable !
Seigneur, exaucez-nous ! *Délivrez-nous du mal !*

Amen ! gloire à vous seul, au ciel et sur la terre !
    Ainsi les temps suivront les temps ;
Ainsi, de cieux en cieux, les astres éclatants
Chanteront, dans leur cours, l'hymne sacramentaire,
Jusqu'à l'heure terrible où, jugeant les humains,
    Vous replongerez de vos mains
Les mondes en débris dans l'éternel mystère.

LE RAMEAU BÉNIT

ÉLÉGIE

COURONNÉE PAR L'ACADÉMIE DES JEUX FLORAUX

Rameau vert, qu'à l'église une sainte parole
    Vient de bénir,
De la joie ou des pleurs m'offres-tu le symbole
    Dans l'avenir?

Es-tu fils du rameau que la colombe en marche,
    Par un beau soir,
Rapporta comme emblème aux habitants de l'Arche,
    Rameau d'espoir?

Ou, viens-tu de ce buis qui penche au cimetière
    Son front en deuil,
Et de nos morts aimés ombrage la poussière
    Dans le cercueil?

Mais non ! à ton aspect c'est l'espoir qui doit naître,
  Et non l'effroi :
Aujourd'hui dans Sion Jésus, le divin maître,
  Rentrait en Roi ;

Le feuillage et les fleurs jonchaient sa trace aimée,
  Et chaque Hébreu
Étendait son manteau sur la route embaumée,
  Aux pieds du Dieu.

Rameau bénit au nom du saint Fils de Marie,
  En qui j'ai foi,
Rappelle-moi le jour de la Pâque-fleurie,
  Sacré pour moi ;

Qu'une tendre pensée à tes feuilles s'attache
  Dans mon esprit ;
Couronne le vieux cadre où la Vierge sans tache
  Prie et sourit.

Protége mon sommeil, donne-moi d'heureux songes,
  Jusqu'aux instants
Où, pour moi, de quitter la terre et ses mensonges
  Viendra le temps.

Alors dans l'eau bénite on trempera ta feuille,
  Et chaque ami,
Rêveur, aspergera la terre, qui recueille
  L'homme endormi.

Si mon départ suprême éveille quelque plainte,
  Quelques douleurs,

LE RAMEAU BÉNIT.

Si de rares chrétiens aux gouttes de l'eau sainte
    Mêlent des pleurs ;

Rameau cher et sacré, parle à ces âmes sombres
    De pur amour,
Dis à ces cœurs brisés qu'ici-bas sont les ombres,
    Là haut le jour.

Toi qui fêtas en Roi, dans sa marche adorée,
    Le Dieu mortel,
Présage encor l'espoir et fête aussi l'entrée
    D'une âme au Ciel.

LA FILLE DE JAIRE

POÈME

A M. AUGUSTE LE PRÉVOST

MEMBRE DE L'INSTITUT

> Il la prit par la main et lui dit :
> « Talitha cumi » ; c'est-à-dire : ma
> fille, levez-vous, je vous l'ordonne.
> SAINT MARC, ch. v, v. 41.

En passant vers le soir sur le chemin aride,
Qui de Capharnaüm conduit à Bethsaïde,
Jadis le voyageur, dans la verte saison,
Apercevait de loin une blanche maison.
Deux palmiers lui formant un gracieux portique,
Devant elle, enlacés par une vigne antique,
S'élevaient, et la vigne en berceau les suivant,
Étendait sur le seuil son ombrage mouvant.
Par des platanes verts de tout bruit isolée,
Qu'elle était belle alors, d'ombre à demi voilée,
Quand le soleil, plongeant dans l'espace éternel,

Teignait de pourpre et d'or les cimes du Carmel,
Et que le lac d'azur, où glissait quelque voile,
S'argentait aux clartés de la première étoile.

Par un dernier rayon les monts étaient rougis :
Jaïre retournait vers ce riant logis,
Quand des gens attroupés interrompent sa route.
Debout, au milieu d'eux, un homme qu'on écoute,
Un homme au noble geste, à la puissante voix,
Tient suspendus les pas et les cœurs à la fois.
C'est Jésus ! — Curieux d'entendre les paroles
De celui dont Juda redit les paraboles,
Jaïre malgré lui s'arrête, obéissant
A la voix du prophète, à son charme puissant.
Viennent alors des gens qui de Tibériade
Apportaient un perclus, depuis longtemps malade.
Or Jésus s'approchant suivi de ses amis :
« Ayez foi, lui dit-il, vos péchés sont remis. »
Jaïre l'écoutait et pensait en lui-même :
Cet homme est fou sans doute, ou plutôt il blasphème !
Jésus, qui dans son cœur lisait son peu de foi,
L'aborde en souriant : « Pourquoi laisser en toi
« Fermenter ce levain de mauvaise pensée ?
« Quelle chose en effet te semble plus aisée
« De dire : Vos péchés vous sont remis ! ou bien :
« Levez-vous et marchez ! — Or donc, Pharisien,
« Pour qu'il te soit prouvé que le fils de la femme
« Peut délivrer le corps comme il délivre l'âme,
« Debout ! ajouta-t-il, s'adressant au perclus :
« Emportez votre lit; allez ! ne péchez plus ! »

Or le paralytique, à cet ordre suprême,
Se leva, prit son lit et l'emporta lui-même.
Puis Jésus s'éloigna. Le groupe dispersé,
Jaïre poursuivit son chemin commencé.
En foulant à pas lents le sentier solitaire,
Il songeait à cet être entouré de mystère;
Mais son orgueil, rebelle au pouvoir du Sauveur,
Ne voulait voir en lui qu'un fourbe ou qu'un rêveur.
Il ne comprenait pas, homme à l'étroit génie,
A tant d'humilité tant de grandeur unie.
Le Messie, à ses yeux, devait sur l'univers
Tonner comme un orage environné d'éclairs;
Mais un homme humble et doux qui partout faisant grâce,
Bénissant qui le hait, plaignant qui le menace,
Passait sur cette terre en répandant le bien,
Cet homme-là n'était qu'un vil magicien.
Il marche, et cependant, sous la blanche demeure
Que d'un rayon si doux le jour mourant effleure,
L'enfant de son amour, la belle Séphora,
Dont un mal inconnu tout à coup s'empara,
Gémissante s'agite; une livide fièvre
Enflamme son regard et contracte sa lèvre.

Attentive à ses maux, souffrant plus qu'elle encor,
Sa mère est là, veillant comme sur un trésor,
Pâle d'inquiétude et de pleurs inondée.
« Mère, dit Séphora, Dieu m'a redemandée.
« Mon cœur va se briser; mes jours sont révolus.
« Soleil, qui disparais, je ne te verrai plus !

LA FILLE DE JAIRE.

« — Dieu nous chérit, ma fille ; il veut que l'on espère !

« — Que seulement je puisse encor revoir mon père.
« Mes yeux seront fermés s'il tarde à revenir ;
« Car mon heure est prochaine et le temps va finir.
« O Jaïre ! ô mon père ! et toi, mère adorée,
« Par moi votre vieillesse eût été vénérée.
« Qui donc remplacera l'enfant de votre amour,
« Pour vous veiller la nuit, pour vous servir le jour ?
« Et toi, que feras-tu sans ta fille sur terre ?
« La nuit, tu pleureras ta douleur solitaire,
« Et quand luira l'aurore à l'horizon lointain,
« Tu ne recevras plus le baiser du matin.
« Le ciel ne peut vouloir que je te sois ravie ;
« Pour lui ma mort n'est rien, et tu vis de ma vie.
« O t'embrasser demain, revoir le jour, guérir !
« Sauve-moi ! sauve-moi ! je ne veux pas mourir ! »

Sa mère, en écoutant ces cris de la souffrance,
Le désespoir au cœur lui parlait d'espérance,
Lui souriait en face, et, cachant ses douleurs,
Vingt fois se détournait pour essuyer ses pleurs.

Séphora faiblissait sous l'atteinte cruelle,
Lorsqu'arriva Jaïre. A l'horrible nouvelle,
Il s'élance : « O ma fille !... » Elle n'entendait pas,
Et sur son front flottaient les pâleurs du trépas.
En voyant expirer son enfant, son idole,
Jaïre, l'œil éteint, sans force, sans parole,
Pleurait. Mais tout à coup, à ce spectacle affreux,

Un rayon a brillé dans son cœur douloureux.
L'orgueil pharisien, voile obscur de sa vue,
Se dissipe aux clartés d'une flamme imprévue;
La foi qu'il méprisait dans ses regards a lui :
Il croit, espère, adore, et Dieu même est en lui.
« O Jésus! disait-il en frappant sa poitrine,
« Pour avoir méconnu ta mission divine,
« Jésus, c'est trop punir mon incrédulité!
« Ta puissance n'a rien d'égal que ta bonté;
« Tu remets les péchés; tu veux, le mal s'envole;
« Tu parles, les perclus marchent à ta parole.
« Jésus! pardonne-moi, puisque Dieu dans tes mains
« A remis son pouvoir pour sauver les humains! »

— « Il est si bon, si pur, dit la mère, oh! qu'il vienne!
« Qu'il vienne, il comprendra ma douleur et la tienne.
« Qu'il veuille seulement, il nous la sauvera;
« Qu'il dise une parole et notre enfant vivra! »

Jaïre aussitôt part, et, franchissant la plaine,
Aux genoux du Sauveur il tombe hors d'haleine :
« Maître! viens avec moi. Ma fille va mourir :
« C'est mon unique enfant; tu peux seul la guérir.
« Impose-lui tes mains, et le mal comme un rêve,
« Va fuir, et mon enfant vivra! »
                                    Jésus se lève;
Il marche. « Conduis-moi, dit-il, en ta maison.
« De ta croyance en Dieu dépend la guérison. »

Mais de la ville à peine ils franchissaient la porte,

LA FILLE DE JAIRE.

Qu'un esclave éploré : « Seigneur ! ta fille est morte ! »
Désespéré, Jaïre accuse sa lenteur,
Déchire sa tunique et dit au Rédempteur :
« Maître ! ma seule enfant vient de perdre la vie ;
« Dieu me l'avait donnée et Dieu me l'a ravie.
« N'allez pas plus avant, puisque tout est fini.
« Jéhovah l'a voulu ; que son nom soit béni ! »
Jésus lit dans son cœur, que la douleur dévore :
Il lui répond : « Allons, mon fils, espère encore ! »

Comme devant la foule ils marchaient les premiers,
Ils parvinrent bientôt jusque sous les palmiers.
A la sombre lueur de deux lampes funèbres,
Dont les feux languissants attristaient les ténèbres,
Les serviteurs épars gémissaient dans la nuit.
Jésus leur dit : « Pourquoi ces larmes et ce bruit ?
« Cette enfant n'est pas morte, elle n'est qu'assoupie. »
Or ces gens murmuraient : « Pourquoi donc cet impie
« Par ses discours moqueurs accroît-il notre deuil,
« Et vient-il nous railler en face d'un cercueil ? »

Mais Jésus alla droit à la mère éplorée,
Qui, seule, sous le poids de sa douleur, navrée,
Les yeux fixes et secs, immobile, debout,
Demeurait à l'écart comme étrangère à tout,
Et qu'on aurait pu croire une pâle statue,
Si parfois, soulevant sa poitrine abattue,
Quelques rares soupirs, mornes et désolés,
Du profond de son cœur ne s'étaient exhalés.
Triste, il la regarda ; puis tourné vers Jaïre :

« Près de l'enfant, dit-il, nous allons la conduire. »

Arrivé sur le seuil, quand il vit Séphora,
Dans le trépas si belle et si pure, il pleura...

Anges, qui le guidiez de la Crèche au Calvaire,
Vous avez recueilli, comme un don tutélaire,
Cette larme du Christ, précieux diamant,
Vous l'avez élevée au plus haut firmament;
Et cette larme sainte est la limpide étoile
Qui dans l'immensité brillante se dévoile,
Quand une jeune mère, en son cœur triomphant,
Songe au premier baiser de son premier enfant.

Le Rédempteur se mit à genoux sur la pierre,
Courba sa noble tête et fit une prière;
Puis, allant vers l'enfant, il la prit par la main :
« Ma fille, levez-vous; je l'ordonne ! »

         Soudain
L'enfant ouvrit les yeux et dit tout haut : « Ma mère ! »
La mère se leva dans sa douleur amère,
Et croyant tout à coup au miracle vainqueur
Elle embrassa l'enfant avec un cri du cœur.
Ses yeux secs jusqu'alors se remplissaient de larmes;
Puis elle se livrait à de folles alarmes,
Puis aux pieds de Jésus s'écriait, l'œil en feu :
« O vous êtes le Christ et le vrai fils de Dieu ! »

AVE, MARIA

Les étoiles n'ont plus qu'une flamme épuisée ;
Au bord de l'horizon une lueur rosée
Découpe la colline obscure et sans couleurs ;
Un voile de brouillard, aussi blanc que la neige,
Sur l'ombre du vallon, se répand et protége
    Dans leur sommeil les humains et les fleurs.

Une feuille s'entr'ouvre, une branche crépite,
Un oiseau pousse un cri dans l'herbe qui s'agite,
Et du clocher lointain sort un son triste et doux.
C'est la cloche qui dit, en tintant dans l'espace :
Salut à vous, Marie, à vous pleine de grâce,
    L'esprit de Dieu s'est reposé sur vous !

La lumière céleste à l'orient s'augmente,
La brume dans les champs se disperse fumante,
Dans un demi-sommeil le vallon va nageant ;
Et partout reverdit, présage d'abondance,
Cette herbe où la rosée en tombant se condense,
    Comme un réseau de perles et d'argent.

La nature est semblable à vous, vierge Marie;
Le printemps est son fils qu'avec idolâtrie,
Elle berce en riant sur son sein rajeuni.
Protégez donc ses fleurs, sa verdure, ses flammes;
Car vous êtes bénie entre toutes les femmes,
  Et Jésus-Christ, votre enfant, est béni.

Vierge! vous l'écoutez ce monde qui s'incline,
La gloire du soleil jaillit de la colline,
Et soudain mille oiseaux poussent un cri d'amour;
La cloche tinte encor; le vent dans les ramures
Disperse la rosée avec de gais murmures,
  L'hymne du monde a salué le jour.

Je vous implore aussi; mon œil aux cieux s'élève;
Les astres avec l'ombre ont fui comme un vain rêve.
Heureux qui dans vos bras se réveille et s'endort :
Sainte mère de Dieu, pour nous dont la voix crie,
Pour nous, pauvres pécheurs, priez, vierge Marie,
  Et maintenant et le jour de la mort!

LES PETITS ENFANTS

A MONSIEUR L'ABBÉ SAILLANT

> Car celui d'entre vous tous qui est le plus petit, c'est celui-là qui sera grand.
> SAINT LUC, c. IX, v. 42.

« Bords aimés du Jourdain, Liban silencieux,
Cèdres contemporains de nos premiers aïeux,
Bethsaïde, Emmaüs, lac de Tibériade,
Votre aspect rajeunit mon cœur vieux et malade!
Après quatre-vingts ans ici je me revois;
Voici les grands palmiers, aussi verts qu'autrefois,
Et le noir térébinthe et les ondes sonores,
Où les femmes, le soir, remplissaient leurs amphores.
Et c'est là qu'il s'assit à l'ombre du figuier,
Que sur le roc bruni je le vis s'appuyer;
C'est là, je me souviens!... »

                        Ainsi, d'une voix lente,
Un vieillard, accablé par la chaleur brûlante,

Parlait et s'arrêtait, regardant le pays,
Et le lac, et les monts, et les champs de maïs.

Au détour du chemin un figuier séculaire,
Debout sur le penchant d'un coteau circulaire
D'où les yeux embrassaient un immense horizon,
Étendait ses rameaux sur un sombre gazon.
Ces lieux, chers au vieillard, faisaient dans sa pensée
Vibrer les souvenirs d'une époque effacée;
Car, sous l'arbre aux doux fruits, sitôt qu'il arriva,
Il prononça tout haut le nom de Jéhova,
Et, tombant à genoux, frappa du front la terre.
Des enfants qui jouaient dans ce lieu solitaire,
N'osant à son aspect ni courir ni crier,
Avec étonnement le regardaient prier.
L'un, immobile, fixe et la main entr'ouverte,
Avait laissé tomber une datte encor verte
Et semblait tout surpris qu'on pût être aussi vieux.
Un autre, plus craintif et non moins curieux,
Blotti dans un buisson, passait sous une branche,
Comme un fruit déjà mûr, sa tête rose et blanche;
Les autres n'avaient point suspendu leurs ébats.
Un plus petit riait et lui tendait les bras.
Car le vieil étranger brillait de bienveillance;
Et d'ailleurs la vieillesse est la sœur de l'enfance.

Or, lentement, un doigt sur les lèvres placé,
Le plus âgé de tous vers lui s'est avancé;
Un autre à pas furtifs l'a suivi par derrière.
Cependant le vieillard, terminant sa prière,

Se relève et s'assied au pied du rocher gris,
Regarde les enfants avec un doux souris,
Et doucement leur dit : — « Venez, petits farouches,
Que je ne chasse pas la gaîté de vos bouches;
En vous voyant joyeux, enfants, il me souvient
Que je fus comme vous, et la paix me revient. »

Les enfants à sa voix reprennent de l'audace
Et l'entourent bientôt. L'un d'entre eux, avec grâce :

— « Quoi donc, vous, lui dit-il, vous si vieux et si grand,
Vous étiez comme nous jeune et toujours courant?
Ces temps-là sont bien loin? »

— « Les pères de vos pères
Étaient mes compagnons, mes amis et mes frères. »

— « Mais alors de ces temps il ne vous souvient plus? »

— « Depuis quatre-vingts ans ces jours sont révolus;
Quatre-vingts fois depuis, au souffle de l'automne,
Les arbres de ces monts ont jeté leur couronne;
Tandis que j'ai vécu, seul, sous les cèdres verts,
Priant et contemplant Dieu dans son univers.
Pourtant il me souvient qu'autrefois, sous cette ombre,
Lorsque j'étais enfant, nous venions en grand nombre.
Un jour, sous un soleil chaud comme celui-ci,
Nous jouions comme vous, beaux et joyeux aussi,
Lorsqu'apparut, suivi par une foule immense,
Un homme jeune encore; il marchait en silence,

Et, lorsque sur la route il s'arrêtait parfois,
Pour parler à ces gens attentifs à sa voix,
La foule s'inclinait en lui rendant hommage,
Comme devant Dieu même ou sa vivante image.
L'un de son manteau brun voulait toucher le bas,
L'autre baiser la place où s'imprimaient ses pas ;
Tous l'entouraient d'amour : c'est qu'aussi sa figure
Rayonnait sous le jour d'une bonté si pure !
Ses grands yeux bleus si doux, son sourire sans fiel,
Ses longs cheveux dorés comme un rayon de miel,
A nos regards surpris l'entouraient d'auréoles.
Quand ses lèvres s'ouvraient pour de saintes paroles,
Sa voix allait au cœur des peuples abattus ;
Et sa beauté, c'était la splendeur des vertus.
Or, cet homme divin, c'était celui qu'on nomme
Jésus, qui se disait alors le Fils de l'Homme !

« Que de fois l'avait-on exalté jusqu'au ciel,
Ce prophète inspiré, ce nouveau Daniel,
Qui, par Dieu même instruit dans les saints tabernacles,
Parcourait la Judée en semant des miracles,
Qui disait à l'aveugle : Ouvre les yeux et vois !
Au paralysé : Marche ! Au sourd : Entends la voix !
Qui commandait aux vents, à l'onde, à l'enfer même,
Et réveillait les morts de leur sommeil suprême !
Il s'assit là ! Nous tous ardents à l'approcher,
Nous courions ; mais la foule obstruait le rocher,
Et chacun s'opposait à nous avec rudesse.
Il nous vit, et, voulant aider notre faiblesse,
Tourna vers nous ses yeux tendres et triomphants :

« Laissez venir à moi tous ces petits enfants;
« Ne les empêchez point, dit-il d'un ton modeste;
« Car le royaume saint de mon père céleste
« Est pour tous ces petits qui m'aiment, et pour ceux
« Qui possèdent un cœur candide et pur comme eux;
« Et du banquet divin nul ne sera convive
« S'il n'a point d'un enfant la pureté naïve.
« En vérité, c'est moi, c'est moi qui vous le dis,
« Si quelqu'un scandalise un seul de ces petits,
« Il vaudrait mieux pour lui qu'une main meurtrière
« A son cou suspendît une meule de pierre
« Et qu'au fond de ce lac il fût précipité;
« Car il sera maudit pendant l'éternité.
« Mais quiconque, en mon nom, les accueille et les aime,
« Celui-là me reçoit et me chérit moi-même. »

« Ayant ainsi parlé, sur nos fronts réunis
Il étendit la main et dit : Soyez bénis !
Et puis me choisissant, le Rédempteur du monde
Couronna d'un baiser ma tête rose et blonde. »

Les enfants souriaient au récit du vieillard,
Quand des gens du pays passèrent par hasard.
Tandis qu'il annonçait à la troupe docile
Les préceptes divins écrits dans l'Évangile,
Avec impatience ils l'avaient écouté,
Et, lorsqu'il eut fini, d'un ton plein d'âpreté :

— « Que nous veut, dirent-ils, ton Christ et son histoire?
Nos enfants ne sont pas d'un autre âge, pour croire

Aux prodiges menteurs d'un vil crucifié ! »

— « Hélas ! dit le vieillard, vous l'avez renié ;
Cependant, de vos fils n'écartez pas sans cause
La bénédiction que ma main leur impose :
Car la bouche du Christ a placé sur mon front
Un signe que jamais les ans n'effaceront ;
Car les vœux d'un vieillard ne sont jamais funestes
Et ma voix peut monter jusqu'aux parvis célestes. »

Mais eux, sans respecter cet homme surhumain,
Arrachaient leurs enfants à sa tremblante main,
Et de lui s'éloignaient en haussant les épaules.

Le vieillard descendit par le chemin des saules,
Longeant les bords du lac, lentement, pas à pas,
Sans maudire ces gens qui ne comprenaient pas.
C'est qu'il avait appris, par le fils de la femme,
A souffrir sans courroux l'affront le plus infâme,
Et tout vieux qu'il était, pauvre, sans feu ni lieu,
Il était grand et fort, car il croyait en Dieu.

Au Parquet, avril 1840.

LE CHANT DES ORGUES

Silence dans la nef! Le soleil d'occident
    Vers l'horizon pourpré s'incline,
    Et son disque d'or illumine
La rosace qui luit ainsi qu'un disque ardent.
Peuple! prêtres! vous tous enfants de la prière,
Laissez quelques instants les cantiques sacrés,
Par les derniers échos vaguement murmurés,
    S'endormir dans le sanctuaire!

Silence! entendez-vous comme en nos cœurs troublés
    Un vague prélude circule,
    Pareil au vent du crépuscule
Qui court mélancolique et pleure dans les blés?
C'est l'orgue qui répond à des mains palpitantes;
Sa voix s'enfle, grandit, et soudain, jusqu'aux cieux,
Sous l'effort cadencé des doigts mélodieux,
    Jaillit en notes éclatantes.

Écoutez! écoutez! c'est le souffle de Dieu
    Qui descend à travers l'espace

Dans les splendeurs de la rosace,
Rayon divin formé de musique et de feu.
Les grands tubes d'argent ont une âme, un génie,
Ils vibrent tour à tour, éclatent à la fois,
Chacun naît pour chanter, chacun prend une voix
  Et respire son harmonie.

C'est le gémissement des lointains aquilons
  Agitant la forêt profonde,
  Le tonnerre qui roule et gronde,
Par les monts répété de vallons en vallons.
Ce sont des cris, des pleurs, des cantiques d'ivresse,
Des hymnes palpitants d'amour et de terreur,
Des soupirs à la fois pleins d'une sainte horreur,
  Et d'une indicible tendresse.

Chantez! échos du ciel, voix d'espoir et d'amour!
  Et toi qui réveillas l'aurore,
  O musique, soupire encore
Pour bercer la nature et fermer l'œil du jour!
Tes sublimes concerts donnent l'essor à l'âme :
Elle frémit, s'élance, et, du pied de l'autel,
Dans des flots d'harmonie et d'encens, jusqu'au ciel
  Monte avec ses ailes de flamme.

C'est alors qu'une sainte et pure vision
  Inonde le cœur du poëte;
  Sous ses doigts la harpe inquiète
Frémit, comme autrefois le kinnor de Sion,
Quand des fils de Jacob il annonçait les fêtes,

Quand le temple s'ouvrait à l'arche du vrai Dieu,
Quand Éloïm parlait et que sa voix de feu
    Brûlait la bouche des Prophètes.

Or, j'entendais un bruit, comme les grandes eaux
    Se brisant aux rocs de la plage ;
    La sueur baignait mon visage,
Et je sentais courir le frisson dans mes os.
Tantôt l'orgue roulait la note monotone,
Tantôt rauque il enflait les trompettes d'airain ;
Et mon cœur palpitait comme un voile de lin
    Agité par le vent d'automne.

Soudain tout expirait... Alors de doux accents,
    Hymnes d'amour et de mystère,
    Et tels que jamais sur la terre
Souffle embaumé de fleurs ne parfuma nos sens ;
Échos lointains du ciel et de ses divins charmes,
Semblaient percer l'espace et rayonner sur nous ;
Je me sentais faiblir, je tombais à genoux
    Et mes yeux se mouillaient de larmes.

Salut, trône de Dieu, demeure des élus,
    Gloires de la vie éternelle !
    Salut Sion, cité nouvelle,
Divin parvis ouvert au juste qui n'est plus !
Je vois les séraphins aux ailes flamboyantes
Toucher les cordes d'or des harpes de saphir ;
La vapeur des parfums d'Ecbatane et d'Ophir
    Monte en colonnes ondoyantes.

Tout à coup l'hosanna résonne dans les airs ;
    Le monde a tremblé dans l'espace...
    Il vient! c'est lui! c'est Dieu qui passe,
En étendant la main d'en haut sur l'univers.
Les chérubins courbés comme au vent les pervenches,
Enivrés d'un bonheur qui ne finira pas,
Contemplent en tremblant la trace de ses pas,
    A l'ombre de leurs ailes blanches.

Hosanna! gloire à vous, Dieu tout-puissant!... Et toi,
    Musique, voix des espérances,
    Consolatrice des souffrances,
Écho d'une autre vie en qui nous avons foi,
Répands sur nous l'éclat de ta sainte auréole ;
Viens! viens, âme nouvelle, en nos âmes vibrer,
Prodiguant tes soupirs qui nous font tant pleurer,
    Et ton doux chant qui nous console.

Gloire à Dieu !... Mais déjà tous les chants ont cessé.
    Dans la nef aux sombres ogives,
    De l'orgue les notes plaintives
Roulent en s'éloignant comme un cri du passé.
Sous le portail ouvert le peuple à flots s'écoule ;
La vision s'efface, et je ne vois aux cieux
Que le dernier rayon, glissant silencieux
    Sur les fronts courbés de la foule.

LE COIN DU CIMETIÈRE

Au coin du cimetière il est un tertre humide
Où, près d'un saule en pleurs, la fleur humble et timide
    Germe sur un sol consacré ;
J'y voudrais déposer une blanche couronne
Et dire au Rédempteur qui console et pardonne :
    Hélas ! mon Dieu ! j'ai bien pleuré !

Sur mon âme est tombé le voile des tristesses ;
J'implore en vain de vous, qui plaignez nos détresses,
    Un seul rayon dans mon ciel noir ;
Mon cœur endolori dans les larmes se noie,
Ma force est abattue et sous mon front tournoie
    Le vertige du désespoir ;

Car il s'est en allé l'ami de mon enfance,
L'ami de mon bonheur, l'ami de ma souffrance,
    Le compagnon de tous mes pas ;
Il est parti ! Pourtant du retour quand vient l'heure,
Je l'attends chaque soir, triste en notre demeure...
    Et je sais qu'il ne viendra pas.

Il est parti! mais c'est pour l'éternel voyage.
Par un beau soir d'automne, à la fleur de son âge,
    Il nous a légué son adieu ;
Son œil a resplendi d'une lumière étrange,
Comme un feu qui s'éteint... et son âme, jeune ange,
    S'est envolée au sein de Dieu.

Je le revois encor sur sa dernière couche ;
Un sourire divin illuminait sa bouche
    D'une auguste sérénité ;
Ses yeux, si mollement pressés par leur paupière,
Me semblaient éclairer sa face tout entière,
    Comme un reflet d'éternité.

Baisant avec respect sa tête fraternelle,
Je croyais ranimer, sous ma lèvre fidèle,
    Ce front blanc comme son linceul ;
Mais, hélas! ces baisers tout d'amour et de flamme,
Qui jadis confondaient mon âme avec son âme,
    N'avaient plus d'écho qu'en moi seul.

Je restais prosterné dans la funèbre enceinte,
Regardant tour à tour les cierges et l'eau sainte
    Où s'humectait un Buis bénit ;
Et ce Dieu qui, du haut de sa croix tutélaire,
Accueille ensemble un roi qui périt grand sur terre,
    Un oiseau qui meurt dans son nid.

Et de mon frère alors contemplant la figure,
Je frémissais de voir l'humaine créature

LE COIN DU CIMETIÈRE.

    Calme et pâle comme son Dieu.
J'aurais voulu prier, je n'eus point de prière;
J'aurais voulu pleurer, mais en vain; ma paupière
    S'agitait sur mon œil en feu.

Hélas! on sent parfois de ces douleurs brûlantes,
Qui dessèchent le sein comme des flammes lentes,
    Où l'on implore du Seigneur
Une larme, fût-elle unique et bien amère,
Comme en des temps plus doux, au Seigneur moins sévère
    On demanderait le bonheur.

. . . .

Je pus enfin pleurer! et mon âme ravie
Rouvrait derrière moi ce sillon de ma vie
    Par la faux du Temps effacé.
Je retournais glanant les fleurs de ma jeunesse,
Tristes et seuls débris d'une moisson d'ivresse,
    Épars dans le champ du passé.

J'évoquais ces beaux jours de notre heureuse enfance,
Que le souvenir vague, à défaut d'espérance,
    Peuplait de rêves séduisants;
Songe consolateur venu d'un autre monde,
Je revoyais l'enfant, avec sa tête blonde
    Et son teint rose de dix ans.

Et nous courions tous deux, dans les vertes allées,
Après les papillons aux ailes constellées;

Je tenais sa main dans ma main,
Partageant avec lui d'enfantines caresses,
Lui souriant du cœur, et nos jeunes tendresses
　　Interrompaient notre chemin.

Bientôt nous défiant à la course légère,
Nous volions au logis, où notre heureuse mère
　　Nous tendait les bras sur le seuil ;
Nous joûtions de baisers sur ses lèvres chéries...
Oh ! les beaux souvenirs, les douces rêveries !
　　Et je rêvais sur un cercueil !

Au coin du cimetière il est un tertre humide
Où, près d'un saule en pleurs, la fleur humble et timide
　　Germe sur un sol consacré.
J'y voudrais déposer une blanche couronne
Et dire au Rédempteur qui console et pardonne :
　　Hélas ! mon Dieu ! j'ai bien pleuré !

INVOCATION DANS L'ORAGE

Ils s'avancent les noirs orages !
Leurs tumultueux tourbillons
Courbent, dans leurs puissantes rages,
L'arbre comme un blé des sillons.

Avec les branches fracassées,
Avec les feuilles dans les airs,
Je fuis, sur l'aile des pensées,
Jusqu'aux nuages gros d'éclairs.

Seigneur ! quelle terrible guerre
A troublé le calme des cieux ?
Pourquoi ce fracas du tonnerre
Et ces éclairs silencieux ?

Pourquoi livrés au vent qui gronde
Ces nuages voilés d'horreur,

Semblent-ils passer sur le monde,
Comme des anges de fureur?

Quelle est donc la fière victime
Que vous châtiez aujourd'hui?
Quel est donc l'être assez sublime
Pour que vous tonniez contre lui?

Peut-il être une créature
Si grande devant vous, mon Dieu,
Que vous creusiez sa sépulture
Par ces rouges sillons de feu?

Dieu fort! sans peur je vous admire,
Tandis que l'univers entier
Subit en tremblant votre empire,
Esclave qu'on va châtier!

Tandis que la sombre tempête
Gronde et rugit autour de moi,
Rempli d'une vigueur secrète
Je marche appuyé sur la foi.

Pourquoi, Seigneur, lorsque tout plie
De l'herbe au chêne foudroyé,
Devant vous quand tout s'humilie,
L'homme seul n'a-t-il pas ployé!

Devant ces triangles de flamme
C'est qu'il vous voit, c'est qu'il vous sent.

Il écoute au fond de son âme
L'écho du concert tout-puissant ;

Et quand l'arbre, en sa frêle écorce,
S'est courbé sous votre courroux,
Si l'homme s'exalte en sa force,
C'est que son âme vient de vous.

UNE
PENSÉE DE JOSEPH DROZ

SONNET

Jadis quand je voyais une croix au passage,
Dans un bois, sur la route, au bord d'un frais enclos,
Je me disais : Pourquoi d'un riant paysage
Par un signe de mort attrister les tableaux?

Plus tard je vis la mer. La croix sur le rivage
M'apparut; je compris alors, au bord des flots,
Debout sur les récifs que l'Océan ravage,
La croix parlant d'espoir au cœur des matelots.

Je reviens aux vallons que j'aimais, et je rêve
Que la plus belle fleur souvent cache un cercueil,
Et que l'orage gronde ailleurs que sur la grève.

Dans le sentier champêtre ou sur le noir écueil,
Partout où peut venir prier une âme en deuil,
O croix du Rédempteur, béni soit qui t'élève!

PRIONS

Dans une vieille église, aux approches du soir,
Quand la foule a cessé d'inonder les portiques,
Lorsque déjà se mêle une teinte de noir
Aux reflets éclatants des verrières gothiques,
Quand, tremblant d'éveiller les échos endormis,
Dans la nef assombrie on marche sans secousse;
Quand, seul, près d'un pilier à genoux on s'est mis,
Ma Mère, n'est-ce pas que la prière est douce?

C'est au déclin du jour que j'aime le saint lieu;
Nul importun ne vient y troubler la prière,
Et sans crainte l'on peut, seul à seul avec Dieu,
Dévoiler en pleurant son âme tout entière.
Les larmes qui du cœur adoucissent le fiel,
Les soupirs douloureux que dans l'ombre l'on pousse,
Comme le pur encens s'élancent vers le ciel.
Ma Mère, n'est-ce pas que la prière est douce?

Prions, Mère, prions pour ceux qui ne sont plus,
Pour ceux plutôt qui sont dans ce lieu de misère ;
Car il est du bonheur au ciel pour les élus,
Et toujours le soleil est pâle sur la terre.
Prions, Mère, prions ; car tous ont leurs douleurs ;
Sur les plus durs rochers est la plus belle mousse ;
L'aspic aime à cacher sa tête sous les fleurs.
Ma Mère, n'est-ce pas que la prière est douce ?

DESTINÉE

Tel qui fut respecté par toutes les mitrailles,
Qui dormit soixante ans sur l'affût d'un canon,
Expire dans la paix loin du bruit des batailles,
Ne laissant après lui qu'une épée et qu'un nom.

Telle autre, jeune fille et vierge entre les vierges,
S'endort à son matin près d'une mère en deuil,
Sans avoir resplendi plus longtemps que les cierges
Par de pieuses mains brûlés sur son cercueil.

Tel autre encor, vieux prêtre ignoré de la terre,
Du pauvre et du souffrant partagea le lien;
Il meurt! et sur sa tombe une croix solitaire
Dit à peine au passant : Il fut homme de bien!

C'est ainsi que la mort nous prend l'un après l'autre;
Toujours inattendue, elle frappe à son tour
Le vieillard ou l'enfant, le profane ou l'apôtre,
Et fuit sans annoncer l'heure de son retour.

Mais sitôt qu'a sonné l'instant irrévocable,
Ce monde est comme un pré que Dieu livre à ses mains;
Et sur nous étendant sa faux impitoyable,
Comme des tiges d'herbe elle abat les humains.

HYMNE PENDANT L'AVENT

Statuta decreto Dei.

Voici venir le temps marqué par les prophètes,
Le temps que l'univers d'âge en âge attendit ;
Voici venir le jour de la joie et des fêtes,
    Le jour longtemps prédit !

Enfants déshérités d'un père trop coupable,
Sur le lit des douleurs souffrant un long remords,
Nous gisons, foule aveugle, inerte et misérable,
    Dans l'ombre de la mort.

Comme un fruit corrompu qui vacille et qui tombe,
Du péché primitif portant le joug de fer,
Fils d'Adam, nous passons des terreurs de la tombe
    Aux tourments de l'enfer.

Dans l'attente du Dieu, dans la crainte du juge,
Nos cœurs sont agités, nos yeux baignés de pleurs.

Hélas! où rencontrer le suprême refuge
    Contre tant de douleurs?

Qui pourra, sur le mal, poser une main sûre?
Qui combattra la mort? Qui rompra son linceul?
Qui de l'humanité guérira la blessure?
    Toi, Fils de Dieu, toi seul!

Cieux, ouvrez-vous; versez les trésors de vos ondes,
Abreuvez les humains altérés de ferveur!
Toi, terre, épanouis tes entrailles fécondes
    Et germe ton Sauveur!

DANS LE BOIS

La matinée est tranquille,
Le grillon chante aux guérets,
Et le bois offre un asile
Où l'existence est facile,
Où l'air est limpide et frais.

On entend sous chaque tige
Un confus bourdonnement;
C'est l'insecte qui voltige,
La fourmi qui se dirige
Et travaille activement.

Sous l'ombrage un oiseau passe,
Il se cache et reparaît;
Il lance un chant dans l'espace,
Et le suspend avec grâce,
Puis se perd dans la forêt.

La brise s'élève et glisse
Dans le bois silencieux;

Qui s'agite avec délice;
La fleur ouvre son calice
Et l'insecte est plus joyeux.

Aucune voix n'est bannie
De ce doux concert des bois.
Tout ajoute une harmonie,
A cette hymne indéfinie
Que chantent toutes les voix.

Depuis le cri dans les herbes
De quelque insecte joyeux,
Jusqu'au bruit des chars superbes
Qui rentrent chargés de gerbes
En grinçant sur leurs essieux,

Depuis la cloche fidèle
De quelque hameau lointain,
Jusques au troupeau qui bèle,
Et dont la clochette grèle
Jette un murmure argentin,

Rien n'est vain, rien n'est frivole,
Dans cet hymne universel;
Tout ajoute une parole
Au mystérieux symbole
Que la terre adresse au ciel.

Spectacle heureux qui dispose
Notre âme au calme profond!

DANS LE BOIS.

Ici vivre est douce chose :
Ce bruit agreste repose
Du bruit que les hommes font !

Cette nature féconde
Sous le ciel limpide et bleu,
Ce calme où la vie abonde,
C'est la prière du monde
Sous un sourire de Dieu.

Les Hâtes, 20 août 1837.

LA FLEUR BRISÉE

SONNET.

Quand un orage a passé sur la terre,
Quand l'eau du ciel dégoutte de nos toits,
Quand des échos la résonnante voix
Répète encor les éclats du tonnerre ;

Séchant son aile à la plume légère,
Déjà l'oiseau vole et chante à la fois,
Et le soleil qui brille sur les bois
Sème de feux leur cime solitaire.

Mais l'humble fleur, qui s'est brisée au vent,
N'offrira plus au soleil décevant
Sont front terni, qui se dessèche et ploie.

Autour de moi tout redevient heureux.
Pourquoi, douleur, ouragan désastreux,
Comme une fleur, as-tu brisé ma joie ?

L'ANGÉLUS DE MAI

HYMNE A LA VIERGE.

Il est midi ; la brise est douce et pure,
Le champ verdit, le bois est parfumé,
Le ciel rayonne, et toute la nature
Sourit en paix au plus beau jour de mai ;
    La rapide hirondelle,
    Vers son nid familier
    Volant à tire-d'aile,
Revient porter bonheur au toit hospitalier.

Entendez-vous ? là-bas, dans les vallées,
Dans ces clochers qui montent vers les cieux.
L'Angélus tinte, et ses lentes volées
Donnent une âme à ce monde joyeux.
    Votre mois, ô Marie,
    Brille d'atours naissants ;
    Le monde entier vous prie :
Mère du Dieu sauveur, écoutez ses accents !

La fleur qui naît se dresse sur sa tige ;
Elle ouvre au jour son calice de miel.
Frêle encensoir, vers vous elle dirige
Tous les parfums que lui donna le ciel;
  Et, pareille à la mère
  Qui meurt pour ses enfants,
  Elle livre, éphémère,
Dans l'espoir d'un doux fruit, ses pétales aux vents.

Le grain caché sous la glèbe entr'ouverte,
De l'univers ressentant le réveil,
Fait onduler sa chevelure verte
Et vous bénit dans les feux du soleil.
  La misère est profonde,
  Vos fils sont accablés ;
  Que votre amour féconde
La prière en nos cœurs et le grain dans nos blés!

Le vieux faucheur, sur la tige odorante
Du trèfle vert coupé dans le sillon,
Pour vous prier pose sa faux vibrante,
Et le berger se tait dans le vallon.
  Tout le troupeau se couche
  Sur le sol reverdi,
  Et le taureau farouche
Appelle en mugissant le repos de midi.

Sur les coteaux la chanson des faneuses
Naguère encor retentissait au loin.
L'Angélus tinte; et, dans leurs mains pieuses,

L'ANGÉLUS DE MAI.

Les longs râteaux n'agitent plus le foin.
    Chaque tête s'incline
    Et mille voix en chœur,
    A vous, reine divine,
Adressent leur prière avec l'élan du cœur.

Dans ses parfums comme dans son ramage,
La fleur des champs comme l'oiseau des bois,
Tout se confond pour un suave hommage,
Et l'univers n'a qu'une seule voix.
    Vous êtes, Vierge sainte,
    Le vœu, l'espoir, le but ;
    A la cloche qui tinte
Tous les cœurs ici-bas vont répondant : « Salut ! »

« Salut, Marie ! amour, bonheur des âmes !
Le Tout-Puissant, du haut de l'infini,
Vous a bénie entre toutes les femmes,
Et Jésus-Christ, votre enfant, est béni.
    Priez pour nous, Marie,
    Mère du Dieu sauveur ;
    Priez pour qui vous prie,
Puis, au jour du trépas, priez pour le pécheur ! »

LA TRISTESSE DE MARIE

SONNET

INSPIRÉ PAR UN TABLEAU DE M. J. BOILLY.

Vierge sainte, pourquoi tandis que tu t'inclines
Vers le berceau du fils qui s'éveille à ta voix,
Tes yeux sont-ils pensifs et sur tes mains divines
Des pleurs mal retenus tombent-ils quelquefois?

Dans l'avenir lointain peut-être tu devines
Le Golgotha sinistre, et peut-être tu vois
Cet enfant au front calme, aux couleurs purpurines,
Pâle, entre deux larrons cloué sur une croix.

Élève tes regards vers un ciel plus prospère,
O Vierge! et tu verras le trône révéré
Où ton fils doit s'asseoir à la droite du Père,

Le trône où retentit déjà ce mot sacré :
« Venez à moi, vous tous dont le cœur désespère,
« Vous qui versez des pleurs, je vous consolerai! »

VIOLETTE BLANCHE

Frêle violette aux fleurs blanches,
Qui sembles pleurer et te penches
Dans la verdure d'un tombeau,
Quand tu resplendis arrosée
Des diamants de la rosée,
Que ton éclat est pur et beau !

Mais pourquoi ta corolle aimée
Germe-t-elle plus parfumée
Dans le froid vallon des douleurs ?
Pourquoi le champ de sépulture
D'une si brillante verdure
Te couronne-t-il sous nos pleurs ?

Sans doute c'est pour dire aux hommes
Que cet univers où nous sommes
Est un lieu d'espoir seulement ;
Qu'au séjour de la vie éteinte,
Le Seigneur sème sans contrainte
Tant de fraîcheur et d'ornement.

Germe, germe, pauvre fleur blanche,
Sous chaque larme qui s'épanche,
Et sous chaque goutte du ciel !
Je viendrai pleurer sur ta tige,
Où le papillon bleu voltige,
Où l'abeille amasse son miel.

Je viendrai gémissant me mettre
A genoux sous la croix de hêtre,
Sous le Christ, aux bras étendus ;
Et mes larmes, dans le silence,
Couleront à la souvenance
De tous les biens que j'ai perdus.

LIVRE DEUXIÈME

.... Et in Domino sperans non infirmabor.
>
> Psalm. xxv., v. 1.

Seul, au sein du désert et de l'obscurité,
Méditant de la nuit la douce majesté;
Enveloppé de calme et d'ombre et de silence,
Mon âme, de plus près, adore ta présence;
D'un jour intérieur je me sens éclairer
Et j'entends une voix qui me dit d'espérer.

> Lamartine. (*Méditations*.)

ESPÉRANCE

A MA MÈRE.

Pourquoi suis-je triste, ô ma Mère,
Triste lorsque tu m'aimes tant?
C'est que la vie est bien amère;
C'est que je veux vivre pourtant.

Pourquoi Dieu, qui pèse en silence
Nos jours, mystérieux fardeaux,
A-t-il jeté dans la balance
Si peu de biens et tant de maux?

Dans ce corps, fils de la poussière,
Que le temps dispute à la mort,
Pourquoi retient-il prisonnière
L'âme courbée avec effort?

Quand, à la captive immortelle,
La joie ici-bas fait défaut,

Je sens qu'elle entr'ouvre son aile
Et voudrait s'envoler là-haut.

Et si quelque douce chimère
L'arrête en sa captivité,
Toujours l'apparence éphémère
Meurt devant la réalité !

Toujours l'avenir qu'on envie
N'est que le regret du passé !
S'il est un but à notre vie,
Où l'Éternel l'a-t-il placé ?

Comme les rameurs dans leur barque,
Forcés d'aller à reculons,
Ne sachant pas quel but nous marque
Celui qui nous a dit : Allons !

Avides de la destinée,
Nous ramons encore et toujours,
Usant, dans la lutte acharnée,
Travaux sur travaux, jours sur jours.

Parfois l'oiseau de la tempête,
De l'aile nous rase en courant ;
Sans pouvoir détourner la tête,
Nous hâtons notre esquif errant.

Là-bas, là-bas, fuit, dans la brume,
Le port depuis longtemps quitté,

ESPÉRANCE.

Là quelque rocher blanc d'écume,
Qu'en passant nous avons heurté.

Là, quelque île brillante et belle
Où nous voudrions revenir,
Et qui ne nous a laissé d'elle
Qu'un regret et qu'un souvenir.

Là, quelque vague qui tournoie,
Roulant des restes sans couleurs,
Pâles débris de notre joie,
Dépouilles qui furent des fleurs.

Autour de nous, vaste et profonde,
La mer monte à flots ruisselants,
Et dans cet Océan qui gronde,
Qui de la nef ronge les flancs,

Le flot dit au flot qui l'entraine :
« Que nous courons vite mourir ! »
La vague à la vague prochaine
Répond : « Vivre peu, moins souffrir ! »

Heureux lorsque, sœur de notre âme,
Une âme avec nous vient s'asseoir,
Et tirant à la même rame,
Murmure un même chant d'espoir.

Vers la rive où tend notre flotte,
En aveugles nous voguons tous,

Demandant sans cesse au pilote :
« Maître, où donc nous conduisez-vous ? »

Malgré nos pleurs, malgré l'orage,
Gardant son secret éternel,
Impassible il suit son voyage,
Dans un silence solennel.

Mais, sur la poupe, l'Espérance
Debout, souriant au travail,
Nous dit : « La crainte est une offense,
C'est Dieu qui tient le gouvernail ! »

A LA NORMANDIE

O terre! ô souvenir de mon âme ravie,
    Toi qu'en mes songes j'entrevois!
Terre, où mon œil, enfant, aux splendeurs de la vie
    S'ouvrit pour la première fois!

Terre, où je m'éveillai de mon sommeil sans rêve,
    Sur les rivages du néant,
Ainsi qu'un naufragé sur la lointaine grève
    Où l'a déposé l'Océan.

Terre, où souvent bercé d'une douce chimère,
    Bercé sur le sein maternel,
Je crus, dans le sourire et les yeux de ma mère,
    Voir un rayon de l'Éternel!

Terre, où mon cœur goûta le miel de la tendresse
    Et l'amertume des douleurs,
Dont l'écho répéta mes premiers chants d'ivresse,
    Dont le sol but mes premiers pleurs!

O patrie ! en allant jusqu'où va la poussière
        De notre frêle humanité,
En allant aussi loin que s'étend la frontière
        Des jours et de l'immensité,

O patrie ! où jamais trouver une contrée,
        Un Éden aussi doux que toi,
Un ciel pur, dont l'aspect à mon âme enivrée
        Donne autant d'espoir et de foi ?

Nulle part il n'existe, au penchant des collines,
        Plus d'ombre et d'herbe pour s'asseoir,
Plus de bois verdoyants, plus de fleurs sans épines,
        Plus de parfums dans l'air du soir.

Que pour d'autres climats l'hiver ait moins de glace
        Et moins de brume dans les cieux ;
Que leur soleil d'été rayonnant dans l'espace,
        Ignore les jours pluvieux !

A toi le vert printemps, ma chère Normandie ;
        A toi ses brillantes couleurs,
L'émail de ses gazons et sa brise attiédie ;
        A toi les pommiers tout en fleurs !

Laisse le vent d'été semer sur la pelouse
        Ta fraîche parure d'un jour,
Pareille au bouquet blanc qui, du front de l'épouse,
        Tombe au premier baiser d'amour ;

Car l'automne revient, d'une moisson vermeille,
      Couronner tes champs et tes prés;
Car le fécond octobre enrichit ta corbeille
      Des fruits que juillet a dorés.

O vallons verdoyants où serpente la Seine,
      Frais coteaux, fertiles guérets!
Puissé-je, ô mon pays! fuir la tempête humaine
      Dans tes champs et dans tes forêts!

Près du fleuve limpide assis avec ivresse,
      Comme autrefois puissé-je voir
Chaque étoile du ciel de ma belle jeunesse
      Se refléter dans son miroir!

Rêvant comme autrefois au coin d'un bois sauvage,
      Heureux de mon bonheur passé,
Puissé-je des beaux jours de mon pèlerinage
      Revoir le chemin effacé!

Et là, sous tes pommiers, aux rameaux blancs et roses,
      Sur tes gazons verts que j'aimai,
Rendre mon âme à Dieu, comme tes fleurs écloses,
      Qu'emportent les zéphyrs de mai!

MON BEAU SONGE

Bel ange à l'aile dorée,
A la prunelle azurée,
Bel ange, que me veux-tu?
Pourquoi, sur mon chevet sombre,
Comme un feu follet dans l'ombre,
Ton vol s'est-il abattu?
Vers ma couche, où ton œil plonge,
Pourquoi venir quand tout dort?
Que me veux-tu, mon beau songe,
Mon beau songe aux ailes d'or?

Viendrais-tu de ma patrie,
De cette rive fleurie
Où s'égare, en longs détours,
La Seine à l'onde tranquille?
As-tu vu ma vieille ville,
Rouen, la ville aux cent tours?
Le souvenir, doux mensonge,
Souvent m'y reporte encor.

MON BEAU SONGE.

En viendrais-tu, mon beau songe,
Mon beau songe aux ailes d'or?

Dans la nuit et le silence,
M'amènes-tu souvenance
Des absents que je chéris,
M'amènes-tu la parole
Qui de leurs lèvres s'envole,
Quand j'occupe leurs soucis?
Lorsque la peine me ronge,
Leur tendresse est mon trésor.
Les as-tu vus, mon beau songe,
Mon beau songe aux ailes d'or?

Ou, des voûtes éternelles,
M'apportes-tu les nouvelles
Des amis qui ne sont plus?
Oh! que de fois dans mes veilles,
Vers ces célestes merveilles,
Vers ces mondes inconnus,
Où mon regard en vain plonge,
J'ai voulu prendre l'essor!
Viens-tu du ciel, mon beau songe,
Mon beau songe aux ailes d'or?

Prête-moi ton aile ardente.
Dans quelque nue éclatante
Je veux ouvrir mon chemin;
Je veux revoir ceux que j'aime,
Et monter jusqu'à Dieu même,

En te tenant par la main.
Viens ! vers l'avenir, prolonge
Notre impétueux essor.
Oh ! prête-moi, mon beau songe,
Prête-moi tes ailes d'or !

LE CHANT DU BERCEAU

BALLADE.

Cher petit être,
Doux cœur fermé,
Qui viens de naître
Pour être aimé,
Frêle merveille,
Tout mon bonheur,
Sur toi je veille,
J'ai soin ! j'ai peur !
Pour toi ton bon ange
Priera le Seigneur.
Dors dans ton lange ;
Dors sur mon cœur.

Clos ta paupière,
Enfant chéri ;
Mon cœur de mère
Tremble à ton cri.

Le sommeil passe
Sur tes beaux yeux ;
O qu'il te fasse
Revoir les cieux !
Pour toi ton bon ange
Y parle au Seigneur.
Dors dans ton lange,
Dors sur mon cœur.

Dieu prend lui-même
Dans son trésor,
Et, sur toi, sème
Les rêves d'or ;
Ton berceau frêle,
Voilé d'azur,
Te semble l'aile
D'un esprit pur.
C'est l'aile d'un ange
Priant le Seigneur.
Dors dans ton lange,
Dors sur mon cœur.

Le songe emporte
Ton cœur épris
Jusqu'à la porte
Du Paradis ;
La Vierge embrasse,
En ton sommeil,
Pleine de grâce,
Ton front vermeil ;

Porté par ton ange,
Tu vois le Seigneur.
 Dors dans ton lange,
 Dors sur mon cœur.

Le ciel te crie :
« Cœur ingénu,
« Dans ta patrie
« Sois bienvenu !... »
Songe funeste !
Enfant, si Dieu
Te disait : « Reste
« Dans mon ciel bleu ! »
Reviens, ô mon ange !
Reviens, car j'ai peur !
 Dors dans ton lange
 Dors sur mon cœur.

Mais tu t'éveilles,
Sans pleurs, sans cris ;
Tu m'émerveilles
Par un souris.
Joyeux du rêve,
Ton grand œil noir
S'ouvre et s'élève
Pour mieux me voir.
Enfant, ton bon ange
A prié pour toi.
 Sors de ton lange
 Et souris-moi.

CHEMIN DANS LES BLÉS

Au milieu des blés, dans la plaine,
Je retrouve encor le chemin
Où nous pouvions passer à peine,
Tous deux, nous tenant par la main.

Les seigles jaunissants balancent
L'épi qui penche bientôt mûr;
Entre chaque sillon s'élancent
Des fleurs d'or, de pourpre et d'azur.

Le bourdonnement des abeilles,
Dans l'air cadencé mollement,
Réjouit de loin les oreilles,
Par son léger bruissement.

A travers la moisson mouvante,
Passe un peuple de moucherons;
La sauterelle, herbe vivante,
Y franchit les verts lizerons.

Les papillons, dans leurs batailles,
Vont s'y poursuivant tour à tour ;
Et le chant saccadé des cailles
Y parle de joie et d'amour.

Dans la plaine que l'été dore,
Moi seul je vais triste et rêvant,
Ici même, où, naguère encore,
Heureux, je riais si souvent.

Cependant la campagne est belle ;
La brise m'apporte, des bois,
Un parfum que juin renouvelle,
Pur comme il était autrefois.

Sous la moisson que Dieu nous donne,
Chantent les oiseaux des guérets,
Et, sans penser aux jours d'automne,
Grandit l'ombrage des forêts.

Sois brillante, ô belle nature !
La main puissante du Seigneur,
Qui t'ôte et te rend ta parure,
Ne m'a pas rendu mon bonheur.

Adieu les jours où, plein de joie,
Avec un frère que j'aimais,
Dans les blés j'ai suivi la voie
Que je parcours seul désormais !

J'entends la cloche villageoise
Lentement sonner l'angélus ;
Voici le vieux clocher d'ardoise,
Qu'ensemble nous ne verrons plus !

Là, sous les arbres de la haie,
Se blottissait le toit obscur,
Où, dans notre gaîté si vraie,
Nous nous aimions d'un cœur si pur.

D'autres possèdent à cette heure,
Les grands arbres, le frais enclos ;
Qu'ont-ils donc fait de la demeure
Où chantaient nos beaux jours éclos ?

Ils ont détruit la maison blanche :
Murs chéris, ils vous ont brisés !
Le nid est tombé de la branche,
Et les oiseaux sont dispersés.

Pourtant, au fiel que l'heure apporte,
Quelque miel est encor mêlé ;
Nul ne franchira plus la porte
Par où l'enfant s'en est allé.

Jamais personne, sur la terre,
N'emplira d'un rire joyeux
La pauvre chambre solitaire,
Où l'enfant a fermé les yeux.

CHEMIN DANS LES BLÉS.

Adieu, demeure hier sacrée,
Qu'un souvenir en vain défend !
Je ne veux rien, dans la contrée,
Que pleurer sur toi, cher enfant !...

Me voici dans le cimetière,
Seul, à genoux ! — N'entends-tu pas
Ton doux nom qu'avec ma prière,
Je prononce en pleurant tout bas?

Par ces baisers, que je dépose
Sur le sol de larmes mouillé,
De ta bouche, autrefois si rose,
Le sourire est-il réveillé?

Non! la tombe, froide et muette,
Garde son silence cruel;
Et seule, en chantant, l'alouette
Semble porter ma plainte au ciel.

Là, bien longtemps je me recueille,
Songeant au bonheur épuisé,
Et je n'emporte qu'une feuille,
Qu'une feuille et mon cœur brisé.

Au jardin de ta sépulture,
Laissons la rose aussi mourir ;
N'enlevons aucune parure;
J'ai bien assez du souvenir !

Mon cœur est pareil au lieu sombre,
Et couvert de fleurs où tu dors,
Au dedans la tristesse et l'ombre,
Quand le sourire est au dehors.

La Vaupalière, 17 juin 1841.

SOUS LES LILAS

Sous ces lilas à l'odeur fraîche et douce,
    Que le vent aime à caresser,
O mes rêves chéris, à l'ombre, sur la mousse,
    Venez lentement me bercer!

Vers moi l'arbuste incline son panache,
    Qui fuit et revient tour à tour;
À chaque fleur éclose un insecte s'attache,
    Mille autres voltigent autour.

Les papillons aux ailes diaprées,
    Les abeilles, filles du ciel,
Et les moucherons bruns, et les guêpes dorées,
    Y butinent les sucs du miel.

Lorsqu'ils s'en vont ainsi par le feuillage,
    Oublieux du dernier hiver,
Que bourdonnent-ils donc en leur joyeux langage,
    Ces frêles habitants de l'air?

Ils disent tous : — « Allons! la vie est belle,
  Le plaisir est l'unique soin,
Voltigeons dans l'air pur, aimons la fleur nouvelle :
  Le ciel est beau, l'hiver est loin.

 « Les marronniers ouvrent leurs grappes blanches
  Et leurs feuilles en éventail ;
Les frais pommiers pour nous ont, sur leurs vertes branches
  Mêlé la nacre et le corail.

 « Les cerisiers sèment au vent leur neige,
  Qui vole embaumant les sillons ;
Avec ses flocons blancs, vif et brillant cortége,
  Jouons-nous, légers papillons.

 « Dans les vallons où gazouillent les merles,
  Où le ciel a moins de chaleurs,
Pour nous la brume flotte et se condense en perles,
  Dans les calices d'or des fleurs.

 « Vivons heureux de ce que Dieu nous donne ;
  Poursuivons notre gai chemin ;
Et qu'importe aujourd'hui, quand le soleil rayonne,
  L'orage qui viendra demain ! »

UNE JEUNE FEMME

QUI TENAIT SON ENFANT DANS SES BRAS.

A MADAME ANTOINETTE P***

Il est de ces fraîches figures,
Belles d'une candeur qu'on ne peut définir,
De ces apparitions pures
Dont l'image sourit à notre souvenir.

J'ai vu tantôt, à la fontaine,
Une mère tenant son enfant dans ses bras ;
De sa cruche déjà trop pleine
L'eau débordait, brisée en scintillants éclats.

Mais qu'importait l'eau renversée !
Elle était tout entière à son petit enfant.
A lui son unique pensée,
A lui son tendre amour, son regard triomphant,

A lui son plus charmant sourire,
A lui ces mots du cœur, si frais, si gracieux,
Et que les mères, pour les dire,
Ont empruntés sans doute au langage des cieux.

Je la voyais, d'amour éprise,
Couvrir de cent baisers tantôt ses blonds cheveux,
Tantôt sa bouche de cerise,
Et sa joue arrondie et ses deux grands yeux bleus.

Puis soudain, avec raillerie,
Pour le mieux agacer faire mille détours,
Retirer sa lèvre chérie,
Et détourner la tête et sourire toujours,

Tandis que, vers la fugitive,
Le gracieux enfant, l'enfant aux cheveux d'or,
Rapprochait sa face naïve
Et ses petites mains pour l'embrasser encor.

O vous qui, près de la fontaine,
De la cruche pesante oubliant le fardeau,
Ne pensiez pas que l'heure entraîne
Le temps qui toujours passe et fuit comme votre eau,

Je vous enviais, jeune mère !
Je disais : Tous ces biens qu'ici-bas l'on chérit
Ne sont-ils pas une chimère,
Quand on a comme vous un enfant qui sourit ?

UNE JEUNE FEMME.

Un bel enfant au teint de rose,
Candide séraphin béni de l'Éternel,
Et dont l'âme, nouvelle éclose,
S'ouvre, comme une fleur, à l'amour maternel?

Lorsque sur votre sein qu'il presse
Vous voudriez pouvoir le fixer sans retour,
Et, pour l'enivrer de tendresse,
Mettre tout votre cœur dans un regard d'amour,

Alors votre beauté rayonne,
Alors vous ressemblez aux tableaux du saint lieu,
A ces tableaux où la Madone,
Dans sa sérénité, sourit à l'Enfant-Dieu.

Mais son front fatigué se penche,
Son œil à demi clos lutte avec le sommeil;
Laissez, sur votre épaule blanche,
Reposer mollement son visage vermeil.

Qu'il dorme, calme et sans envie,
Lorsque le ciel encore est doré devant lui;
Plus tard l'horizon de la vie
Ne sera plus brillant et pur comme aujourd'hui.

Jamais le sommeil qui l'oppresse
Ne lui sera si doux au séjour des humains,
Qu'ainsi bercé d'une caresse,
Le front sur votre épaule et les pieds dans vos mains.

Les anges, dans un météore,
Planent en souriant et lui jettent des fleurs,
Plus tard, s'ils reviennent encore,
Ils reviendront, hélas! pour essuyer ses pleurs!

LES OISEAUX DE PASSAGE

Avant l'heure où le jour décline,
Viens avec moi sur la colline;
Viens avec moi, nous serons seuls.
Le soleil est brillant encore.
On dirait que c'est lui qui dore
Les cimes jaunes des tilleuls.

Mais déjà le vallon, dans l'ombre,
S'enveloppe d'un brouillard sombre,
Humide linceul des hivers;
Déjà les feuilles desséchées;
L'une après l'autre détachées,
Tapissent les gazons moins verts.

Vois-tu les oiseaux de passage,
Dans nos bois dépouillés d'ombrage
Rassembler leur essaim mouvant?
Ils vont partir avec l'automne;

Leur chant plaintif et monotone
Se mêle au murmure du vent.

Ils sont tristes comme la terre,
Ou comme ton cœur solitaire
Par tant de douleurs abattu.
« O Dieu! disent-ils dans leur plainte,
Où nous entraîne ta voix sainte?
Sur quels bords nous appelles-tu?

« O Dieu! nous quittons avec peine
Le grand bois et la vaste plaine :
Là, nous avons connu le jour;
Là, sur l'aubépine nouvelle,
Nous avons essayé notre aile
Et chanté notre jeune amour.

« Là nous avons, sous l'ombre douce,
Entrelacé le nid de mousse
Que tu nous appris à bâtir.
L'arbre dans sa branche élevée
Berça notre frêle couvée....
Et voilà qu'il nous faut partir!

« Qu'elle était belle, la Patrie,
Avec sa couronne fleurie,
Son manteau vert et son ciel pur;
Quand au matin l'aube superbe
Versait en diamants sur l'herbe
La rosée et les fleurs d'azur!

« Ou quand la reine des étoiles,
La Nuit semait sur ses longs voiles
Des myriades de clartés,
Jusqu'à l'heure où la jeune Aurore
Venait nous convier encore
A de nouvelles voluptés.

« Aujourd'hui la rose est flétrie;
Au frais zéphyr, dans la prairie,
Ont succédé les froids autans;
L'hiver et son pâle cortége
Vont couvrir d'un voile de neige
Les atours fleuris du printemps.

« Que ferons-nous, troupe isolée,
Sur cette rive désolée?
Son horizon devient étroit;
Chaque jour, dans son ciel de glace,
Son soleil pâlit et s'efface....
Comment chanter lorsqu'il fait froid?

« L'automne fuit, la feuille tombe,
Cette terre est comme une tombe;
Mais Dieu, pour traverser les airs,
A donné la force à nos ailes.
Salut à vous routes nouvelles!
Salut, flots orageux des mers! »

Ainsi la troupe fugitive
Gazouille son hymne plaintive;

Ainsi le signal est jeté.
En ordre elle gagne l'espace,
S'élève, se dirige, passe
Et se perd dans l'immensité.

Demain ils auront pour asile
Le myrte et l'oranger fertile,
Sous un ciel béni du Seigneur;
Demain l'herbe en fleurs et l'eau pure,
Demain la forêt qui murmure
D'un chant d'espoir et de bonheur.

Triste cœur, quand ta frêle joie,
Comme un roseau qui toujours ploie,
Cède aux désastres d'ici-bas,
Quand la douloureuse tempête
En gémissant sur toi s'arrête,
Espère encor, ne pleure pas.

L'oiseau qui traverse les ondes
Voit, au delà des mers profondes,
Sourire un pays paternel.
Au delà du dernier voyage,
Triste cœur, il est un rivage
Que dore un printemps éternel !

LA PLAINTE DE MILTON

> O los of sight of thee I most complain!
> Blind among ennemies.
> MILTON. *Samson.*

Guide du vieil aveugle, arrêtons-nous ici.
L'air plus vaste et plus pur paraît s'être éclairci ;
Il me semble, aux rayons qui baignent mon visage,
Que l'astre des jours plonge en un ciel sans nuage.
L'haleine du printemps éveille sous mes pas
Le frais parfum des fleurs que je n'aperçois pas ;
Ce chemin est couvert d'une herbe épaisse et douce ;
Je veux me reposer encor sur cette mousse,
Qui peut-être demain couvrira mon sommeil,
Et ranimer ma vie aux baisers du soleil.
Je respire!... je sens, tout pénétré de flamme,
Le doux repos du corps : que n'en est-il pour l'âme?
Où sont-ils? où sont-ils, les jours de tendre émoi
Où le soleil de Naple étincelait pour moi,
Où je chantais, au bord des eaux de Blandusie :
« Allons, éveille-toi, ma jeune poésie,

« Reine de mes espoirs, étoile de mon ciel,
« Mon dernier bien trouvé, mon délice éternel !
« Allons, éveille-toi ! le matin se colore,
« La campagne sourit et nous appelle encore ;
« Le temps fuit; nous perdons les prémices du jour ! »
Et le jour rayonnait dans mes yeux pleins d'amour,
Et l'aurore montait sur ses ailes dorées,
Semant les sentiers verts de perles érythrées.

Et maintenant que suis-je? ô regrets du passé!
Quand ferez-vous la paix avec ce cœur lassé?
Et toi, le premier né, toi, le plus grand peut-être
Des biens que l'Éternel en six jours a fait naître,
Lumière, pour jamais éteinte dans mes yeux !
Avec toi, les beautés de la terre et des cieux,
L'aspect consolateur de la sainte nature
Ont disparu pour moi, fragile créature.
Plus vil qu'un ver qui rampe abject entre les vers,
Je suis au dernier rang dans ce vaste univers.
Si le ver rampe, il voit; et j'étouffe dans l'ombre!
Toujours, que le ciel brille, ou que la nuit soit sombre,
Toujours l'obscurité, partout l'obscurité,
L'obscurité profonde au sein de la clarté ;
La vue à tout jamais est sans espoir éteinte !

O toi, première aurore! et toi, parole sainte :
« Que la lumière soit, et la lumière fut ! »
Pourquoi me laissez-vous hors la loi de salut?
Pourquoi, si voir c'est vivre, et si l'âme incréée
Est la lumière aussi, la lumière sacrée,

LA PLAINTE DE MILTON.

Pourquoi, lorsque notre âme est partout dans nos corps,
Le regard, par lequel l'âme vit au dehors,
Le regard, ce rayon du ciel en notre argile,
Fut-il donc renfermé dans ce globe fragile,
Dans cet œil qu'un seul coup peut rompre ou détacher,
Et non épars en nous, ainsi que le toucher,
Pour que l'homme pût voir à travers chaque pore?
Je ne serais pas seul exilé de l'aurore,
Aveugle, enseveli dans ma nuit en mon deuil,
Comme un homme vivant qu'on mettrait au cercueil!
Et que dis-je? ô douleur! ô sort plein d'épouvante!
C'est moi qui suis ma tombe.... une tombe vivante!

Enterré, mais non pas délivré par la mort
Des outrages de l'homme et des tourments du sort,
Quand je marche, j'entends partout sur mon passage
S'élever, sans respect pour mes maux, pour mon âge,
Les sarcasmes moqueurs et les amers souris :
Le vieux républicain n'a droit qu'à des mépris.
Ils arment contre moi les âmes enfantines.
Ces enfants m'aimeraient, et leurs voix argentines
M'appellent de bien loin avec un ris cruel :
« Milton le régicide et l'ami de Cromwell! »

O retours de fortune! ô déplorable histoire!
Ils tournent en affront tout ce qui fut ma gloire.....
Mais que m'importe, enfin, ce que disent ou font
Ces hommes entraînés vers un néant profond,
Et ce siècle pour qui la mort déjà commence,
Goutte d'eau suspendue au bord du vase immense

D'où, sous la main de Dieu, coule l'éternité!

O poésie, enfant de la divinité,
C'est à toi, c'est à toi que mon âme se livre!
Par toi j'aime, je vois, je recommence à vivre :
Viens! ouvre-moi le ciel ; puis, dans ton vol de fer,
Fouille l'ombre visible où s'allonge l'enfer.
Dis quel serpent impur, en leur état prospère,
Excita la blonde Ève et notre premier père
A transgresser la loi du divin Créateur.
Montre-moi de Satan la hideuse hauteur ;
Satan, ruine sombre, à demi dévorée;
Qui, pendant neuf longs jours, de la voûte éthérée,
Tomba, de gouffre en gouffre, en l'abîme éternel,
Déchiré, confondu, brisé, mais immortel !

Que diront-ils un jour, les enfants de la terre,
Quand je leur rouvrirai cet Éden de mystère,
Par le soleil doré de rayons plus joyeux
Qu'un beau nuage au soir ou que l'arc pluvieux ;
Quand ils verront mon Ève amoureusement belle,
Et le monde si beau s'effaçant devant elle ;
Quand je leur montrerai, de la terre et des cieux,
Les charmes réunis en elle, dans ses yeux,
Remplissant tout Adam d'une joie inouïe,
Et sa grâce inondant la nature éblouie
De parfums pleins d'amour et de félicité,
De ces parfums divins qu'exhale la beauté!

Mais non! à quelle gloire osé-je donc prétendre,

Et qui s'arrêtera seulement pour m'entendre?
Je dirai sans écho ma joie et mes regrets,
Comme l'oiseau de Dieu perdu dans les forêts,
Qui jette au vent sa voix que nul mortel n'écoute.
Mes chants inentendus se perdront sur ma route,
Car personne ne suit mon funèbre chemin.....
Personne!.... Ah! quelle main a rencontré ma main?
J'avais calomnié la puissance suprême!...
Ann! Mary! Deborah! mes chers enfants que j'aime,
Par vous j'existe encor. Quand j'entends votre voix,
Dans le fond de mon cœur je vous cherche et vous vois
Belles, pleines d'amour, ô mes anges sur terre!
Tant que vous aimerez l'aveugle solitaire,
Un sourire luira dans son œil épuisé,
Jusqu'à ce que son cœur soit tout à fait brisé!

LA MAISON PATERNELLE

A MON PÈRE.

En vain nous espérons jouir de notre vie
Et récolter un jour le champ ensemencé;
Rarement de ses fruits la semence est suivie.
L'avenir vous dément, promesses du passé!

Un destin, envieux de ce que l'homme espère,
Nous pousse incessamment de séjours en séjours.
Il faut t'abandonner, demeure de mon père;
C'est demain que je pars; demain! et pour toujours!

C'est demain que je pars, doux berceau de ma joie!
Pour la première fois je te contemple en deuil.
Mon cœur a tressailli; mon genou cède et ploie;
Je baise avec respect la pierre de ton seuil.

Je ne connaîtrai plus ni cette paix tranquille,
Ni ces jours d'autrefois, de mes jours les meilleurs;

Tu fus de mon bonheur le témoin et l'asile ;
Pourrai-je maintenant être joyeux ailleurs ?

Tes gais festins, pour moi, n'abrégeront plus l'heure ;
Tu vas être désert, tu vas être vendu ;
D'un hôte indifférent devenu la demeure,
Tu n'auras plus d'écho pour mon cœur éperdu.

Si je reviens un jour dans la rue isolée,
Près du portail connu si je m'arrête un jour,
Si je sens de mes pleurs ma paupière voilée,
Si j'attends par instinct le baiser du retour,

Rien ne s'éveillera dans la maison muette ;
Du colombier désert les pigeons auront fui ;
Le possesseur nouveau de ma douce retraite
N'aura pas respecté ce qui n'est rien pour lui.

Tout sera différent ; car tout change sur terre.
Le vieux chien qui gardait le logis autrefois,
Lui-même ayant quitté le toit héréditaire,
Ne me recevra plus avec de gais abois.

Et, si je veux franchir encor la porte antique,
Sous le toit paternel étranger désormais,
Je ne m'asseoirai pas au foyer domestique
Maintenant délaissé de tous ceux que j'aimais.

Adieu donc pour toujours, demeure bien-aimée !
Adieu ! que l'Éternel protége tes lambris !

Pour répondre à ma voix tu parais animée,
Et ton écho plaintif semble m'avoir compris.

Adieu! sous tes pavés que je foule en silence,
Mon cœur ensevelit plus d'un cher souvenir;
Là gisent confondus tous mes beaux jours d'enfance,
Fleurs mortes au printemps, fruits tombés sans mûrir.

Et quand mon dernier pas aura pressé tes dalles,
Quand je m'éloignerai plein de trouble et d'émoi,
Je ne secoûrai point mes poudreuses sandales;
Ta mémoire à jamais sera sainte pour moi;

Car sous ton humble toit, qu'oubliait la tempête,
Enfant insoucieux, j'ai joui d'un passé
Que je revois de loin et sur la route faite,
Comme un vallon en fleurs par le ciel caressé.

Rouen, août 1839.

L'OASIS

A MA MÈRE

Dans la solitude brûlante
Quand l'Arabe dresse sa tente,
Il connaît, sous des cieux d'airain,
L'asile d'ombre et de verdure
Où Dieu garde une eau toujours pure,
Sur la route du pèlerin.

Là s'arrête la caravane,
Sous le palmier, sous le platane,
Près de la source aux fraîches eaux ;
De l'oasis l'hôte sauvage
Bénit l'arbre épais qui l'ombrage,
L'onde où s'abreuvent ses chameaux.

Le monde n'est-il pas semblable
A ces déserts où, sur le sable
Qui roule ses flots courroucés,

L'OASIS.

L'homme, créature légère,
Dresse une tente passagère
Sur la poudre des temps passés.

Parmi la caravane humaine,
Qui suit la route où Dieu la mène
Sous les feux d'un ciel dévorant,
Chaque fois que je prends ma course,
Je songe au palmier, à la source,
L'espoir du voyageur errant.

Ton cœur, ô ma Mère chérie!
Voilà mon oasis fleurie,
Source de sagesse et d'amour
A se répandre toujours prête,
Palmier qui protége ma tête
Contre la vive ardeur du jour.

Je veux garder mon doux ombrage.
Toi, qui commandes à l'orage,
O Dieu! défends l'arbre aux fruits d'or!
Soleil, qui dévores la plaine,
Ne dessèche pas la fontaine
Où je veux m'abreuver encor!

LE NOUVEAU-NÉ

Enfant! petit enfant, si charmant mais si frêle,
Qui nous contemplez tous d'un regard étonné,
Comme un petit oiseau qui ne connaît que l'aile
Et le duvet du nid dans lequel il est né;

Vous ne savez encor ce qu'on appelle vivre;
Vous acceptez l'aurore éclatante au matin,
Sans vous inquiéter du jour qui doit la suivre;
Car vous ne connaissez ni passé ni destin.

Déjà pourtant votre œil sourit à votre mère;
Vous la cherchez la nuit, vous la cherchez le jour;
De loin vous l'appelez par une plainte amère,
De près vous lui tendez les bras avec amour.

Déjà vous tressaillez de joie et de souffrance,
Et vous comptez pourtant moins de jours que de pleurs.
Les pleurs! Dieu les plaça dans les yeux de l'enfance,
Ainsi que la rosée au matin dans les fleurs.

Pleurez, cher nouveau-né, pleurez toutes vos larmes,
Quand vos douleurs ne sont que des chagrins légers;
Et qu'aux jours où la vie a de dures alarmes,
Le ciel calmé vous soit avare de dangers.

Que le temps soit pour vous la coupe aux doux breuvages;
Que ce flot orageux, qu'on appelle les jours,
Coule pour vous limpide entre deux beaux rivages;
Que nul souffle du nord n'en ternisse le cours.

Si pour vous je pouvais tracer la destinée,
J'ouvrirais devant vous de paisibles chemins;
De bonheur en bonheur doucement promenée,
Chaque heure de ses dons surchargerait vos mains.

Mais pourquoi? l'avenir vous berce et vous caresse,
Des sourires amis vous font un doux accueil,
Et le cœur maternel, ce foyer de tendresse,
Sous vos pas incertains éclairera l'écueil.

Et moi, que puis-je enfin, cher ange que j'adore?
Si ce n'est de sourire à votre front vermeil,
Et de prier pour vous et de redire encore
Ces chants qui berceront votre léger sommeil;

Ces chants pour qui déjà le long oubli commence;
Chants plus vite effacés qu'une ride sur l'eau,
Que le premier rayon qui, lors de la naissance,
D'un reflet fugitif dora votre berceau.

LE PREMIER PAPILLON

A peine le gazon qui reverdit la terre
S'est étoilé de fleurs au doux soleil de mai;
Papillon, où vas-tu, sur ton aile légère,
Où vas-tu, frêle enfant du printemps embaumé?

Les branches d'amandier sont nouvelles fleuries,
    L'hiver peut trahir notre espoir;
La pervenche au matin ouverte en nos prairies
    Se fane au vent glacé du soir.

Aussi beau que les fleurs, aussi fragile qu'elles,
De pourpre et d'or, tout fier de tes jeunes atours,
Tu te livres sans crainte aux zéphyrs infidèles,
Et crois que le soleil doit briller tous les jours.

Lorsque je suis de l'œil tes ailes nuancées,
    Tes ailes, fleurs parmi les fleurs,
Je sens éclore en moi de suaves pensées,
    Des songes aux fraîches couleurs.

Songes ainsi que toi voltigeant dans l'espace,
Libres ainsi que toi de soucis importuns,
Plongeant avec bonheur dans l'air tiède qui passe,
S'enivrant d'avenir, comme toi de parfums.

Fils ailé du printemps et de l'odeur des roses,
  Tu n'es pas l'inconstant plaisir,
Qui, sans foi ni pudeur, effleurant toutes choses,
  Vole de désir en désir ;

Ta vie est un symbole, un gracieux mystère,
Rêve réalisé qu'on retrouve au réveil ;
Ton aile est un fragment du ciel tombé sur terre,
Un souffle coloré d'un rayon du soleil.

C'est l'emblème divin, c'est l'emblème de l'âme
  Qui me fait vivre et palpiter,
Et s'élançant vers ceux que ma tendresse enflamme,
  Même absents, ne peut les quitter.

Ame de feu, Psyché sainte et mystérieuse,
Parle de mon amour à ceux qui sont absents ;
Va leur porter mes vœux, ma caresse pieuse,
Fais vibrer dans leur cœur l'écho de mes accents.

Vole, beau papillon, vole avec l'espérance,
  Vole au-devant de l'avenir ;
Et dis-moi si tu vois, dans cet espace immense,
  Si tu vois le bonheur venir.

LE VIEUX GRAND-PÈRE

C'était un groupe plein de grâce,
D'amour et de naïveté.
Un bon vieillard que l'âge glace
Asseyait, d'un air attristé,
Une enfant vive de tendresse
Sur ses genoux vieux et tremblants,
Et mêlait à sa blonde tresse
L'argent pur de ses cheveux blancs.

Le soir était beau ; car l'automne,
Comme un printemps avant l'hiver,
Craignait d'effeuiller la couronne
De l'arbre encore ombreux et vert.
Dans la retraite solitaire
Où leur amitié s'unissait,
L'enfant écoutait son vieux père,
Et le bon vieillard lui disait :

« Mon enfant, fille de ma fille,
Viens-t'en sur mes genoux t'asseoir;
J'aime ton œil bleu qui scintille
Comme j'aime l'astre du soir;
J'aime tes poses gracieuses,
Et ne puis jamais me lasser
De sentir tes lèvres rieuses
Sur mon front ridé se presser.

« Souris-moi! dans ma peine amère
Ton sourire me fait du bien;
Car le sourire de ta mère
N'était pas plus doux que le tien.
Une tendre mélancolie
Comme les tiens baignait ses yeux;
Elle était comme toi jolie,
Ma fille, ange venu des cieux.

« N'est-ce pas, tu l'aurais chérie,
Ta mère? Elle eût bien su t'aimer!
Je te vois toujours attendrie
Lorsque tu m'entends la nommer.
Mais non, tu n'as pu la connaître;
Dieu, bénissons ses saintes lois!
N'a pas ici-bas voulu mettre
Deux cœurs aussi purs à la fois.

« Je m'en souviens! pâle en sa couche
Elle pleurait les yeux au ciel;
Elle déposait sur ta bouche

Le premier baiser maternel...
Soudain elle devint tremblante
Et, comme un épi moissonné,
Retomba, muette et mourante,
Sur toi, pauvre enfant nouveau-né.

« J'ai vu ses yeux chéris se clore.
Toi, tu ne connais qu'un sommeil;
Mais il en est un autre encore
Qui n'a ni matin ni réveil.
Ta pauvre mère, elle était morte !...
Morte !... Tu ne m'as pas compris.
Ce mot amer le vent l'emporte
Sans qu'il ait glacé ton souris. »

Puis, de douleur l'âme assaillie,
Et cachant son front dans sa main,
Le vieillard se tut. Recueillie
L'enfant écoutait; mais soudain,
Sentant une larme secrète
Couler à travers ses cheveux,
Elle éleva vers lui sa tête
Mélancolique et ses yeux bleus.

Il reprit : — « Vois-tu bien, ma fille,
Là haut, sur nous, de tous côtés,
Ce grand dôme sombre qui brille
De mille sublimes clartés;
Ces astres d'or et de lumière,
Et ces mondes multipliés,

Flots d'une éternelle poussière
Que Dieu soulève sous nos pieds?

« C'est là que s'en vont ceux qui meurent,
S'ils ont été justes et bons.
Tandis que leurs amis les pleurent
Et se souviennent de leurs noms,
Bien loin par delà les nuages,
Ils s'envolent vers ce beau lieu,
Où le calme, après les orages
Les attend dans le sein de Dieu.

« C'est là que ta mère est allée !
Elle nous aime de là haut.
Je sens que mon âme exilée
Ira l'y rejoindre bientôt;
Mais, de cet asile des justes,
Nous veillerons sur tous tes pas,
Et, plus tard, dans ces lieux augustes,
Nous te reverrons, n'est-ce pas?... »

Après un effort inutile,
Le vieillard se tut, ferma l'œil,
Puis, avec un soupir, débile,
Il s'affaissa dans son fauteuil.
L'enfant le regardait, naïve,
Avec ses yeux irrésolus;
Elle était toujours attentive...
Mais le vieillard ne parlait plus.

LE VIEUX GRAND-PÈRE.

Il dormait sans doute, et muette
Elle s'endormit sur son sein,
Comme en son nid une fauvette.
Et l'on trouva le lendemain
La jeune enfant, rose et légère,
Qui dormait, innocente, hélas !
Sur les genoux de son vieux père,
Déjà glacé par le trépas.

A

UN TOIT HOSPITALIER

Je pars, et dans mon cœur je t'emporte en silence,
Des bords que j'ai quittés, aimable souvenir.
On m'entendra toujours avec reconnaissance,
O toit hospitalier, t'aimer et te bénir !

Que jamais dans ses dons l'Éternel ne t'oublie,
Que l'orage t'épargne, ô toit hospitalier !
Car j'ai trouvé la joie et l'amitié chérie,
Hôtes charmants, assis autour de ton foyer.

D'un manteau verdoyant que la paix t'environne ;
Que pour tes habitants les jours soient sans douleurs ;
Que les ans tour à tour embaument ta couronne
De la saveur des fruits et du parfum des fleurs.

Toi, n'en sois point jalouse, ô ma chère Neustrie !
Ton doux nom dans mes chants ne fut pas oublié.
Tu m'as donné le jour ; mais, pour moi, la patrie
Est partout où mon cœur rencontre l'amitié.

CONSOLATION

Oh! non, il n'est pas sous la tombe!
Partout il te suit, il te sent;
Et son âme, blanche colombe,
T'effleure de l'aile en passant.

Ce peu de poussière et d'argile
Qu'emportera le vent demain,
Ce débris, vêtement fragile,
Qu'on dépose au bout du chemin,

Tout ce que l'étroite demeure
Pour l'éternité renferma,
Ce n'est pas l'ami que l'on pleure,
Le noble cœur qui nous aima!

Lui! c'est le souvenir; c'est l'âme,
Chère compagne de nos pas,
Qui nous éclaire, douce flamme,
Douce voix, nous parle tout bas!

Ne t'incline donc pas, muette,
Sous le poids du destin cruel ;
Lève plutôt, lève la tête :
Pleure, mais regarde le ciel !

SANS ESPOIR

Sans espoir, de pleurs mouillée,
Une mère agenouillée,
Posait, la première fois,
Sur une tombe nouvelle,
Sa couronne d'immortelle
Au pied d'une simple croix.

Comme un voile de mystère,
Le brouillard couvrait la terre,
La nuit tombait du coteau ;
Et la brise monotone
Roulait la feuille d'automne
Sur la pierre du tombeau.

Ployant sous sa peine amère,
Elle pleurait, pauvre mère,
Car son enfant était là...
Une forme vague et sombre
Lentement passa dans l'ombre,
Une douce voix parla :

« Oh ! merci de la couronne
Que ta tendresse me donne,
Comme un gage de douleurs ;
Couronne où ta main enlace
Ce qui dure et ce qui passe,
Les immortelles, les fleurs.

« Hélas ! ainsi vont les choses,
J'ai vécu comme les roses,
Je suis la fleur de deux jours.
Mais pourquoi verser des larmes !
Ton enfant n'a plus d'alarmes ;
Son cœur est à toi toujours.

« Mère ! il faut que je te dise,
Si parfois tu sens la brise
Te caresser en passant,
C'est moi qui, toujours fidèle,
Viens t'effleurer avec elle :
C'est l'âme de ton enfant.

« Quand la nuit étend ses voiles,
Je mêle aux blanches étoiles
Mon âme, leur jeune sœur ;
Et sur toi j'aime à répandre
Un rayon suave et tendre
Comme un souvenir du cœur.

« J'entretiens la rêverie
Qui dans ton âme meurtrie,

SANS ESPOIR.

Verse encore un peu de miel.
D'en haut, planant sur la terre,
Je t'aime toujours, ma Mère !
Et je vais t'attendre au ciel ! »

La voix se tut, la jeune âme
S'éteignit comme une flamme.
Quand la pauvre mère, au soir,
Revenait prier encore
Sur la tombe qu'elle adore,
Ce n'était plus sans espoir.

LES CLOCHES DU SOIR

TRADUIT DE TH. MOORE.

Cloches du soir, votre douce harmonie
Parle à mon cœur du paternel manoir,
Des jours d'enfance où votre voix bénie
Me fit rêver, saintes cloches du soir !

De ces beaux jours loin est la dernière heure,
Et plus d'un cœur qui palpitait d'espoir,
Dort maintenant dans la sombre demeure,
Sourd à vos voix, saintes cloches du soir !

Je les suivrai ces âmes envolées.
Un autre barde ici viendra s'asseoir ;
Une autre voix, du fond de ces vallées,
Vous chantera, saintes cloches du soir !

LA ROSE MOUILLÉE

TRADUIT DE W. COWPER.

L'orage, ce matin, avait tout noyé d'eau
La rose dont Anna fit présent à Marie,
Et la fleur succombant sous l'humide fardeau,
Penchait sa belle tête inondée et meurtrie.

Voyant son urne pleine et ses feuilles en pleurs,
Je songeais, moi rêveur, qu'elle pleurait peut-être
Les boutons qu'elle avait laissés, non sans douleurs,
Sur le buisson joyeux où le ciel la fit naître.

Alors je la saisis; car elle n'était pas
Un bouquet agréable, ainsi morne et tachée;
L'agitant rudement, trop rudement, hélas!
Je l'effeuille, et soudain la terre en est jonchée.

Tel est pourtant le rôle insensible et moqueur
Que souvent nous jouons près d'une âme souffrante,

Sans crainte de heurter et de briser un cœur
Que domine déjà la douleur dévorante.

Cette élégante rose, agitée un peu moins,
Sous les yeux de Marie aurait encor pu luire ;
Et les pleurs, essuyés avec de tendres soins,
Peuvent être suivis quelquefois d'un sourire.

FRÈRE ET SŒUR

Là-haut, dans les cieux limpides,
Ensemble voyez errer
Ces deux colombes rapides,
Que rien ne peut séparer.

Dans l'azur que l'aube enflamme
Elles montent, blanches sœurs ;
Elles n'ont qu'une seule âme,
Une seule âme en deux cœurs.

Vers un unique rivage
Tend leur essor hasardeux ;
Quand vient à gronder l'orage,
Elles tremblent toutes deux.

Pour toutes deux la fortune
N'a qu'un seul destin écrit ;
Que la foudre frappe l'une,
L'autre avec elle périt.

Toutes deux elles partagent
Le grain des petits oiseaux,
Et toutes deux se dégagent
Des piéges et des réseaux.

L'une au col de l'autre essuie,
Avec mille soins charmants,
Les froides gouttes de pluie
Qui roulent en diamants.

Le même accord harmonise
Leur hymne de chaque instant,
Hymne de l'homme incomprise,
Mais que le Seigneur entend.

Et leur existence entière,
Sortant du monde réel,
Plane, comme une prière,
Entre la terre et le ciel.

———

Frère et sœur qui, l'un sans l'autre,
Ne pouvez vivre un seul jour,
Ce doux emblème est le vôtre,
Ce doux emblème d'amour.

Ainsi, dans vos âmes d'ange,
Maux ou biens de l'amitié
Se fondent en un échange
Où chacun a sa moitié.

Allez, colombes fidèles ;
Que, dans un ciel calme et pur,
Dieu, pour déployer vos ailes,
Vous donne un limpide azur !

Que toujours il vous contemple
D'un regard clément et doux ;
Et moi j'irai dans le temple,
J'irai le prier pour vous.

LES HIRONDELLES

SONNET

Jouez-vous, noires hirondelles,
Dans les derniers feux du soleil;
J'aime entendre, ô troupes fidèles,
De vos cris le joyeux éveil.

Le rayon qui dore vos ailes
D'un éclat limpide et vermeil,
Expire en des flots d'étincelles,
Au bonheur des humains pareil.

Suivez votre vol qui tournoie;
Demain reviendront et la joie
Et le jour peu de temps caché.

Mais combien d'âmes solitaires
Vont pleurant, sur ces tristes terres,
Leur soleil à jamais couché.

LES ORPHELINS

A MADEMOISELLE ADÈLE H***

Les couples villageois s'en allaient à la danse ;
C'était par un beau soir d'un dimanche de mai.
De l'archet éloigné la joyeuse cadence
Réveillait les échos dans le bois embaumé.

Vesper brillait aux cieux. Sous une verte allée
Cheminaient trois enfants, un frère et ses deux sœurs.
L'aînée avait douze ans, elle allait, désolée,
Guidant les deux petits, et leur cachant ses pleurs.

— « Sœur, où nous mènes-tu ? disait le jeune frère ;
Nous suivons tous les deux ta main qui nous conduit ;
Mais nous marchons déjà depuis une heure entière.
J'ai bien peur dans les bois ; et voilà qu'il fait nuit. »

Or la plus grande sœur : — « Allons, courage encore !
Le bon Dieu, mes chéris, ne nous oublira pas.
Nous allons le prier ; il aime qu'on l'adore. »
Et les pauvres enfants pressaient leurs faibles pas.

Puis la plus jeune : — « Enfin, maman reviendra-t-elle ?
Elle avait, disait-on, cessé de tant souffrir.
Est-ce bien loin d'ici que le bon Dieu l'appelle ?
Et sais-tu ce que c'est, ma sœur, que de mourir ? »

En écoutant ces mots, la pauvre sœur aînée
Se cachait le visage avec son tablier,
Puis reprenait sa route un peu plus résignée,
N'espérant plus qu'en Dieu qu'ils s'en allaient prier.

Car leur mère en effet de la veille était morte ;
On l'avait le matin déposée au cercueil,
Et de leur toit précaire on leur fermait la porte,
Avant que l'eau bénite eût séché sur le seuil.

Depuis lors ils erraient sans appui sur la terre,
Nu-pieds, vêtus à peine, et les larmes aux yeux.
Le sentier les mena devant le presbytère ;
Mais tout dans cet asile était silencieux.

Le feuillage éclairci de la charmille verte
Montrait le jardin vide et les volets fermés :
Cette porte, au malheur incessamment ouverte,
Était close aujourd'hui pour ses hôtes aimés.

LES ORPHELINS.

L'église était auprès; sa simplicité sainte,
Ses murs vieillis disaient : le Seigneur est ici!
Mais la foule joyeuse en avait fui l'enceinte;
La maison du Seigneur était fermée aussi.

Des tristes orphelins la marche était plus lente,
Leurs membres fatigués en demandaient la fin.
Les deux petits, pressés contre leur sœur tremblante,
S'écriaient en pleurant : — « Maman, maman, j'ai faim! »

— « Hélas! mes bien-aimés, elle est là, notre mère! »
Dit l'aînée, approchant d'un tertre tout nouveau.
Un seul rameau de buis, une fleur éphémère,
De la veuve du pauvre indiquaient le tombeau.

Sur la terre, à genoux tous les trois ils se mirent,
De leurs pleurs devant Dieu répandant les trésors,
Prièrent bien longtemps et bien longtemps gémirent;
Mais les pleurs aujourd'hui n'éveillent plus les morts.

Et la lune argentait la nuit pure et sereine;
Un rossignol chantait sur un haut peuplier;
On entendait parfois des rires dans la plaine,
Et les accords lointains du vieux ménétrier.

Une vieille passait alors au cimetière;
Pauvre, elle n'avait rien que des haillons hideux,
Et devait à l'aumône une étroite chaumière :
Elle vit les enfants, et seule eut pitié d'eux.

— « Venez, chers orphelins, sous mon chaume qui tremble,
Dit-elle, vous aurez à souffrir bien souvent.
Mais j'ai du pain encor; nous glanerons ensemble.
Aux agneaux nouveau-nés Dieu mesure le vent. »

LA
LETTRE DE LA VEUVE

— « Ma pauvre fille, avec ta mère
Dans ce grenier tu meurs de faim ;
Mais peut-être à notre misère
Daignera-t-on donner du pain.
Vois-tu ? cette lettre est écrite
Pour un riche qui la verra.
Prions, prions, pauvre petite,
Et le bon Dieu nous entendra. »

Nul ne répond ! plus d'espérance !
Le riche n'avait pas compris ;
Pour le pauvre et pour sa souffrance
Il n'avait eu que du mépris.
Alors l'enfant se prit à dire :
— « Pourquoi pleurer comme cela ?
C'est au bon Dieu qu'il faut écrire,
Et le bon Dieu nous répondra. »

— « S'il était encor sur la terre,
Dieu nous secourrait aujourd'hui ;
Mais la lettre que tu veux faire
Ne monterait pas jusqu'à lui. »
— « Pour qu'elle arrive à son adresse,
Au tronc du pauvre on la mettra ;
Il est si bon pour la détresse !
Oui, le bon Dieu nous répondra. »

Dans sa confiance naïve,
A son projet l'enfant rêva ;
Puis elle écrivit sa missive :
Au tronc du pauvre on la trouva.
On courut chez la pauvre mère,
Et lorsque chez elle on entra,
L'enfant lui redisait : — « Espère !
Oui, le bon Dieu nous répondra. »

LE CAP NORD

Ubi defuit orbis.

O voyageur! pourquoi te hâter dans ta route?
Pourquoi toujours errer de l'espérance au doute,
  Et du rêve au néant?
Pour aboutir au point où, debout sur la plage,
Tu n'apercevras plus que la mer sans rivage
  Et le gouffre béant!

O voyageur! tes pas ont franchi la Norvége;
Le cap Nord s'est dressé devant toi, sous la neige,
  Battu des flots amers.
Qu'as-tu vu? des rocs noirs, masses stratifiées,
Gigantesque chaos, flammes pétrifiées
  Qui s'élancent des mers.

Aucun être vivant n'ose habiter ces crêtes;
Sur le cap désolé rugissent les tempêtes,
  Les vents sont déchaînés.
Tantôt un brouillard sombre enveloppe les cimes,

Tantôt se déchirant, il montre des abimes
   Et des rocs décharnés.

Au désert africain ceux que la soif dévore,
Sous le soleil ardent gardent l'espoir encore,
   Même au sein des douleurs ;
Car l'hospitalité des tribus musulmanes,
Promet le ruisseau pur et l'ombre aux caravanes,
   Dans l'oasis en fleurs.

Ici, pas un rayon qui dans le cœur s'allume,
Ici, rien que les rocs, les ouragans, la brume,
   L'obscurité du Nord ;
Ce que serait enfin, si Dieu brisait la terre,
Le cadavre d'un monde à jamais solitaire,
   Inhabitable et mort.

Ici, le désespoir assombrit la pensée ;
C'est un manteau de plomb qui tient l'âme glacée ;
   Qui l'accable et l'étreint.
Tout ajoute aux horreurs de cet ennui sans borne,
Jusqu'à ce lac qui dort là-bas, livide et morne,
   Dans un cratère éteint.

Mais comme il faut que Dieu ne soit pas implacable,
Qu'il plaigne à leur insu ceux même qu'il accable
   De toutes ses rigueurs,
Qu'il mêle un peu d'espoir aux horreurs du martyre,
Et répande en secret l'aumône d'un sourire
   Dans les plus tristes cœurs,

LE CAP NORD.

Quand le soleil avare à travers les rafales
Laisse parfois glisser quelques rayons moins pâles
    Dans cet abîme obscur,
Le bleu myosotis, dernière fleur des pôles,
Fleur des doux souvenirs, ouvre, parmi les saules,
    Ses étoiles d'azur.

Juillet 1848.

LOIN DU MONDE

Ne rêve plus, mon cœur, de gloires insensées;
  Sois calme et pur;
Crains l'éclat, rétrécis ton cercle de pensées
  Au chaume obscur;
De ton âme et de Dieu fais ton unique étude;
  Loin du grand jour,
Nourris-toi, dans la paix et dans la solitude,
  D'ombre et d'amour.

Toute gloire est pareille à la rose brillante
  Qui nous sourit,
Mais qui laisse à nos doigts une trace sanglante
  Et se flétrit.
O bonheur! je te vois, assis sous l'humble vigne
  De la maison,
D'où ton sourire aimant m'appelle et me fait signe
  A l'horizon.

Me voilà ! me voilà ! pourquoi donc tarderais-je
        A revenir?
Dieu! seul, dont aujourd'hui la bonté nous protége,
        Voit l'avenir.
Ce que le sort voilé dans ses mains nous apporte,
        Lui seul l'a mis;
Lui seul sait si les jours qui heurtent à la porte
        Nous sont amis.

Puisque le temps présent est doux, laissons-nous vivre
        En nous aimant;
Savourons à loisir la coupe où nous enivre
        Le Dieu clément.
Puis espérons en lui, qui nous a fait la vie
        Tant à souhait,
Que tel, dont le bonheur semble un objet d'envie,
        Nous l'envîrait.

Réservez-moi, Seigneur, un sort toujours le même,
        Je ne veux rien.
Un petit coin à l'ombre, une épouse que j'aime,
        Voilà mon bien.
Daignez donc protéger ma retraite isolée;
        Faites mes jours
Semblables au ruisseau qui suit, dans la vallée,
        Son faible cours.

Jamais hors de son lit il ne porte son onde,
        Avec fureur;
Jamais il n'envahit la prairie et n'inonde

Le laboureur.

Il va, parmi les fleurs, sans que son frais murmure
    Soit entendu ;
On ne voit même pas, sous l'épaisse verdure,
    Son flot perdu.

On cherche en vain pourquoi les herbes sont plus vertes
    Au bout du pré,
Et pourquoi son tapis de plus de fleurs ouvertes
    Est diapré.
Car le ruisseau caché, qui gazouille insensible
    Dans ce beau lieu,
Inconnu du vulgaire, est seulement visible
    A l'œil de Dieu.

Août 1850.

LIVRE TROISIÈME

5. Et maintenant la prière que je vous fais... Suivant ce qui nous a été ordonné dès le commencement, c'est que nous nous aimions les uns les autres.

6. Or, le propre de la charité est de nous faire marcher dans la voie des commandements de Dieu.

Saint Jean, Ép. II.

O douce charité, comble-nous de tes grâces !
   O providence d'ici-bas,
   Est-il un mal que tu n'effaces ?
Les méchants, s'il en est, sont ceux qui n'aiment pas.

Ch. Nodier.

CHARITÉ

A MA SECONDE MÈRE

MADAME VICTOIRE R***

Non! la charité que j'admire,
Ce n'est pas l'orgueilleux sourire
Du publicain ivre de soi,
Qui donne en criant à la foule :
« Voyez! l'or de mes mains découle;
Je suis généreux comme un roi! »

Ce ne sont pas ces fils du monde,
Pour qui nul orage ne gronde,
Pour qui nuls malheurs ne sont faits,
Qui font l'aumône par caprice,
Et qui n'ont d'aucun sacrifice
Payé leurs fastueux bienfaits.

Le monde est leur unique oracle,
Leur charité n'est que spectacle.
En vérité je vous le dis,
Ils ont reçu leur récompense,
Et leur bienfait, vaine semence,
Tombe sur des rochers maudits.

Ceux qui méritaient des temples,
Ceux dont les sublimes exemples
Devraient fructifier en nous,
Nobles cœurs que toutes les races
Devraient suivre en baisant leurs traces,
Et ne nommer qu'à deux genoux.

C'est le bienfaiteur qui se cache,
Le Samaritain qui s'arrache
Son dernier vêtement de lin,
La veuve qui porte, débile,
Les deniers du saint Évangile
Dans le trésor de l'orphelin ;

C'est cette âme mystérieuse,
Chère à la pauvreté pieuse,
De qui Dieu seul dirait le nom ;
Qui, dans son dévoûment sublime,
Rougit, comme d'autres d'un crime,
De sa généreuse action ;

C'est celle qui travaille et veille,
Qui sur l'épargne de la veille

Met l'épargne du lendemain ;
Gardant à chacun, douce et bonne,
Son trésor d'amour et d'aumône
Pour tous les malheurs du chemin.

Ce sont enfin ceux à qui coûte
Le bienfait sué goutte à goutte,
Né du long travail de leurs mains ;
Ceux-là, dans le séjour de l'homme,
Passent sans qu'une voix les nomme ;
Ils craignent l'écho des humains.

Cependant leurs mains toujours sûres
Guérissent toutes les blessures,
Leur bonté tarit tous les pleurs ;
Et leur nom, à travers son voile,
Comme une consolante étoile,
Brille dans la nuit des douleurs.

A ceux-là, mon Dieu, l'auréole !
Anges, pesez leur sainte obole
Dans la balance du Seigneur ;
Que pour le bienfaiteur modeste
Soit toute la gloire céleste,
Car le ciel même est dans son cœur !

LA CRÈCHE

STANCES

A UNE JEUNE MÈRE

L'idée d'un refuge où les enfants nouveau-nés, admis pendant le jour moyennant une rétribution quotidienne de 20 cent., reçoivent la nourriture et les soins que réclame leur délicatesse, appartient à M. Marbeau, maire du premier arrondissement de Paris. — Il est juste de rendre un hommage à la mémoire de M. Framboisier de Bannay, mort directeur de Sainte-Périne, organisateur de la première crèche; la crèche de Chaillot, qui fut ouverte et bénie le 14 novembre 1844.

Les arbres étendent leurs branches,
D'un givre argenté toutes blanches;
Un soleil glacé brille aux cieux;
La cité, que l'hiver assiége,
Tremble, et, sur un linceul de neige,
Les chars roulent silencieux.

Il fait froid; mais, dans votre asile,
Le foyer brûlant et tranquille

LA CRÈCHE.

Contre les frimas vous défend ;
Qu'importe la saison amère :
Vous souriez, heureuse mère,
Aux caresses d'un bel enfant !

Son œil sous votre œil étincelle ;
C'est vous qu'il cherche, qu'il appelle ;
C'est de vous qu'il veut un baiser,
Sur cette joue encor plus fraîche
Que le frais velours de la pêche,
Où l'abeille aime à se poser.

Aussi quel tourment ! quelle crainte !
La nuit, à sa première plainte,
Vous vous réveillez en sursaut.
Parfois s'il s'agite, inquiète,
Vous avez peur qu'il ne rejette
Son lange bien doux et bien chaud.

Le jour, sous sa blanche pelisse,
Craignant que l'air froid ne se glisse,
Vous prenez un soin diligent.
C'est que la bise est si glacée
Qu'elle traçait, la nuit passée,
A vos carreaux des fleurs d'argent.

Mais songez-vous parfois, Madame,
Quand ce cher souci de votre âme
Est là souriant sous vos yeux,
Qu'il est quelque autre mère encore

N'ayant, pour l'enfant qu'elle adore,
Ni berceau, ni langes soyeux?

Elle est là, près de vous peut-être,
Sans feu, sans vitre à sa fenêtre,
Doutant de Dieu, son seul appui.
Transi de froid, dans sa demeure,
Toute la nuit son enfant pleure,
Et la neige tombe sur lui.

Pour lui point de pelisse épaisse;
Mais quelque lange usé, qui laisse
Entrevoir son corps amaigri;
De sa mère le sein aride
Verse à peine, à sa bouche avide
Un lait par la douleur tari.

Avant que le soleil paraisse,
Pauvre ouvrière, elle s'empresse
De courir au travail lointain;
Et lui, que personne ne garde,
Jusqu'au soir remplit la mansarde
De cris de douleur et de faim.

Pour vous quelle affreuse tristesse,
Si l'enfant de votre tendresse
Souffrait tant de maux un seul jour!
Songez à cette pauvre femme,
Et puis mesurez, dans votre âme,
Son désespoir à votre amour.

LA CRÈCHE.

Eh bien! cette mère qui souffre,
Qui voit la misère, affreux gouffre,
Lui fermer partout le chemin,
Vous pouvez calmer sa souffrance,
Et, plein de vie et d'espérance,
Son enfant sourira demain.

Sous l'inspiration céleste,
Une bienfaisance modeste
Ouvre aux nouvau-nés un abri,
Souvenir de la crèche austère
Où Dieu, descendu sur la terre,
Enfant, à la Vierge a souri.

La Crèche, asile salutaire,
Où, pour un modique salaire,
La travailleuse au pas pressé,
Courant où sa tâche l'appelle,
Livre à la plus douce tutelle
Son enfant jadis délaissé.

La Crèche, où la charité veille,
Où le nouveau-né s'émerveille
Du soleil qui vient l'éclairer;
La Crèche, où tant de pauvres anges
Apprennent, dans de plus doux langes,
Qu'on peut vivre un jour sans pleurer.

Ah! donnez de votre opulence,
Pour que l'enfant de l'indigence

Qui frissonne dans un lambeau,
Trouve chaque jour, à la Crèche,
Le long sommeil, la santé fraîche,
La chaleur d'un moelleux berceau.

Donnez! ce que votre main sème
A votre enfant, dans le ciel même,
Sera compté comme un trésor;
Donnez, pour que Dieu lui sourie !
Souvent pour lui votre cœur prie ;
Bien faire c'est prier encor.

Donnez! la pauvreté fidèle,
Sur le berceau fondé pour elle
Lira le nom de votre enfant.
Chaque jour une heureuse mère
Le nommera, dans sa prière,
Avec un souris triomphant.

Et les prières maternelles,
Comme les anges, ont des ailes
Pour s'élancer de ce doux nid.
A ces vœux qu'une mère adresse,
Les cieux tressaillent d'allégresse,
Le monde espère, et Dieu bénit!

Juin 1846.

L'ASILE

A MADAME STÉPHANIE G. Sʳ H∗∗∗

> Laissez venir à moi les petits enfants.
> Saint Marc, chap. x, v. 14.

Dans ce livre éternel, ce divin Évangile,
Aussi grand de pensers qu'il est humble de style,
Livre que Dieu dicta, que les saints ont écrit,
Un passage entre tous m'enchante et m'attendrit.
C'est quand Jésus remarque, à travers cette foule,
Empressée à le suivre, ainsi qu'un flot qui roule,
Des enfants apportés pour qu'il pût les toucher,
Qu'un trop zélé disciple empêchait d'approcher.
Il s'écrie; il s'indigne autant que d'une offense :

— « Laissez, dit-il, laissez venir à moi l'enfance;
Faites place aux petits; le royaume des cieux
Appartient aux humains qui ressemblent le mieux
A ces faibles enfants qu'on repousse et que j'aime. »

Sur leurs fronts, Jésus-Christ pose sa main suprême,
Cette main qui rendait aux lépreux la santé,
Aux aveugles, aux sourds, l'ouïe et la clarté,
Cette main qui brisant même la tombe avare,
Du linceul déchiré faisait sortir Lazare.

Quel spectacle sublime en sa naïveté,
De voir ce Dieu sauveur, voilant sa majesté,
Imprimer sur le front de l'enfance innocente
L'ineffaçable sceau de sa main bénissante,
Sourire à ces regards, se complaire à ces voix,
Qui bégayaient son nom pour la première fois.
Ces enfants dont Jésus touchait les têtes blondes,
A qui, dans sa bonté, le Rédempteur des mondes
Prodiguait son amour et promettait le ciel,
Ce n'étaient pas les fils des riches d'Israël,
Bercés par la mollesse et la sollicitude;
Mais ceux que l'esclavage ou la pauvreté rude
Elevait pour la peine et pour le dur travail,
Agneaux derniers venus, le rebut du bercail :
— « A ceux-là, disait-il, tâchez d'être semblables;
Aimez-les d'autant plus qu'ils sont plus misérables;
C'est moi qui vous le dis; leurs anges radieux
Sont éternellement devant mon père aux cieux;
Dans sa majesté sainte ils le voient face à face.
Or quiconque ici-bas s'humilie et s'efface
Au royaume d'en-haut prendra le premier rang;
Le plus petit de tous deviendra le plus grand. »

C'est toi, Maître divin, dont la voix, les préceptes

L'ASILE.

Ont inspiré les cœurs de ces humbles adeptes,
Qui recueillent l'enfant du pauvre demi-nu,
En disant à chacun : — « Entre et sois bienvenu.
Cet asile est le tien. D'abord, d'une voix haute,
Commence par prier le Seigneur Dieu ton hôte.
C'est lui qui t'a créé; l'aimer est ton devoir;
Bénis-le pour qu'un jour il t'admette à le voir.
Aime aussi tes parents; pour être un jour bon père,
Il faut être bon fils; tu le seras, j'espère.
Puis nous travaillerons. Le travail, c'est la loi !
Sois donc sage, apprends bien. Quelle gloire pour toi
Quand, devenu plus grand, travailleur économe,
Tu gagneras ton pain toi-même et seras homme !
Ton père qui, pour toi, se fatigue aujourd'hui,
Sera vieux ; deviens apte à travailler pour lui. »

Ainsi dans leur bonté, pour se faire comprendre,
Au niveau de l'enfant ils aiment à descendre,
Puis d'un pas insensible avec lui s'élevant,
A la hauteur de Dieu font remonter l'enfant,
Et l'enfant comprend Dieu !... C'est que l'âme enfantine
Depuis si peu de temps sort de la main divine,
Que, dans son enveloppe, elle doit retenir
Du ciel qui la créa le vague souvenir.
Sa vie est sans péché, son visage sans ride.
L'ange qui, de là-haut, la surveille et la guide,
D'aucun crime commis ne ressentant l'affront,
Jamais avec douleur ne s'est voilé le front.

Enfants, conservez bien le dogme salutaire,

Ainsi qu'un grain semé dans une bonne terre !
Soyez heureux longtemps ; riez, jouez, chantez!
Le destin nous a pris tant de prospérités,
Il a sur notre tête amassé tant d'orage,
Que nous pairions bien cher le calme de votre âge.

Mais par malheur l'asile, indigent, trop étroit,
Doit refuser bien plus d'enfants qu'il n'en reçoit.
La Charité divine, aux mamelles taries,
En vain gémit, en vain nous tend ses mains flétries,
Et, si nous n'adoptons tous ces abandonnés,
Ils sont dès leur naissance à souffrir condamnés.
Ne les délaissons pas ceux que notre œil rencontre
Pareils au voyageur que Jésus-Christ nous montre
Égorgé par le fer de larrons inhumains,
Dépouillé, demi-mort, gisant sur les chemins.

Vous vous en souvenez : Un rabbin sur la place
Arrive, entend gémir le malheureux, et passe.
Un lévite à son tour, descendant du Thabor,
Entend le malheureux gémir, et passe encor.
Par le même sentier, venant de Samarie,
Un homme à cet aspect se sent l'âme attendrie ;
Il court, et déchirant sa tunique de lin,
Bande la plaie, y verse et de l'huile et du vin,
Puis, non content d'avoir refermé la blessure,
Il met l'infortuné sur sa propre monture,
Le conduit à son hôte, en disant : — « Veille bien
Sur mon frère blessé. Qu'il ne manque de rien !
Ces trois deniers d'argent te suffiront, je pense ;

L'ASILE.

S'il faut plus, au retour je paîrai la dépense. »

Cet hôte qui reçoit le voyageur blessé,
C'est l'asile, l'asile où l'enfant délaissé,
Assailli par les maux qu'entraine la paresse,
Par le vice fatal à sa frêle jeunesse,
Trouvera le savoir, le soin consolateur,
Les jeux et la prière aux pieds du Créateur,
Le précepte et l'exemple enfin, ces deux dictames
Destinés à guérir les blessures des âmes.

Pour que dans sa candeur il ne soit pas détruit
Cet enfant, chaste fleur, qui doit produire un fruit,
Venons à son secours ! — Dans Paris, au passage,
Souvent nous rencontrons l'enfant au doux visage,
Hélas ! déjà flétri, pâle et baigné de pleurs.
Soyons compatissants pour ses jeunes douleurs.
Ne nous détournons point... Osons d'une main sûre
Relever le malade et panser la blessure ;

Car Jésus dit encor : — « Toi qui m'as demandé
Ce qu'il faut faire afin qu'il te soit accordé,
En aimant Dieu, d'atteindre à la vie éternelle,
Médite le récit que je t'offre en modèle.
Va ! si tu l'as compris tu n'es plus incertain :
Agis ainsi qu'a fait le bon Samaritain. »

LES
ENFANTS DES FAUBOURGS

VERS LUS A LA SÉANCE DONNÉE AU BÉNÉFICE DE L'ŒUVRE DES FAUBOURGS

LE 9 MAI 1849

A MONSIEUR DE FALLOUX

ANCIEN MINISTRE DE L'INSTRUCTION PUBLIQUE

Dans les faubourgs de Paris, abondent d'immenses misères matérielles et morales, dont l'insurrection de Juin 1848 a manifesté toute la profondeur.

L'œuvre des faubourgs, établie à cette époque, patronne les enfants pauvres, les visite dans leur famille, leur ouvre l'accès des écoles et pourvoit autant que possible à leurs besoins.

Vous avez rencontré ces enfants de Paris,
Errants par les faubourgs, débiles, amaigris;
Mais portant fièrement leur blouse lacérée,
Dardant un mot railleur à la pointe acérée,
Fixant sur tous un œil curieux et changeant,
Trop hardi quelquefois, toujours intelligent.

LES ENFANTS DES FAUBOURGS.

Prompts au mal comme au bien, faciles à séduire,
Le clinquant comme l'or leur plaît et les attire ;
Tout est pour eux spectacle ; un supplice odieux,
Aussi bien qu'une fête, enchantera leurs yeux.
Il est un bruit surtout qui les exalte encore ;
C'est le chant du clairon, c'est l'orchestre sonore
Que suit un régiment, déployant au regard
Son brillant uniforme et son vieil étendard ;
Leur jouet le plus beau, c'est le débris d'une arme ;
Ils sont fils de soldats et la guerre les charme.
Aussi quand, pour l'émeute ou pour la liberté,
Un cri provocateur dans le peuple est jeté,
Et quand le rappel bat parmi la foule accrue,
Qui lève le premier un pavé dans la rue ?
Qui, devant les canons grondant aux carrefours,
Succombe le premier ? — Un enfant des faubourgs !

Un enfant des faubourgs, un noble cœur sans doute.
Oui ! s'il n'eût pas erré sans appui dans sa route,
Profanant ses habits et sa jeune candeur
Aux fanges de la ville où trône l'impudeur,
N'apprenant dans la rue ou sur d'infimes scènes
Que des leçons de vice ou des refrains obscènes ;
S'il eût été formé par l'exemple du bien,
Aux généreux devoirs d'homme et de citoyen ;
S'il avait fécondé, dans une enfance active,
La délicate fleur de sa vertu native ;
S'il avait fréquenté l'école et le saint lieu ;
Grandi dans le respect d'une mère et d'un Dieu,
Au lieu d'amers loisirs dont il est la victime,

Il eût connu l'honneur, aimé la paix intime,
La gloire du travail, le devoir accompli,
Et le repos qu'on goûte après un jour rempli.

Il eût donné de même et son sang et sa vie ;
Mais, connaissant sa cause et l'ayant bien servie,
Mais, sachant limiter ses droits aux droits d'autrui,
Esclave du devoir, il serait mort pour lui ;
Au lieu de s'immoler, séide expiatoire,
A quelque aventurier que flétrira l'histoire
Et qui jette à la foule un mot retentissant,
Pour s'ouvrir au pouvoir un chemin dans le sang.

    Race ardente, faible nature,
    Trop souvent livrée en pâture
    A qui veut lui donner des lois,
    Faite aussi pour frapper le monde,
    Quand, au jour où la foudre gronde,
    Dieu lui-même emprunte sa voix !

    De quel limon, de quel bitume
    Sont pétris des cœurs où s'allume
    Tantôt ce feu dévastateur,
    Et tantôt cette clarté pure,
    Phare qui luit dans l'ombre obscure,
    Étoile du navigateur ?

    Est-il une noble carrière
    Où d'une éclatante lumière

Les fils du peuple n'aient brillé ?
Molière naquit à la halle ;
Le Poussin, cette âme idéale,
Sous le chaume s'est éveillé.

Fléchier, cette voix noble et triste,
Daubenton, le naturaliste,
Jacquart, l'inventeur de métiers,
Jean-Bart, le dompteur de tempêtes,
Rousseau, Gilbert et cent poëtes :
Qu'étaient-ils ? — des fils d'ouvriers !

Mais c'est sur les champs de bataille
Que, dressant fièrement leur taille,
Ils sont plus beaux dans leur fureur.
Relève-toi, foule guerrière,
Qui marchais, quand l'Europe entière
Tremblait aux pas de l'Empereur !

Héros, que la gloire couronne,
Toi, Junot, que nul bruit n'étonne ;
Toi, Lannes, vainqueur tant de fois ;
Toi, Hoche, soldat patriote,
Et vous, Murat et Bernadotte,
De paysans devenus rois !

Vos fils sont dignes de leurs pères !
Nés pour des travaux moins prospères,
Ils ont votre noble fierté.
Honneur à ces Gardes-Mobiles

Qui portent, dans des corps débiles,
Des cœurs faits pour la liberté !

Leurs bras ont sauvé la patrie ;
La France, indignement meurtrie,
S'assure au bruit de leurs tambours ;
Sur leurs habits pleins de poussière
L'étoile de l'honneur est fière...
Voilà les enfants des faubourgs !

Des plus nobles vertus Dieu mit en eux le germe.
Ouvrez donc une issue aux moissons que renferme
    Cette race pleine d'espoir ;
Versez à flots sur eux la clarté qui ranime.
Il ne faut, pour charmer ce peuple magnanime,
    Qu'un peu d'amour et de savoir.

Donnez ! l'aumône est sainte alors qu'elle est utile ;
Mais, si vous rencontrez quelque enfant par la ville,
    Chantant et vous tendant la main,
Le peu qu'il vous arrache est charité perdue :
On ne voit pas germer la graine répandue
    Entre les pierres du chemin !

Repu, mais avili par le sou qu'on lui jette,
Il saura que l'aumône amassée en cachette
    Enrichit plus que l'atelier.
Bientôt vous l'entendrez, forçant sa voix plaintive,

Attendrir les passants d'une peine fictive,
Quand il devrait être ouvrier.

Et qui sait? quand le mal dans nos âmes se glisse,
On ne s'arrête pas au bord du précipice.
Peut-être sera-t-il tenté ;
Fasciné par l'éclat d'une facile proie,
Dans le gouffre béant où la vertu se noie,
Il se perdra précipité.

Et pareil au torrent tombé des monts sublimes,
Vous le verrez rouler d'abîmes en abîmes,
Lui qui pouvait monter si haut !
Déshonoré !... Flétri !... Voilons ce tableau sombre,
J'aurais peur d'entrevoir le bagne, et, loin dans l'ombre,
Les bras sanglants d'un échafaud !

Cet enfant a du cœur pourtant; son âme est belle ;
Je vois dans son regard une vive étincelle,
De la fierté dans son maintien ;
Si l'on développait l'instinct qu'il fait paraître,
Il pourrait devenir honnête homme... et peut-être
Serait-il un grand citoyen !

Pour que ce pauvre enfant apprenne un jour à lire,
Pour que cet ignorant avide de s'instruire,
Satisfasse à son noble vœu,
Pour que, s'illuminant aux feux de la science,
Il sache partager toute son existence
Entre sa patrie et son Dieu,

Que faut-il? peu de chose. Apportez donc l'obole,
Qui doit communiquer aux pauvres l'auréole
   Dont vos enfants sont radieux,
Ce rayon du savoir qui rend l'âme meilleure,
Plus apte à la vertu, plus insensible au leurre
   Des méchants et des envieux.

Ces enfants deviendront concitoyens des vôtres;
Le bien fait pour les uns jaillira sur les autres :
   C'est la loi de l'humanité!
Donnez! pour que vos fils, plus heureux que vous-même,
N'entendent pas ces pleurs et ces cris d'anathème
   Dont votre cœur est attristé.

Donnez, et ces enfants, mieux instruits que leurs pères,
Sauront que ce qui rend les destins plus prospères,
   C'est le travail de chaque jour ;
Plus aimants, ils seront plus dignes qu'on les aime;
Et de l'égalité l'insoluble problème
   Sera résolu par l'amour !

LA
COLONIE DE METTRAY

A MM. DE METZ ET DE BRETIGNIÈRES
FONDATEURS DE LA COLONIE

> Loyauté passe tout.
> *Devise de l'anneau de Mettray.*

La colonie de Mettray recueille les enfants coupables d'une première faute et dont un tribunal a ordonné la détention dans une maison de correction. — Ces enfants y reçoivent une éducation religieuse et agricole, qui les met à même de gagner honnêtement leur vie.

Sous un ciel pur, au sein d'un fécond territoire,
Tours se baigne et se mire aux ondes de la Loire.
Sur les eaux elle jette un pont, solide frein
Que ronge incessamment le fleuve souverain.

Lorsque le voyageur a gravi la colline
Qui commande la Loire et la cité voisine,
Il aperçoit de loin des bâtiments nouveaux

Isolés au milieu de fertiles plateaux.
Il s'approche séduit, et de la métairie
Il admire avant tout l'heureuse symétrie.
Bientôt il s'intéresse à ces humbles logis
Couverts d'ardoise bleue et dont les murs blanchis
Voilent leur nudité de pampre et de feuillage.
Est-ce une vaste ferme? Est-ce un petit village?
Cet élégant clocher qui s'élançant aux cieux,
Y conduit à la fois la pensée et les yeux,
Au regard du passant, jalon sacré, signale,
Un but religieux, une œuvre de morale.
Tout à coup il entend le clairon retentir,
Voit s'ouvrir des maisons et des enfants sortir.
Leur foule en rangs égaux, avec ordre, en silence,
Bataillon travailleur, se divise, s'avance,
Obéit à la voix; car les groupes nombreux
Ont des chefs, et ces chefs sont des enfants comme eux.
Sur l'épaule portant ou la pioche, ou la tranche,
La pelle, le râteau, le pic à double branche,
Ils s'éloignent d'un pas égal et régulier,
Chaque escouade suivant un différent sentier.
S'ils croisent en chemin un passant solitaire,
Tous les enfants lui font le salut militaire.
Des chaussures de bois protégent leurs pieds nus,
Leurs vêtements pareils sont de grossiers tissus.
Soit que l'été rayonne ou que souffle la bise,
Un berret bleu de laine, une tunique grise,
Telle est de leurs habits la rude austérité ;
Mais rien ne paraît pauvre avec la propreté,
Et c'est avec plaisir qu'on voit, qu'on examine

Leur air gai, franc, ouvert, leur stricte discipline.
On croit comprendre alors que l'on a sous les yeux
Un charitable asile où, par des soins pieux,
Des fils de laboureurs apprennent dès l'enfance
Ce qui de leur métier doit faire une science.
Il faut le dire, hélas! tous ces infortunés
Sortent de quelque geôle, et tous sont profanés.
Fils de mauvais parents, ou nourris par l'hospice,
Ils ont tous comparu dans les cours de justice.
Précoces criminels, leur âge seulement
Les a fait exempter d'un juste châtiment.
Or ce lieu si charmant et si frais, dont les hôtes
Sont de pauvres enfants déjà souillés de fautes,
Que l'on forme à l'amour du beau, du bien, du vrai,
Pour les rendre au pays purs et bons, c'est Mettray.

Un matin, deux passants qu'un même attrait, sans doute,
Conduisait à Mettray, cheminaient sur la route;
L'un d'eux, un étranger, pour la première fois
Parcourait ce pays; mais l'autre, un villageois,
S'avançait d'un pas vif, joyeux, plein d'assurance,
Et saluait des lieux connus de son enfance.

— « Monsieur, dit l'étranger, vous connaissez Mettray? «

— « Oui, Monsieur, je m'y rends et vous y conduirai.
Je vais avec plaisir revoir la Colonie.
Par elle délivré de mon ignominie,
Je puis lever la tête, affronter les défis,
Et dire avec orgueil : — « Je suis un de ses fils! »

Après avoir marché quelque temps en silence,
Le jeune villageois ajouta : — « Quand je pense
Combien triste et honteux pour moi fut ce passé
Que mon bonheur présent n'a qu'à peine effacé,
Je me sens parfois pris d'une sourde souffrance.
Je n'ai pas de parents, Monsieur ! L'indifférence
Glaça mon premier rire et rebuta mes pleurs.
Dieu seul eût compati peut-être à mes douleurs;
Mais toujours le saint nom de celui qui nous aime
Vibrait à mon oreille escorté d'un blasphème.
Dès ma première enfance, aux vices entraîné
Par l'exemple fatal, sans guide, abandonné
A des gens qui faisaient un trafic méprisable,
D'un vol, à quatorze ans, je me rendis coupable.
Acquitté pour mon âge et mis à Fontevrault,
J'étais fait pour monter peut-être à l'échafaud.
De ces enfants souillés j'étais le plus obscène.
Un soir à la lueur d'une lampe incertaine,
Je chantais dans la geôle une infâme chanson,
Lorsqu'un noble inconnu parut dans la prison,
Et choisit dix de nous. Cet homme vénérable
Me prit, moi le plus vil et le plus misérable,
Il me fit, dans son char, asseoir auprès de lui.
Et dès le lendemain lorsque le jour a lui,
Nous étions à Mettray. L'heureuse Colonie,
A nos yeux se montra souriante et bénie.
Nous, incertains du sort qui nous était promis,
Nous tremblions devant ces visages amis.
Nous admirions pourtant les chalets, la chapelle,
Et nous disions : « La vie ici doit être belle ! »

Or la maison de Dieu s'ouvrit, et le pasteur
Bénit tout le troupeau ; puis notre bienfaiteur
Nous dit : — « Mes chers enfants, vous sortez d'esclavage,
« De votre liberté faites un bon usage ;
« Vous le voyez? ici, plus de geôliers méchants,
« Plus de verrous, plus rien que l'espace et les champs.
« Quiconque voudrait fuir, en serait bien le maître ;
« Mais il serait repris, il se ferait remettre
« Dans la prison. Ainsi, mes enfants, devant Dieu
« Prononcez le serment de ne pas fuir ce lieu.
« Songez-y ; si quelqu'un ose y manquer, sa peine
« Sera moins le cachot, le pain sec et la chaîne,
« Que le crime honteux d'être lâche et menteur,
« Car il aura trahi sa parole d'honneur. »

« Dans le fond de mon cœur je crois toujours entendre
Le langage à la fois persuasif et tendre
De cet homme adoré qui, plaignant mon malheur,
Me prenant par la main, moi sans nom, moi voleur,
M'a retiré flétri de mon fangeux repaire,
Pour m'enfanter au monde, ainsi qu'un autre père.
Il m'a lui-même instruit par d'austères leçons,
Au noble et dur labeur qui produit les moissons,
En faisant à la fois, dans mon âme plus ferme,
Des vertus de l'honneur fructifier le germe.
Des centaines d'enfants, avec la même ardeur,
Apprenaient comme moi l'état d'agriculteur ;
D'autres étaient formés pour l'active industrie,
Tous devaient faire un jour honneur à la patrie,
Car ils étaient sortis de ce sentier fatal

Qui d'erreur en erreur les eût conduits au mal,
Et faisaient leur devoir sans geôliers, sans contrainte,
Sous l'abri protecteur de la Charité sainte.

« Six jours nous travaillions ; mais le jour du Seigneur,
Béni par la prière, était tout au bonheur.
Quarante enfants sortaient de chaque maisonnette,
Propres, presque élégants dans leur simple toilette.
Le chef qui nous guidait, nous nous l'étions donné,
Cher élu, qui portait le nom de *Frère aîné*.
Il nous menait au temple, où nos voix argentines
S'unissaient pour chanter les louanges divines
De celui qui mourut pour nous, simple mortel,
Et pour nous, chaque jour, meurt encor sur l'autel.

« L'office terminé, nous restions en silence :
C'était l'heure où le chef punit et récompense.
Il parlait. Quelle joie alors, quel pur bonheur
D'être inscrit par sa main sur le *tableau d'honneur*,
D'être cité par lui, d'être offert en modèle.
Mais lorsqu'à son devoir l'un de nous infidèle
Avait démérité, quel déluge de pleurs
Du colon repentant attestait les douleurs !
Comme il se promettait fermement, à voix haute,
De ne plus retomber jamais dans cette faute,
Moins de peur d'un exil qui nous aurait flétris
Que de peur de déplaire à des maîtres chéris !
Ainsi j'ai cultivé quatre ans la colonie
Et n'ai vu qu'un de nous subir l'ignominie
D'être accusé de vol, convaincu, puis placé

Dans un cachot obscur, enfin d'être chassé.
C'est qu'il avait, hélas ! un de ces caractères
Qu'on dirait imprégnés de miasmes délétères ;
Insoumis à la force, irrité par le bien,
Hors la haine et l'envie il ne ressentait rien.
Je l'ai vu dégrader. La justice publique
Arracha ses boutons, déchira sa tunique,
Proclama son opprobre et son indignité,
Puis l'habit des prisons, châtiment mérité,
Le couvrit. Il passa parmi ses camarades,
En voulant essayer quelques folles bravades ;
Mais les sanglots amers sortis de tous les cœurs
Imposèrent silence à ses rires moqueurs ;
Et lui-même, vaincu, pâle, marchant à peine,
Aux gendarmes livré, disparut dans la plaine.

« Ce fut environné de pleurs bien plus touchants
Qu'à mon tour je quittai ce lieu, ces heureux champs
Qui m'avaient recueilli frappé par la justice,
Enfant déjà marqué des stigmates du vice,
Et me rendaient au monde utile citoyen,
Des devoirs sociaux respectant le lien,
Épuré par l'amour d'un travail salutaire,
Et laboureur actif à sillonner la terre.

« Six ans se sont passés, six ans de dur labeur.
D'un honnête fermier j'ai vécu serviteur.
L'autre jour il m'a dit : — « Au sein de ma famille
« Tu vis depuis longtemps et tu chéris ma fille,
« Sois tout à fait mon fils. J'ai besoin de repos,

« Cultive donc ces champs, engraisse ces troupeaux;
« Je me contenterai, sur le seuil de la grange
« A voir rentrer les blés ou fouler la vendange,
« A bercer au soleil, sur mes genoux tremblants,
« Tes marmots qui joûront avec mes cheveux blancs. »

« Tandis que j'écoutais ce vieillard respectable
Qui me nommait son fils, d'un bonheur véritable
Pour la première fois mon cœur a palpité,
Je me suis senti pur et réhabilité.
Mais je n'ai pas voulu conclure l'alliance
Qui devra couronner ma nouvelle existence,
Sans avoir consulté ceux à qui je la dois,
Sans être revenu visiter une fois
Les logis fraternels à l'heureuse structure,
Où j'ai vécu quatre ans, le préau de verdure,
Les champs que j'ai connus, les nombreux ateliers
Qui forment les colons à d'utiles métiers,
Et la grange et l'étable et tout ce que renferme
De divers instruments le jardin ou la ferme.
Quand mes chefs connaîtront mon projet d'union
Et quand j'aurai reçu leur bénédiction,
Mon cœur sera content. Car eux seuls sur la terre
M'ont aimé tendrement et d'un amour de père. »

— « Et vous serez heureux, mon fils, » dit un vieillard,
Sur le même chemin survenu par hasard,
Qui depuis quelque temps les suivait sans rien dire;
« Vous avez pris sur vous un immuable empire.
Constant dans le bonheur comme dans les revers,

Vous avez triomphé de vos instincts pervers.
Tout le temps que Mettray vous a servi d'asile
Vous vous êtes montré doux, actif et docile.
Guidé par nos conseils que vous avez suivis,
D'un brave laboureur vous devenez le fils.
C'est de votre vertu l'heureuse conséquence.
Quant à nous, notre joie et notre récompense
Est dans votre bonheur. » — Puis ôtant de son doigt
Un simple anneau d'argent : — « Mon fils, vous avez droit
A l'estime de tous ; votre conduite est sage.
De notre affection cette bague est le gage :
Du sentier des vertus ne déviez jamais.
C'est notre croix d'honneur, et je vous la remets. »

A ces mots imprévus, sentant son cœur se fondre,
Le jeune laboureur ne savait que répondre.
Enfin, des pleurs baignant son visage loyal :
— « Oh! tu seras, dit-il, mon anneau nuptial.
Que Dieu, dans ses décrets, ou m'élève ou me brise,
Ma femme à mes enfants transmettra ta devise.
Quant à moi, j'y serai fidèle jusqu'au bout! »

Et sur la bague il lut : *Loyauté passe tout*.

FRATERNITÉ

POËME DÉDIÉ A M. L'ABBÉ FAUDET

CURÉ DE SAINT-ÉTIENNE-DU-MONT

Une Association charitable, a été récemment instituée sous le titre d'OEUVRE DES FAMILLES. — Dix familles, se réunissant pour en adopter une, forment ce qu'on appelle une *Fraternité*. Un Président, ou une Présidente se charge de la recette et de la distribution des secours. Chaque associé apporte une cotisation de *dix centimes*, par semaine, et peut donner, en outre, selon ses facultés, soit un supplément de cotisation, soit des subventions en aliments, hardes, ustensiles, etc., et surtout du travail. — Dès que la famille secourue peut se suffire, elle cesse d'obtenir des secours ; elle peut même faire partie de l'Association fraternelle et répandre sur de plus pauvres, le bien qu'elle a reçu.

La bise de décembre au soir s'était accrue ;
Une femme en haillons grelottait dans la rue,
Le désespoir au cœur, le visage incliné,
Et sur son sein tari pleurait un nouveau-né.
Deux anges blonds, deux sœurs, à ses genoux placées,
Tendaient longtemps leurs mains petites et glacées,
Mais les passants étaient pauvres et peu nombreux,
Car l'aumône tombait bien rare aux malheureux.
Revenant du travail, une jeune ouvrière
S'approchait ; elle entend la touchante prière,

Elle s'arrête et prend, non sans s'apitoyer,
Dans sa modeste bourse un modeste denier.
C'était bien peu de chose, et pourtant l'or d'un trône
N'aurait pas égalé, devant Dieu, cette aumône.
La généreuse enfant donnait, non pas l'espoir
D'un hochet superflu, mais de son pain du soir,
Ce pain quotidien que l'indigent espère
Et demande au Seigneur en disant : Notre Père!
Elle ajoutait un mot bien timide et bien doux,
Quand soudain les deux sœurs, embrassant ses genoux,
Lui prodiguent des noms d'enfantine tendresse.
Elle était reconnue, et, dans cette détresse,
Retrouvait une amie : — « Hélas! toi, dans ce deuil!
Toi, réduite à chercher ton pain de seuil en seuil?
Ton mari cependant gagnait un bon salaire;
Le ciel vous protégeait. » — « Le sort nous est contraire.
Mon mari fut porté mourant à l'hôpital,
Deux mois déjà passés. Depuis ce temps fatal
Un fils, dont j'avais trop désiré la naissance,
Vint au monde. Il fallait, seule, sans espérance,
Nourrir ces innocents qui t'ont tendu la main,
Le travail me manquait; j'ai tout vendu. Demain
Notre pauvre logeur, dont la pitié se lasse,
Nous reprend notre asile; on nous fuit, on nous chasse.
Tu vois bien qu'il n'est plus de Dieu pour l'indigent,
Et que la mort... » — « Tais-toi! j'ai quelque peu d'argent;
Ne blasphème pas, prie, et tu verras encore
Que le Seigneur est bon pour celui qui l'implore. »
Dès le soir les enfants eurent assez de pain
Pour s'endormir joyeux; car ils n'avaient plus faim.

Le lendemain la mère obtenait de l'ouvrage ;
Son amie était là qui lui disait : — « Courage! »
— « Merci ! » répondait-elle, et, ses pleurs l'étouffant,
Elle embrassait les mains de cette noble enfant,
Qui de pourvoir à tout se faisait une étude ;
Enfin elle ajoutait avec sollicitude :
— « Tu n'es pas riche, toi qui nous secours ainsi ;
Tu te prives pour nous. » — « Ne prends aucun souci.
J'ai de riches amis qui m'ont faite opulente.
Comme toi j'ai connu cette douleur brûlante
De voir de chers enfants, au teint jadis vermeil,
Livides, affamés, pleurer jusqu'au sommeil
Et puis se réveiller, dès la première aurore,
Sans obtenir le pain qu'ils réclamaient encore.
J'ai vu ma vieille mère et mes frères chéris,
Sous la tuile des toits frissonner amaigris ;
J'ai su, n'ayant plus rien, sans espoir, sans ressource,
Combien de pleurs il faut pour en tarir la source.
Tout ce qu'on peut souffrir, je l'ai souffert.... Un soir,
Sur notre paille humide un ange vint s'asseoir,
Une femme, et chez nous l'espoir allait renaître.
Par l'inspiration du noble cœur d'un prêtre,
Dix ménages, les uns aisés, les autres moins,
Mais tous riches d'amour, réunissaient leurs soins
Sur des déshérités de la famille humaine.
Chacun ne fournissait que deux sous par semaine;
Humble aumône, et pourtant l'active charité
Sut en faire un trésor pour notre pauvreté.
Ce sont des gouttes d'eau qui font la mer si grande!
Chacun des bienfaiteurs ajoutait à l'offrande,

Quelque travail, un pain, un lange à l'enfant nu :
Le conseil du plus pauvre était le bienvenu.
Fraternelle union, dont l'active puissance
Dans notre obscur asile a ramené l'aisance!
Que te dirai-je, enfin? Quand je t'ai vue hier,
A l'abri du besoin, je marchais le cœur fier;
Nous pouvions nous suffire, et, dans notre mansarde,
Ce n'est plus désormais que Dieu seul qui nous garde.
Nos sauveurs, nos amis cherchaient, comme un trésor,
Une honnête famille à relever encor :
C'est à toi, c'est aux tiens que les mains vont se tendre;
Le bien que j'ai reçu, je vais aussi le rendre ;
J'ai ma place au conseil; je m'asseois à côté
De ceux qui m'ont sauvée, et la FRATERNITÉ
Peut verser, par mes mains, une aumône abondante,
Car la pauvre ouvrière en est la présidente. »

Aujourd'hui vous pouvez entendre un chant joyeux
Qui, d'en haut descendu, semble venir des cieux.
C'est la voix des enfants de cette pauvre femme,
Qui répandent à flots la gaîté de leur âme.
Leur mère a du travail, leur père est rétabli;
Son marteau matinal ébranle l'établi.
Le soir, s'il prend un livre auquel il est docile,
C'est le livre divin, c'est le saint Évangile,
Et soumis à celui qui nous dit : Aimez-vous !
Il vient chaque semaine apporter ses deux sous.

  Salut, obole salutaire,
  Denier du pauvre, saint trésor,

Toi que Dieu compte avec mystère,
Cuivre plus précieux que l'or!

Anneau de l'éternelle chaîne
Qui rend solidaires entre eux,
Dans la grande famille humaine,
L'opulent et le malheureux!

Salut, manne consolatrice,
Qui par un bienfait mutuel,
Peux seule adoucir le supplice
Des fils déshérités du ciel!

Salut, encens, baume, dictame,
Qu'aux humains un Dieu de bonté
Laissa pour unir l'âme à l'âme,
Salut à toi, Fraternité!

Sur terre enfin tu viens renaître,
Non comme un mot fallacieux,
O vertu, dont le divin Maître
A fait un ange dans les cieux!

Par toi, ces trésors de l'aumône,
Que l'homme cache et que Dieu voit,
Rendront meilleur celui qui donne,
Plus heureux celui qui reçoit,

Et les martyrs de la souffrance,
Secourus par un saint amour,
Accepteront, dans l'espérance
De pouvoir donner à leur tour.

Avril 1849.

LES
PETITES SŒURS DES PAUVRES

A M. DE BEAUVAIS
CURÉ DE SAINT-JACQUES-DU-HAUT-PAS.

D'humbles religieuses ont fondé, en 1849, une maison à Paris, rue Saint-Jacques, 277. Cette institution recueille de pauvres vieillards et leur donne tous les soins que la charité peut inspirer. Les sœurs n'ont pour subvenir à leurs propres besoins et à ceux de leurs pauvres d'autres ressources que la charité publique. — La postérité bénira le nom de Jeanne Jugan, fondatrice de cette œuvre, des deux jeunes filles qui l'ont aidée, Mlles Marie Jamet et Virginie Tredaniel, et du vicaire de Saint-Servan, M. l'abbé Le Pailleur.

> Quand mai vient reverdir la terre,
> Quand tout est joie, espoir, mystère,
> Dans les prés aux fraîches couleurs,
> Et que, brillants d'atours superbes,
> Les insectes, parmi les herbes,
> Vont chantant la fête des fleurs;
>
> A travers la foule dorée,
> Voyez se glisser, ignorée,

Une mouche au corselet gris;
Sans ornement et sans parure,
Elle semble une tache obscure
Dans l'éclat des gazons fleuris.

Respectez-la ; car c'est l'abeille
Qui va, dans chaque fleur vermeille,
Recueillir le nectar de miel ;
C'est l'abeille, ouvrière agile,
L'emblème du travail utile,
Du travail que bénit le ciel.

Ainsi j'ai vu passer par la ville opulente
Une femme, timide, à la marche tremblante,
A l'accent humble et doux ;
Les plis d'un voile noir enveloppaient sa tête,
Et, comme une étrangère au milieu d'une fête,
Elle s'avançait parmi nous.

Si Dieu vous a donné de savoir, de comprendre
Ce qu'est la charité qui rend le cœur plus tendre,
L'esprit plus indulgent ;
Si le bienfait caché vibre au fond de votre âme,
Entourez de respects cette pieuse femme :
C'est l'abeille de l'indigent.

Chaque jour elle sort et, quêteuse modeste,
Va pour les malheureux butiner quelque reste,
Quelque débris perdu,
Ou ce pain méprisé que, d'une main avare,

Les esclaves jetaient à la faim de Lazare,
 Lorsque le maître était repu.

Mais plus active encor que la mouche ouvrière,
Elle n'attendra pas la tiédeur printanière
 Pour se mettre en chemin;
Elle ira par la pluie, elle ira par la neige,
Afin que ces vieillards qu'elle abrite et protége
 Aient de quoi vivre encor demain.

Que la sainte pitié dans votre cœur s'éveille :
La fleur ne ferme point sa corolle à l'abeille;
 Ne repoussez donc pas
Celle qui vient le soir, faible et pauvre elle-même,
Tout bas solliciter, pour l'indigent qu'elle aime,
 Les miettes de votre repas.

O si vous connaissiez comme il faut peu de chose
 Pour produire beaucoup de bien !
De grossiers éléments un doux miel se compose :
 Bien peu suffit à qui n'a rien.

Écoutez ce qu'ont fait trois simples ouvrières,
 Sans avoir, dans leur pauvreté,
D'autre appui que le Dieu qu'invoquaient leurs prières,
 D'autre espoir que la charité.

C'était à Saint-Servan, aux côtes de Bretagne,
 Sur un sol battu par les flots,

Ces flots où l'existence avec labeur se gagne,
　　Où périssent les matelots.

Là, bien des vieux marins, mutilés par l'orage,
　　N'existent plus que pour souffrir;
Bien des femmes surtout, veuves par un naufrage,
　　N'ont plus de pain et vont mourir.

Tant de misère émut Marie et Virginie,
　　Deux jeunes filles de seize ans,
Fortes de cette foi, de ce divin génie
　　Que Dieu donne aux cœurs innocents.

Leur conseil ici-bas fut un pieux vicaire,
　　Un cloarec de Saint-Servan;
Leur aide, une voisine, âme simple et sincère,
　　Que l'on nommait Jeanne Jugan.

Jeanne gagnait par jour, à filer de la laine,
　　Un peu de pain et rien de plus.
Elle accueillit pourtant, sans mesurer sa peine,
　　Une femme aux membres perclus.

Un vieillard étant mort, sa veuve octogénaire
　　Restait aveugle et sans secours :
Ce fut de Jeanne encor la chambre hospitalière
　　Qui s'ouvrit à ses derniers jours.

Virginie et Marie, en prolongeant leurs veilles,
　　En souffrant la faim et le froid,

LES PETITES SŒURS DES PAUVRES. 175

Parvenaient à fournir le pain de ces deux vieilles,
    Que Jeanne abritait sous son toit.

Mais d'autres malheureux réclamaient leurs services ;
    Les pauvres étaient leur trésor.
Un vaste asile, ouvert par de longs sacrifices,
    Reçut douze infirmes encor.

Le mal, croissant toujours, accroissait leur courage ;
    Le travail remplissait la nuit.
Inutiles efforts ! D'un jour entier d'ouvrage
    Une heure absorbait le produit.

C'est alors qu'on les vit aller en suppliantes
    Chercher l'obole de la faim,
Affronter les rebuts et, saintes mendiantes,
    Pour leurs pauvres quêter du pain.

Chacun les accueillit et chacun, à l'obole,
    Au don souvent humble en effet,
Joignit le doux sourire et la douce parole,
    Qui changent l'aumône en bienfait.

Le linge encor manquait : — C'est toi, vierge Marie,
    Mère du pauvre dans le ciel,
C'est toi qu'on implora ! Pour ta fête chérie
    Les sœurs dressèrent ton autel.

On tendit pour orner ta modeste chapelle,
    Des lambeaux vieux et sans couleurs ;

Et ces habits, qu'usa la misère cruelle;
    On les sema de blanches fleurs.

Vierge sainte! c'était une leçon austère,
    D'une triste simplicité,
Que de voir resplendir ce luxe de la terre
    Sur cette humaine pauvreté.

Aussi devant l'autel bien des passants prièrent;
    Tu rendis les cœurs généreux;
Devant tant de malheurs bien des yeux se mouillèrent,
    Et les présents furent nombreux.

Grâce à toi, Vierge sainte, à Brest, à Tours, à Nantes,
Cette institution aux œuvres surprenantes
    Partout se propage aujourd'hui.
A ces faibles vieillards, que le tombeau réclame,
Outre le pain du corps offrant le pain de l'âme,
    Tu donnes ton sein pour appui.

Qu'est-il besoin d'argent pour fonder les asiles?
Ne viens-tu pas toujours, dans les temps difficiles,
    Lorsqu'on t'implore avec ferveur?
Ne les conduis-tu pas, par d'admirables voies,
Ces humbles sœurs du pauvre, envers qui tu déploies
    Tous les trésors de ta faveur?

Quelqu'un leur donne-t-il un terrain pour l'hospice?
Elles creusent le sol où sera l'édifice;

Il s'élève, il est habité.
Alors chaque ouvrier refuse son salaire,
Et ne veut que l'honneur d'avoir porté sa pierre
Au temple de la Charité.

L'an dernier, sans secours, sans asile, inconnues,
Cinq de ces sœurs du pauvre à Paris sont venues,
N'ayant que Dieu seul pour soutien,
Et de tout ce qui souffre amantes indulgentes,
Ont recueilli d'abord vingt vieilles indigentes,
Elles qui ne possèdent rien.

Aujourd'hui par leurs soins, par leur vive tendresse,
Soixante-dix vieillards qui mouraient de détresse
Goûtent un paisible destin.
Sous l'aile du Seigneur, en qui le pauvre espère,
Tous vivent chaque jour du pain qu'à Notre Père
Nous demandons chaque matin.

Comment? Dieu seul le sait; car c'est lui qui les mène.
Elles vont, confondant toute raison humaine,
Au but dont tout autre eût douté.
Elles n'ont de trésor que la Foi, de ressource
Que l'amour du prochain... Oh! remplissez la bourse
Qu'épuisera leur charité !

La sainte Charité, ce germe salutaire
Qui grandit dans leurs cœurs comme, en la bonne terre,
S'élève un arbre vigoureux

Pour couvrir les humains que dispersa l'orage,
Pour verser les parfums, les fleurs, le frais ombrage
  Et les fruits sur les malheureux.

O vous tous qui tenez dans vos mains la semence
D'où peut à votre gré jaillir cet arbre immense,
  Cet arbre aux rameaux triomphants,
Semez pour l'avenir, car Dieu seul est le maître,
Et tel pense donner au pauvre, qui, peut-être,
  Aura semé pour ses enfants!

  Novembre 1849.

POËMES ET POÉSIES

A Marie Désirée

OFFRANDE

A toi, mon unique espérance,
A toi, vers qui mon âme incessamment s'élance,
    En son bonheur, en ses revers ;
    A toi, dans qui j'ai foi, que j'aime,
Comme on aime à genoux le Créateur suprême,
    A toi, l'offrande de mes vers !

    Car, si j'ai le cœur d'un poëte,
Si quelque hymne inspiré, sur ma lyre inquiète,
    Vibre, meurt et renaît vingt fois ;
    Ton âme frémit dans la mienne,
Je suis l'écho lointain, la harpe éolienne
    Où résonne ta douce voix.

    En toi seule est ma poésie ;
Ton regard est pour moi la coupe d'ambroisie ;
    Ton amour, la source où je bois.
    A toi donc, ô ma bien-aimée !
A toi, si, par instants, mes hymnes t'ont charmée,
    Les chants qu'à toi seule je dois !

POËMES ET POÉSIES

LES DEUX MONDES

ODE

COURONNÉE PAR L'ACADÉMIE DES JEUX FLORAUX.

L'ouragan boréal déchaîne les naufrages ;
La mer roulant ses flots et le ciel ses orages,
Rongent avec fureur le détroit écumant ;
Et seuls, dans ce chaos qui gronde, qui menace,
Immobiles et noirs, deux grands caps, face à face,
    Se dressent éternellement !

Là des mots inconnus se mêlent aux rafales ;
De deux géants couchés les têtes colossales
Dominent les deux caps vacillant sous leur poids ;
Or l'un est le Vieux Monde, et l'autre l'Amérique,
Qui, chacun accoudé sur une roche antique,
    S'entretiennent à haute voix :

LE VIEUX MONDE.

Ne m'aimes-tu donc plus, ô ma belle Amérique,
Comme en ces premiers jours, si vite évanouis,
Où la main de Colomb, dénouant ta tunique,
T'offrit, vierge sauvage, à mes yeux éblouis?

J'avais cru jusqu'alors que j'étais le seul monde,
Que pour moi le soleil s'allumait dans les cieux,
Et que pour moi la nuit à sa voûte profonde
Suspendait ses milliers d'astres mystérieux.

Enfant, je me berçais au bruit de mes feuillages,
De mes fleuves errants, de mes oiseaux chanteurs,
Je ne regardais pas plus loin que mes rivages,
Et je me complaisais dans mes peuples pasteurs.

Plus tard, dans les cités, dans les tours, sous les dômes,
J'enfermais des humains les mobiles désirs;
Les peuples me brodaient un manteau de royaumes;
Le fracas de la guerre amusait mes loisirs.

Enfin je m'ennuyai captif dans mes deux pôles,
Et, las d'être toujours baigné de sang nouveau,
De l'empire romain qui chargeait mes épaules
Dans un jour de dépit je brisai le fardeau.

Je voyais tout aimer, moi qui faisais tout naître;
Isolé, sans amour, et navré d'être seul,
Je nourrissais un feu qui dévorait mon être;
L'Océan sur mes flancs pesait comme un linceul!

Mais ce n'est pas la mort qu'il couvrait ; c'est la vie !
Un de mes fils partit, vers mon rêve idéal.
Tu parus, jeune et belle, aux flots jaloux ravie,
Et le linceul devint un voile nuptial.

L'AMÉRIQUE.

Malheur à ce Génois rebelle,
Qui, de Palos un jour parti,
Poussant vers moi sa caravelle,
Imprima sa trace nouvelle
Sur le rivage d'Haïti !

Cachée à tes regards profanes,
Je me bercais, naïve encor,
Dans les hamacs de mes lianes,
Au vent parfumé des savanes,
Sur mes fleuves aux sables d'or.

Cet or chez mes peuples antiques
Ne soulevait pas de fureurs.
Des mêmes filons métalliques
Sortaient le bandeau des caciques,
Et l'instrument des laboureurs.

Mais ce métal fut une amorce
Pour tes fils au meurtre acharnés ;
Tu vins sous mes huttes d'écorce
Et tu me ravis, par la force,
Mes biens que je t'aurais donnés.

Pour toi je n'étais point avare ;
Car je t'aimais d'amour alors !
Et qu'as-tu fait de moi, barbare,
Lorsque pour dot à ton Pizarre
Du Pérou j'offrais les trésors ?

LE VIEUX MONDE.

N'accuse que Pizarre et ses guerriers sinistres,
Eux seuls ont sur leur trône égorgé les Incas ;
J'ai maudit les fureurs de ces sanglants ministres,
A tes fils opprimés j'ai donné Las Casas.

Las Casas, renversant tes sanglantes idoles,
Te fit connaître un Dieu d'amour et de bonté ;
Sur ta plaie il versa, l'homme aux saintes paroles,
Le baume de la grâce et de la charité.

Si d'autres dans tes champs ont porté la faucille,
S'ils ont brûlé le chaume en récoltant le grain,
Leurs enfants ont semé ; le temps fuit, l'été brille,
De plus riches moissons jaunissent le terrain.

L'Industrie à son tour traversant l'Atlantique,
Vient peupler tes déserts de vivantes cités ;
Chaque jour fait jaillir de la forêt antique
Des guérets florissants et des toits habités.

L'AMÉRIQUE.

Les bois où chassent mes peuplades,
Je les aime et non tes guérets !

Rends-moi le bruit de mes cascades,
Mes Hurons et leurs embuscades,
Et leurs wigwams dans les forêts.

A tes blancs je dis anathème !
Aux sifflements de tes wagons
Je préfère mes serpents même :
Ce sont les Peaux-Rouges que j'aime,
Des Esquimaux aux Patagons !

Tu leur dérobes leur domaine :
Prends garde, je me vengerai !
Tes fils que l'Océan m'amène
Seront mes instruments de haine,
Contre toi je les armerai !

Quand mon dernier Huron sauvage
Aura chanté son chant de deuil,
Les colons nés sur mon rivage
Obtiendront seuls tout l'héritage ;
Et je te cloûrai ton cercueil.

Déjà vers moi la foule abonde,
Déjà l'Américain du Nord,
Libre de ton joug, ô Vieux Monde !
Va saisir le sceptre de l'onde.
Écoute ! c'est un glas de mort !

Jeune encor, j'aurai vu ta perte.
Tes peuples décrépits mourront,

Et, dans chaque cité déserte,
D'abord grandira l'herbe verte,
Puis les chênes au vaste front.

Tu dormiras muet et sombre
Sous les bois par le temps accrus ;
On oublira jusques au nombre
De tes villes mortes dans l'ombre,
Et de tes peuples disparus.

Sur toi le lent oubli va fondre,
Et plus tard, le jour est marqué,
Dans quelque marais qui s'effondre
On trouvera Paris et Londre
Comme on a trouvé Palenqué !

Palenqué, Babel mexicaine,
Énigme de marbre sculpté,
Cadavre d'une cité reine
Morte sans que l'histoire humaine
De ses grandeurs ait rien conté.....!

Ainsi le front courbé vers le détroit qui gronde,
L'Amérique superbe accuse le Vieux Monde,
  Son gigantesque époux ;
Et leurs voix, se croisant sur la mer écumante,
De leurs éclats hautains dominent la tourmente
  Des vagues en courroux.

Mais le sombre Océan, que leur colère étonne,
S'agite, secouant son humide couronne
    D'algues et de corail;
Et de ses bras nerveux broyant des monts de glaces,
Élève entre eux son front tout chargé de menaces,
    Comme un épouvantail.

L'OCÉAN.

Quel esprit de discorde aujourd'hui vous enivre?
Mondes désenchantés, ne pouvez-vous plus vivre
    L'un et l'autre en repos?
Ne vous souvient-il plus qu'en mes jours de colères,
Sur vos Hymalayas et sur vos Cordillères,
    J'ai promené mes flots?

Prenez garde que Dieu, renversant mes limites,
Ne me déchaîne encor sur vos terres maudites,
    Ainsi qu'aux anciens jours.
Cette voix qui m'a dit : « Ici ta rage expire ;
Tu n'iras pas plus loin ! » Cette voix peut me dire :
    « Va plus loin ! va toujours ! »

Des sombres profondeurs qui gardent l'Atlantide,
Je monterais ployant sous mon étreinte humide
    Vos fronts appesantis;
Et sur vos monts altiers devenus des abîmes,
Dans l'aire des aiglons mes monstres maritimes
    Nourriraient leurs petits.

Pour vos grandeurs aurait sonné l'heure dernière ;
La terre sous les eaux dormirait prisonnière
      Dans le gouffre béant ;
Le soleil éteindrait sa lumière inutile,
Et la mort planerait sur la face immobile
      De l'immense Océan !

Dans le ciel cependant une voix douce et pure
Chantait : ce fier courroux se calmait sans effort ;
Comme au sein maternel se repose et s'endort
      Un petit enfant qui murmure :

« Gloire à Dieu dans le ciel ! paix ici-bas à tous !
Mers, abaissez vos flots ; terres, prosternez-vous
      Devant la puissance infinie !
Chantez, harpes des bois ! chantez, vents des déserts !
Océans orageux, confondez vos concerts
      Dans l'universelle harmonie ! »

    23 mai 1851.

LEVER DE SOLEIL

A MADAME JANE H***

En vain je veux forcer ma pensée à se taire :
Sous le bois verdoyant où fleurit le glaïeul,
Rêvant à l'avenir, je marche solitaire,
    Et triste d'être seul.

L'aube déploie au ciel sa radieuse écharpe ;
Les astres éclipsés s'en vont disparaissant,
Et le monde éveillé vibre, comme une harpe,
    Aux mains du Tout-Puissant.

Déjà le soleil monte au front de la colline,
Au milieu des splendeurs d'une aurore d'été ;
Il perce le feuillage, et le bois s'illumine
    D'un reflet velouté.

Les perles du matin tremblent au bout des herbes,
Et l'on croit en voyant les champs de fleurs couverts,

Que, de l'écrin des nuits, les étoiles en gerbes
        Ont plu sur les prés verts.

Et l'oiseau matinal, élancé dans l'espace,
L'insecte bourdonnant sa chanson du matin,
Le papillon ouvrant à la brise qui passe
        Ses ailes de satin,

Et l'humide gazon que la rosée argente,
Et la glèbe entr'ouverte où le soc resplendit,
Tout ce qui crie et court, tout ce qui vole et chante,
        Tout se confond et dit :

« Béni soit le Seigneur, le Dieu bon et superbe,
Le Seigneur des moissons et des petits oiseaux,
Qui fit l'azur du ciel, l'émeraude de l'herbe,
        Et l'argent des ruisseaux ! »

Pourquoi donc, ô matin ! tes lueurs irisées
Laissent-elles en moi place pour les douleurs ?
O nuits d'été ! pourquoi, dans vos fraîches rosées,
        Trouvé-je aussi des pleurs ?

Oh ! si la fleur des champs que la brise caresse,
Et qui répand sa joie en parfum sous mes pas,
Me disait le secret de sa tranquille ivresse !...
        Mais la fleur n'entend pas.

La fleur dilate au vent l'or de son étamine ;
Son ovaire fécond aspire avec amour

LEVER DE SOLEIL.

Le pollen odorant que sa sœur dissémine
    Dans un rayon du jour.

Si le grillon pouvait, là-bas, dans la campagne,
M'apprendre le bonheur qu'il goûte en son sillon !
Mais il est loin, et chante à sa noire compagne
    Son hymne de grillon.

Si l'oiseau qui sautille et court de branche en branche,
Et se montre et se cache, et gazouille au soleil,
Enseignait à mon cœur comment sur nous s'épanche
    Un paisible sommeil !

Et comment on oublie, à l'abri de la feuille,
Que le printemps fut court et que l'été finit !
Mais il chante l'amour à sa fauvette, et cueille
    Des herbes pour son nid.

Et moi je cherche en vain où reposer mon âme ;
Mon cœur est déchiré par d'intimes combats ;
Devant ce ciel si pur qui se remplit de flamme,
    Je murmure tout bas :

« Mon Dieu ! dans mon sentier combien de feuilles mortes !
Combien, déjà, de ceux qui m'ont donné la main,
Qui m'ont instruit au monde et m'ont ouvert ses portes,
    Sont restés en chemin !

« J'ai vu leurs pâles fronts désormais taciturnes,
Et sous l'aile du temps disparus sans retour,

Ainsi que la lueur de ces astres nocturnes,
  S'effacer tour à tour.

« La nuit s'en va saisir les derniers dans son voile ;
Je me vois isolé dans l'espace éclairci,
Mélancolique et tel que la dernière étoile,
  Prêt à m'éteindre aussi ! »

C'est ainsi qu'agité par ma pensée austère,
Sous le bois verdoyant où fleurit le glaïeul,
Rêvant à l'avenir, je marche solitaire,
  Et triste d'être seul.

ENVOI.

A vous ces vers, enfants d'une heure de tristesse !
Mais, tout empreints qu'ils soient d'une sombre langueur,
Ne croyez pourtant pas que je pleure sans cesse,
Et que toute espérance a délaissé mon cœur.

Lorsque je vous revois, dans votre gai parterre,
Au milieu de vos fleurs d'azur, de pourpre et d'or,
Je crois qu'il est pour nous du bonheur sur la terre,
Je crois que l'homme est bon, et que Dieu l'aime encor ;

Car votre cœur est pur comme le frais dédale
De ces fleurs que Dieu montre à notre œil enchanté ;
Et, sur votre passage, autour de vous, s'exhale
Un parfum de tendresse et de sérénité.

LEVER DE SOLEIL.

Oh ! vous êtes si bonne ! oh ! quelle peine amère
Ne s'adoucirait pas avec votre pitié !
Vous avez le sourire et l'âme de ma mère ;
Comme elle, vous avez des trésors d'amitié.

Je me sens plus heureux lorsque le jour fidèle
Vers votre toit champêtre a ramené mes pas,
Et lorsque je reviens demander ma parcelle
De ces trésors du cœur qui ne s'épuisent pas !

Limeil, juillet 1840.

SOYEZ MA SŒUR

Je ne l'ai point connu ce nom charmant de sœur ;
  Jamais une voix pure et chère
D'un accent féminin, parlant avec douceur,
  Ne m'a donné le nom de frère.

Mais souvent m'apparaît, songe délicieux,
  Cette sœur en vain espérée,
Et j'entends sa parole et je vois, sous mes yeux,
  Resplendir sa forme adorée.

Je la vois jeune, belle, et séduisant chacun
  Sans même songer à séduire ;
Comme la fleur qui brille ignorant son parfum
  Et qui s'étonne qu'on l'admire.

Lorsqu'en moi j'ai créé la sœur que j'aimerais,
  Frêle ébauche qu'un souffle enlève,
Lorsque de traits choisis j'ai composé ses traits,
  Je me prends à chérir mon rêve.

SOYEZ MA SŒUR.

Je l'aime de l'amour dévoué qu'on ressent
    Pour son enfant ou pour sa mère ;
Et l'apparition que je vais caressant
    N'est plus peut-être une chimère.

Cette sœur tant cherchée, Amélie, est-ce vous ?
    Vivant près de vous je m'enivre
De je ne sais quel charme inexprimable et doux,
    Et je me sens heureux de vivre.

Vous faites toujours bien. Vos moindres mouvements
    Ont une grâce qui me touche ;
Les mots tristes ou gais, me semblent plus charmants
    S'ils ont passé par votre bouche.

Le chant que vous aimez emprunte à votre voix
    Un attrait que n'ont pas les autres,
Et le clavier d'ivoire a, sous les autres doigts,
    Un son moins pur que sous les vôtres.

Mais ce que j'aime en vous, ce n'est pas la beauté
    De ce visage qu'on adore ;
Car je vois à travers resplendir la clarté
    De votre âme plus belle encore.

D'une longue paupière aux cils de velours noir,
    Votre prunelle est enchâssée ;
Qu'importe ! Je ne cherche en ce vivant miroir
    Qu'un reflet de votre pensée

Votre lèvre s'entr'ouvre et fait briller vos dents,
Ces perles de votre sourire...
Moi, je prête l'oreille à ces mots abondants
Où votre cœur parle et respire.

Oh! vous pourrez vieillir! Pour les indifférents,
Vous pourrez n'être plus la même;
Les jours n'engloutiront, dans leurs flots dévorants,
Aucun débris de ce que j'aime.

Car je l'aurai connu ce nom charmant de sœur;
Car une voix suave et chère,
D'un accent féminin, parlant avec douceur,
M'aura donné le nom de frère.

LES
SYLPHES DES FEUILLES

BALLADE

COMPOSÉE SUR UNE MÉLODIE ARABE.

Dès que la saison verte
   Vient nous ombrager,
Sous la feuille entr'ouverte
   Au bois, au verger,
Le zéphyr de l'aurore,
En soufflant, fait éclore,
Habitant incolore,
   Un sylphe léger.

Toute feuille flexible
   Que l'on voit frémir,
Cache un sylphe invisible
   Prompt à s'y blottir.
Feuille et sylphe tout tremble ;
Même sort les rassemble,

Ils devront vivre ensemble,
    Ensemble mourir.

Lorsque le vent, leur père,
    Frémit dans les bois,
Au fond de leur repaire
    Émus à la fois,
Les sylphes du feuillage,
Agitant leur ombrage,
Mêlent un frais langage
    A sa grande voix.

Si, le matin, s'exhale
    Des bois un doux bruit,
C'est leur voix idéale
    Qui vient et s'enfuit.
Quand le jour va se clore;
Dans la forêt sonore,
Ils soupirent encore
    L'hymne de la nuit.

Quand seul dans l'ombre obscure
    Chante un rossignol,
Si quelque frais murmure
    A rasé le sol,
Si le tremble palpite,
C'est qu'un lutin s'agite
Sous la feuille petite,
    Son vert parasol.

Quand l'aile de l'orage

Assombrit les champs,
La stupeur décourage
   Leur joie et leurs chants ;
Puis la tempête gronde,
Et l'on entend, sous l'onde,
Dans la forêt profonde,
   Leurs soupirs touchants.

L'été fuit infidèle ;
   La feuille jaunit ;
Chaque sylphe ainsi qu'elle
   Tremble et se ternit.
Il n'a pour chant d'automne
Qu'un soupir monotone ;
Le bois perd sa couronne....
   Tout meurt ! tout finit !

Le pâtre solitaire,
   Sous son pied vibrant,
Fait résonner à terre
   Le feuillage errant.
Chaque plainte que pousse
La feuille sur la mousse,
Est la voix faible et douce
   D'un sylphe expirant.

Un effort de la bise
   Parfois en passant,
Réveille et galvanise
   Leurs amas gisant.

Et, dans sa feuille blonde,
Au vent qui le seconde,
Chaque sylphe à la ronde
Tournoie en dansant.

Mais le joyeux cortége
Retombe tremblant.
Seul bientôt sur la neige
L'autan va sifflant.....
Dans vos feuilles roulées,
Doux sylphes des vallées,
Dormez, troupes voilées,
Sous un linceul blanc !

LES
FUNÉRAILLES
DE MADAME LŒTITIA BONAPARTE

Elle fut ensevelie à Rome, en février 1836, sans pompe et presque furtivement

---

A CAMILLE DOUCET

Le glas des morts gémit sous les sombres portiques ;
Rome, pourquoi trembler sous tes marbres antiques,
  Sous l'hiver qui glace tes bords ?
La cloche au Vatican tinte pour une femme.
Rome, crains-tu ce corps que la terre réclame,
  Et les morts font-ils peur aux morts ?

Que tu devrais pleurer, du haut des sept collines,
Sur le char noir qui passe à travers les ruines,
  Sur le linceul battu des vents !
Tu le laisses aller seul sous la froide neige....
Viennent, viennent les morts lui former un cortége,
  Que lui refusent les vivants !

Secouez les lambeaux qui couvrent vos visages ;
Levez-vous à ma voix, héros des anciens âges,
  Du Forum au mont Quirinal !
Le voyez-vous ce char, qui roule sans escorte ?
Guerriers, suivez-le tous, car celle qu'il emporte
  C'est la mère d'un Général !

Fabius, Scipion, prenez vos laticlaves ;
Et toi, Germanicus, toi le dernier des braves,
  Lève-toi, vainqueur d'Irminsul !
Levez-vous, et formez des pompes funéraires,
Vous tous, antique honneur des faisceaux consulaires ;
  Car c'est la mère d'un Consul !

Sortez de vos tombeaux, cohortes désarmées ;
Relevez-vous, débris des antiques armées,
  Soldats, dont l'essor dévorant,
Dans le monde embrasé passant comme la foudre,
Ne laissait après soi qu'un tourbillon de poudre ;
  C'est la mère d'un Conquérant !

Sortez de vos tombeaux, de Gadès au Caucase,
De Thulé la neigeuse aux bords brûlants du Phase,
  Peuples dont son fils fut l'effroi.
Venez, vous qui dormez sous un linceul de glace,
Et vous dont le semoun a dévoré la face,
  Venez, c'est la mère d'un Roi !

Sortez de vos tombeaux devant ce char qui passe,
Au trône impérial vous tous qui prîtes place ;
  Levez-vous pour lui faire honneur,

Vous surtout qu'une gloire immortelle accompagne,
César, Trajan, Titus, Constantin, Charlemagne,
  C'est la mère d'un Empereur !

Et vous qui, de l'exil sur la rive étrangère
Jusqu'à la lie avez vidé la coupe amère,
  Venez à ce seuil isolé.
Vous tous qu'un pays sourd aux cris de la nature,
Laissa vivants, sans pain, et morts sans sépulture,
  C'est la mère d'un exilé !

Si la peur met obstacle à vos cérémonies,
Hâtez, prêtres, hâtez les saintes litanies,
  Mais versez du moins quelques pleurs ;
Car on lui refusa cette faveur dernière
D'accompagner son fils sur le lointain Calvaire,
  Cette autre mère de Douleurs.

Et toi, toi seul pouvais, antique Capitole,
Aux plaintes de l'airain qui dort sous ta coupole
  Éveiller le saint Panthéon.
Toi seul aussi pouvais, ô Vatican de Rome !
Bénir après sa mort la mère du grand homme,
  La mère de Napoléon !

Mais non, ils ont eu peur qu'une ombre menaçante,
Une ombre à l'œil ardent ne se levât géante,
  Comme un aigle sur un écueil....
Ils ont eu peur, ô honte ! ils ont craint un fantôme !.....
Où donc est Annibal ? qu'on lui dise que Rome
  A peur d'une ombre et d'un cercueil !

BÉATRICE

SONNET DE DANTE ALIGHIERI

> Tanto gentile e tanto onesta pare
> La donna mia quand' ella altrui saluta, etc.
> DANTE. (*Vita Nuova.*)

Pour saluer quand, d'un air gracieux,
De son blanc voile elle écarte les franges
Et vous sourit; plein de troubles étranges,
On fait silence et l'on baisse les yeux.

Elle s'avance, au milieu des louanges,
Le front empreint de la pudeur des cieux;
Par l'Éternel envoyée en ces lieux
Pour nous montrer le plus divin des anges.

Son œil répand la joie au fond du cœur;
Elle paraît et brillante on l'admire;
On aime, on suit son ascendant vainqueur;

Sa lèvre rose en souriant respire
Un doux parfum d'amour et de langueur
Qui va disant à notre âme : Soupire !

L'AME EN PEINE

LÉGENDE

Vous qui priez, cœurs pleins de foi,
Chrétiens, ayez pitié de moi.

En traversant le cimetière,
Quand sur les champs s'étend la nuit,
Si vous voyez une lumière
Sur les tombeaux voler sans bruit,
Priez pour moi, car c'est mon âme
Qui souffre et gémit en péril;
Donnez, pour finir son exil,
Les oraisons qu'elle réclame.

Vous qui priez, cœurs pleins de foi,
Chrétiens, ayez pitié de moi.

C'est moi qui suis la pauvre fille
Dont le corps fut jeté tout seul,

Loin des tombeaux de la famille,
Sans prières et sans linceul.
Ce n'est point la terre bénite
Qui couvre mes restes flétris,
Et l'on s'éloigne avec mépris
Du coin sombre où gît la proscrite.

Vous qui priez, cœurs pleins de foi,
Chrétiens, ayez pitié de moi.

J'aimerais à dormir blottie
Sous un gazon épais et doux.
Je n'ai que la ronce et l'ortie ;
Mon lit est chargé de cailloux.
Au printemps un rosier sauvage
L'an dernier y vint à fleurir ;
Mais les enfants l'ont fait périr,
En arrachant fleurs et feuillage.

Vous qui priez, cœurs pleins de foi,
Chrétiens, ayez pitié de moi.

Une fauvette, sous la ronce,
Fit un nid d'herbe et de duvet ;
Déjà l'oiseau, joyeuse annonce,
Avait trois petits qu'il couvait.
Leurs chants me semblaient des prières
Que le Seigneur devait bénir ;
Mais les passants, pour me punir,
Les ont tués à coups de pierres.

L'AME EN PEINE.

Vous qui priez, cœurs pleins de foi,
Chrétiens, ayez pitié de moi.

De ton cœur tu m'as renvoyée
Toi-même, ingrat, que j'aimais tant,
Toi pour qui je me suis noyée
Sous les roseaux du grand étang.
Hélas ! mon âme inconsolée
De ce monde a voulu sortir ;
Mais dans un cri de repentir
Elle s'est du moins exhalée.

Vous qui priez, cœurs pleins de foi,
Chrétiens, ayez pitié de moi.

Dieu seul a connu le mystère
Et de mon crime et de mon deuil,
Aucun prêtre n'osa sur terre
Jeter l'eau sainte à mon cercueil.
Seule une femme en habit sombre,
Fuyant les regards, vient parfois
Pleurer sur ma tombe sans croix,
Et m'appeler tout bas dans l'ombre.

Vous qui priez, cœurs pleins de foi,
Chrétiens, ayez pitié de moi.

Bien loin des célestes royaumes,
Rebut des vivants et des morts,
Lorsqu'à l'église on dit les psaumes,
J'écoute et je reste au dehors.

De tout bonheur dépossédée,
Je voltige entre les barreaux,
Et viens me heurter aux vitraux,
Comme une hirondelle attardée.

Vous qui priez, cœurs pleins de foi,
Chrétiens, ayez pitié de moi.

Mais que vois-je à l'autel? Le prêtre
Jette l'eau sainte sur un corps.
Le vent a poussé la fenêtre ;
Je prends part aux pieux accords.
Du cercueil une voix m'appelle :
C'est ma mère! ô Dieu tout-puissant!
Elle est morte en me bénissant,
Et j'obtiens mon pardon par elle.

Merci, mère au cœur plein de foi,
Qui seule as prié Dieu pour moi.

SIMPLICITÉ

A MARIE DÉSIRÉE.

Quand je vous dis que vous êtes charmante,
Vous semblez rire et douter de ma foi ;
Pourtant ma voix est vraie autant qu'aimante,
Et c'est mon cœur qui le dit avant moi.

Vous n'êtes point de ces beautés coquettes
A qui le temps prendra tous leurs appas,
Qui passeront ainsi que leurs toilettes :
On les admire, on ne les aime pas.

Vous n'êtes point comme ces fleurs pompeuses
Dont la fierté semble insulter chacun,
Qui lèvent haut leurs têtes orgueilleuses,
Riches d'éclat et pauvres de parfum.

Vous imitez l'aimable violette
Qui sous sa feuille aime à se retirer ;

Mais que l'on cherche en son humble cachette
Et dont l'odeur est douce à respirer.

Il est en vous une grâce modeste,
Charme caché qu'on trouve avec bonheur.
Je ne sais quoi de simple et de céleste,
Comme un parfum qui s'élève du cœur.

C'est pour cela qu'à jamais je vous aime,
Que ma pensée en tout lieu suit vos pas ;
Et, dites-moi, vous, mon espoir suprême,
Pour tant d'amour ne m'aimerez-vous pas ?

SOUS UN TOIT DE CHAUME

ÉLÉGIE

COURONNÉE PAR L'ACADÉMIE DES JEUX FLORAUX

Sur le bord de la route il est une chaumine
Qu'entoure un enclos vert, qu'un cerisier domine,
    Couvert de fruits rougis;
Son faîte est couronné de ces fleurs, de ces lierres
Dont le printemps se plaît à parer les chaumières
    Et les pauvres logis.

Lors du dernier avril, au temps des pâquerettes,
Quand les mouches sur l'herbe aux mobiles aigrettes
    S'ébattent par milliers,
Sous ce toit demeurait une enfant du village,
Plus fraîche que les fleurs, plus vive et plus volage
    Que l'oiseau des halliers.

Comme elle était alors séduisante et jolie!
Que de grâce, d'amour et de mélancolie

    Dans ses deux grands yeux bleus !
Moins douce est la lueur des lampes solitaires
Qui répandent dans l'ombre au fond des sanctuaires,
    Un rayon nébuleux.

Avec ses dents de nacre, avec son teint de pêche,
Comme elle souriait, dans sa toilette fraîche
    Négligée à dessein !
Combien la regarder était charmante chose,
Et combien elle était plus rose que la rose
    Attachée à son sein !

On la voyait joyeuse à la fenêtre ouverte,
Sur le banc de la porte, ou sous la treille verte
    Travailler et chanter.
Quand par un beau matin on côtoyait la haie,
Devant tant de candeur et tant de gaîté vraie,
    Il fallait s'arrêter !

Et l'écho redisait son chant souple et facile,
Et le passant restait sur la route, immobile,
    Son bâton sur le sol,
Ne sachant si la voix qu'il écoutait de l'âme
Était en vérité la chanson d'une femme
    Ou bien d'un rossignol.

Tandis qu'il demeurait arrêté, la folâtre
Dans le feuillage épais, à son œil idolâtre
    Se cachait avec soin,
Puis se taisait et puis, tout à coup, sous la vigne,

Capricieusement montrait son cou de cygne
        Et souriait de loin.

Mais quand le mendiant, chancelant et sans guide,
Passait vers le midi sur le chemin aride,
        Sous le soleil en feu,
Elle accueillait du cœur sa plainte abandonnée,
Et rompait avec lui ce pain de la journée
        Que l'on demande à Dieu.

Le pauvre s'arrêtait avec un long sourire;
Délassant ses pieds nus que la ronce déchire
        Et ses membres perclus;
Puis, lorsqu'il reprenait sa pesante besace,
Longtemps encor des yeux elle suivait sa trace,
        Triste et ne chantant plus!

Juillet finit à peine : eh bien! devant sa porte,
Voyez la jeune fille assise, demi-morte,
        Au soleil sur le seuil,
Laissant errer ses yeux qu'ici-bas rien n'arrête,
Faible, pâle, immobile, et déjà comme prête
        A descendre au cercueil.

Son teint ne rougit plus que des feux de la fièvre,
La brûlante insomnie a séché sur sa lèvre
        Le rire et la chanson;
Elle meurt, pauvre épi rongé dans sa racine,
Qui jaunit sans mûrir, se dessèche et s'incline
        Bien avant la moisson!

Le pauvre et le passant sur le chemin écoutent,
Cherchent des yeux l'enfant belle et rieuse, et doutent,
  Et retardent leurs pas.
Elle est là devant eux l'enfant belle et rieuse,
Et l'indigence même, à son tour oublieuse,
  Ne la reconnaît pas.

Voilà donc ce que sont la jeunesse et la joie !
Qui pourrait aujourd'hui passer par cette voie
  Sans fléchir les genoux ?
La mort reprend si tôt ce que la vie accorde !.....
Seigneur, Dieu de clémence et de miséricorde,
  Ayez pitié de nous !

CONFIDENCE

L'un près de l'autre assis, par un beau soir d'été,
Au versant d'un coteau de tout bruit écarté,
Nous respirions des champs l'haleine parfumée.
Moi, déjà tout épris d'une vaine fumée,
Je lui contais mes vers et mes rêves du jour ;
Plus poëte que moi, lui me parlait d'amour.
Tantôt m'entretenant tout bas et côte à côte,
Tantôt l'œil inspiré, debout, d'une voix haute,
Selon qu'il avait peur d'un passant indiscret,
Ou qu'avec plus de force en lui l'amour vibrait,
Il me disait la fleur ou donnée ou reçue,
Le bal où, gracieuse, il l'avait aperçue,
Ses craintes, son espoir fondé sur un souris,
Et tous ces riens si chers aux cœurs vraiment épris.

— « Oh ! disait-il, combien elle était fraîche et belle !
Que de fois mes regards se sont tournés vers elle !
J'enivrais à la fois et mon cœur et mes yeux
A voir ses mouvements souples et gracieux,

Son visage adoré qui parfois se colore
D'une chaste rougeur qui l'embellit encore,
Et ce blanc vêtement, dont la simplicité
Donnait un nouveau charme à sa jeune beauté!

« C'était hier, au bal. Les danses enivrantes
L'entraînaient tour à tour dans leurs courbes errantes,
Elle cédait rieuse, et livrait à loisir
Son âme jeune et vierge aux attraits du plaisir;
Elle était tout entière à la gaîté folâtre.
Sur son front calme et pur, aussi blanc que l'albâtre,
N'apparaissait aucun de ces plis ombrageux,
Éclairs venus du cœur lorsqu'il est orageux;
Ses cheveux bruns étaient son unique couronne.
A la voir, je croyais rêver cette Madone
Que, sur la toile sainte, anima Raphaël
D'un amour de la terre et d'un rêve du ciel.
Ses yeux, double rayon échappé de son âme,
Autour d'elle versaient une aussi douce flamme
Que deux astres jumeaux dont le ciel brille au soir;
Auprès d'elle chacun s'empressait pour la voir;
Mon cœur était jaloux de qui s'approchait d'elle,
Et s'en allait disant tout bas : Comme elle est belle!

« Oh! si ces yeux divins, qui me font tant d'émoi,
Consentant quelque jour à s'abaisser vers moi,
Découvraient ce secret qui, de mon âme en peine
Déborde comme l'eau d'une coupe trop pleine;
Si, devinant des vœux exprimés à moitié,
Elle acceptait de moi plus que de l'amitié,

Et, devenant enfin un écho de moi-même,
Me répondait un jour en me disant : Je t'aime !

« Je t'aime ! Est-il possible ? Oh ! dans mon faible cœur,
Je n'aurais point de force et mourrais de bonheur !
Qu'ai-je dit ? Ce n'est pas un tel bonheur qui tue.
Comme il rendrait la force à mon âme abattue !
Comme s'élanceraient, en ces heureux instants,
Tous mes vœux les plus chers étouffés trop longtemps !
Alors, m'abandonnant à tant d'ivresse en proie,
Je verserais des pleurs, mais d'espoir, mais de joie !

« Alors, adieu soucis, dans l'âme comprimés ;
Adieu, fantômes vains, rêves inanimés ;
Adieu, songes légers inclinés sur ma couche !

« Je t'aime ! Pour ce mot échappé de sa bouche,
Que je voudrais donner mon plus cher souvenir,
Donner tout mon passé, donner, dans l'avenir,
Une moitié des jours qui me restent à vivre,
Pour passer l'autre auprès de celle qui m'enivre !

« Hélas ! tant de bonheur pour moi sera-t-il fait ?
Voudra-t-elle me croire et m'aimer en effet ?
Pourquoi Dieu, sur ce cœur qui palpite avec force,
N'a-t-il pas voulu mettre une moins rude écorce ?
On m'aimerait alors !... Oh ! ne l'accusons pas !
Mon Dieu ! vous ouvrirez le chemin sous mes pas ;
Maître de mon destin, vous savez ma souffrance,
Et je place en vous seul toute mon espérance ! »

Il disait. Si pourtant dès lors il avait su
Combien il devait être affreusement déçu !
Sous le sourire aimant, sous les yeux pleins de flamme,
S'il eût vu le cœur sec et la froideur de l'âme,
S'il n'avait pas été si follement épris,
Il n'eût pas tant souffert!... Hélas! eût-il compris
Que rien ne palpitait sous ce charmant visage?
Et de sa vaine erreur averti par un sage,
N'aurait-il pas traité d'impie et d'envieux
Celui dont la prudence eût dessillé ses yeux?

Cependant lorsqu'il vint, confiant et sincère,
Offrir sa main loyale à cette enfant si chère ;
Lorsque arriva le jour de répondre enfin : Oui !
Elle avait fait un choix... et ce n'était pas lui.

DITES-LE-MOI

Si vous voyez une étoile,
Qui scintille au firmament,
Comme sur l'azur d'un voile
    Un diamant;
Une étoile à la lumière
Plus douce qu'une prière,
Plus radieuse qu'un roi :
    Dites-le-moi.

Si vous voyez d'aventure
Un sourire gracieux,
Une brune chevelure
    Et deux beaux yeux,
Un délicieux visage
Que l'on admire au passage,
Et qui ne sait pas pourquoi :
    Dites-le-moi.

Car dans l'étoile qui brille
Sont les destins de mes jours,

Dans la brune jeune fille
 Sont mes amours.
Tout me sera-t-il fidèle?
Mon étoile est-elle belle;
Ai-je bien placé ma foi;
 Dites-le-moi?

A UN POËTE

Vous savez aimer la nature
Et le calme animé des bois
Sous leur verdoyante ramure ;
Pour vous, la brise qui murmure
A de mystérieuses voix.

Et moi, quand le zéphyr se glisse
Sur les fleurs roses des buissons,
Je crois entendre avec délice
Un petit Sylphe, en leur calice,
Chanter de suaves chansons.

J'écoute la source argentine
Où l'herbe se mire dans l'eau,
Et j'y vois la bleuâtre Ondine,
Qui roule, d'une main lutine,
Les cailloux polis du ruisseau.

Je saisis jusque sous la terre
Des chants de nul autre entendus ;

Soupirs du Gnome solitaire
Qui, dans les bois avec mystère,
Garde les vieux trésors perdus.

Partout, aux forêts, sur la grève,
Dans l'onde, la terre et les cieux,
J'évoque ces enfants du rêve,
Troupe légère qui m'enlève
Dans un monde mystérieux.

Pour moi chaque herbe cache un drame ;
Tout se transforme à chaque pas ;
A travers un prisme de flamme,
Je vois dans chaque chose une âme
Que le vulgaire n'y voit pas.

Ainsi dans votre poésie,
Dans vos chants toujours purs et frais,
Il me semble à ma fantaisie
Des fleurs respirer l'ambroisie,
Entendre le bruit des forêts.

Chaque vers, qui s'enlace et penche
Dans cet harmonieux faisceau,
Me semble une ondoyante branche
Où luit mainte fleur rose et blanche,
Où gazouille maint nid d'oiseau.

Balancé par leur mélodie,
Je songe aux riantes couleurs

A UN POÈTE.

Des pommiers de ma Normandie,
Berçant à la brise attiédie
Leurs rameaux parfumés de fleurs.

Oh! faites-moi rêver encore!
Faites-moi me ressouvenir,
Aux chants de votre voix sonore,
Que bientôt les fleurs vont éclore,
Que le printemps va revenir.

Mars 1852.

MÉLANCOLIE

SONNET

Ses grands yeux noirs, pensifs et veloutés,
Nagent baignés dans un brillant fluide ;
Et la lumière y pose un point humide,
Un diamant aux tremblantes clartés.

Mais son sourire a de tristes beautés,
Sa gaîté voile une douleur timide ;
L'âme que Dieu mit dans ce corps splendide
Porte le deuil des cieux qu'elle a quittés.

Prêtez l'oreille à sa voix musicale :
C'est une harpe aux chants mélodieux,
Mais dont toujours un son plaintif s'exhale.

Quel deuil secret rend ce cœur soucieux ?
Dieu seul connaît cette énigme fatale :
Vivre est un mal dont on guérit aux cieux !

9 décembre 1851.

CE QU'IL FAUT TAIRE

A MADAME MARIE C***

Vous m'avez dit : — « Point de paresse !
« Des vers ! le sujet m'est égal,
« Pourvu qu'ils portent mon adresse
« Et me parlent de moi sans cesse ;
« Mais surtout point de madrigal ! »

Telle était bien votre pensée ?
On pourrait contester d'abord
Le droit qu'une dame encensée
A de se trouver offensée ;
Mais passons, pour rester d'accord.

Ainsi je ne devrai pas dire
Qu'à peine vient-on à vous voir,
De vos yeux, de votre sourire,
Le charme imprévu nous attire
Comme l'alouette au miroir ?

Je dirai moins encor sans doute
Qu'à votre esprit piquant et fin
Un langage attrayant s'ajoute,
Si bien que, lorsqu'on vous écoute,
Votre pendule sonne en vain.

Ah! si je n'avais peur d'un blâme!
(Car vous usez de vos pouvoirs),
Je dirais ces éclairs de l'âme
Qui s'allument, rapide flamme,
Dans vos yeux, ces diamants noirs.

Je dirais que votre coiffure,
Imitant les replis de l'eau,
Fait penser à la chevelure
Qui s'enlace ondoyante et pure
Au front du marbre de Milo.

Ce chapelet aux grains de nacre
Enfermé dans un rouge étui,
Et qui vous vient de Saint-Jean-d'Acre,
Serait un charmant simulacre
De vos dents blanches comme lui.

De ce bijou que l'Italie
A ciselé dans le corail,
La courbe élégante et polie
Peindrait cette lèvre jolie
Qui sourit sous votre éventail.

CE QU'IL FAUT TAIRE.

Enfin cet éventail de Chine,
Émaillé de mainte couleur,
Sur votre bouche purpurine
Représenterait, j'imagine,
Un papillon sur une fleur.

Mais je redoute une escarmouche;
Car, sur le tapis du salon,
Je vois un petit pied farouche
Piétiner dans cette babouche,
Que jalouserait Cendrillon.

Épargnez-moi, je vous en prie.
Vous voyez que je ne dis rien,
Rien même du nom de Marie,
Qui n'est pas une flatterie;
Cœur pieux, il vous va si bien !

Et c'est tout cela qu'il faut taire
Si l'on craint de vous offenser ?
Eh bien ! nous en ferons mystère ;
Soumis à votre joug austère,
Nous nous tairons... pour y penser.

Non ! la vérité me tourmente,
Dût-elle vous mettre en courroux.
Dans mes vers il n'est rien qui mente;
En trois mots : — « Vous êtes charmante! »
Et si vous l'osez, fâchez-vous!

LA
JEUNE FILLE ET LES FLEURS

<blockquote>
L'âme de mille fleurs dans les zéphyrs semée.
André Chénier.
</blockquote>

Jeune fille des champs, vierge aux brillants cheveux,
Tu souris et ne sais, enfant, ce que tu veux.
Tu butines des fleurs dont tu pares ta tête,
Et seule tu te plais à des pensers de fête ;
Puis ces fleurs dont ta main, ta main aux légers doigts,
Entrelaçait les nœuds recommencés vingt fois,
Tu n'en veux plus ; ces fleurs si bien faites pour plaire
Soulèvent, et pourquoi? ta mutine colère.
Ton giron s'embaumait de leurs flots diaprés,
Et tu vois en dédain ces dépouilles des prés,
Et tes jeux enfantins en ont jonché la route,
Et le soleil les fane. O jeune fille, écoute !
N'entends-tu pas des voix, de faibles voix, tout bas,
Comme un soupir du vent murmurer sous tes pas?
Dans cet air pur qui joue autour de ton visage,
Enfant, ne sens-tu rien te toucher au passage?
Ce sont les voix, hélas, les spectres de ces fleurs
Mortes par toi, venant te chanter leurs douleurs :

— « Jeune fille cruelle entre les plus cruelles,
Pourquoi nous immoler? ne sommes-nous pas belles?
Sur le front de nos sœurs le soleil matinal
Laisse encor la rosée et l'éclat virginal.
Nous-mêmes nous n'avions, sous une douce haleine,
Qu'entr'ouvert nos boutons qui parfument la plaine :
Aucun hôte de l'air, aucune abeille encor
Ne s'étaient enivrés à nos calices d'or.
Le miel y reposait. Ce fut toi la première
Qui vins, qui respiras notre odeur printanière ;
Tu nous cueillis, et nous qui n'avions pour fleurir
Qu'un matin, avant l'heure il nous fallait mourir.
Encor nous nous donnions avec joie en offrande,
Pour orner tes cheveux d'une fraîche guirlande,
Pour briller sur ton front, pour embaumer ton sein ;
Et voilà que tu vas, sans regret, sans dessein,
Nous semant par la plaine, où le vent, la poussière,
Et le pied du passant, cette injure dernière,
Flétriront sans retour nos pétales meurtris,
Qui jusqu'au soir peut-être auraient été fleuris !
Retourne-toi ! contemple un instant nos corolles
Rouvrant pour t'accuser leurs lèvres sans paroles,
Respire encor, respire un seul instant, rien qu'un,
Leur suprême soupir, leur suprême parfum ;
Donne un dernier regret aux victimes gisantes
Qui sous tes pieds mutins périssent innocentes,
Et nos âmes de fleur en paix s'envoleront
Où tout fuit, où fuira la beauté de ton front ;
Et ta jeunesse heureuse et la vive allégresse
Qui brille sur ta lèvre, ô folle enchanteresse !

Où fuiront tes désirs, tes rêves, ton amour,
Où toi-même... Imprudente! Ah! garde qu'à ton tour
Un être sans pitié comme toi ne te cueille,
Et jouet d'un instant sans remords ne t'effeuille! »

Or l'enfant s'en allait, rieuse, par les champs;
L'oreille inattentive aux reproches touchants,
Elle allait; et l'air pur, le parfum des campagnes,
Et les rires lointains de ses jeunes compagnes
L'excitaient à la joie, et sa distraite main,
Semant toujours ses fleurs, en jonchait le chemin.....

Mais quand elle revint sur le soir, sa figure
Était triste; ses pieds, dans la poussière impure,
Soulevaient cent débris informes et souillés,
Et le cœur gros de pleurs, les yeux de pleurs mouillés :

— « O mes fleurs! disait-elle, ô fleurs, si parfumées
Quand je vous effeuillais, quand je vous ai semées,
Ce matin, sur la route, où donc est votre éclat?
La poussière a terni ce contour délicat,
Le soleil a séché ces feuilles odorantes,
Et les passants oisifs, et les chèvres errantes,
Ont fait de vous, hélas! un objet de mépris;
Et moi-même... je pleure en foulant vos débris.
Combien un seul matin a changé mes pensées!
Je vous plains à mon tour, victimes dispersées,
Fleurs à qui le parfum ne peut être rendu.
Comme votre beauté, mon repos est perdu! »

Juillet 1849.

PENSÉE DE NUIT

Voici l'heure silencieuse,
Dans l'ombre le monde s'est tu.
O nuit! quels dons amènes-tu
A mon âme triste et rêveuse?

Le sol desséché par le jour
Boit ta fraîcheur tiède et charmante;
Pour la flamme qui me tourmente
N'as-tu pas un baume d'amour!

O nuit! quand l'absence m'enlève
Ma bien-aimée avec mon cœur,
Au moins, à défaut du bonheur,
Ne peux-tu m'en donner le rêve?

Porte, sur l'aile du sommeil,
Mes songes vers la jeune fille,
Dévoile-moi son œil qui brille,
Son visage frais et vermeil.

Je veux m'incliner sur sa couche,
Dans l'ombre deviner ses traits ;
Je veux épier les secrets
Qui passent sans bruit sur sa bouche.

Son cœur sans remords et sans fiel
Ne peut voiler ou haine ou blâme ;
Elle est pure comme la flamme,
Elle est belle comme un beau ciel.

Car toujours l'ange de lumière
Qu'elle prie et qui la conduit,
Lui fait son repos de la nuit
Aussi chaste que sa prière.

A MADAME G*** S***

Hier, j'étais aux champs; la soirée était pure;
Le feuillage naissant n'avait pas un murmure,
Et l'haleine du soir n'apportait d'autre bruit
Que la voix de l'oiseau qui soupire la nuit.
Au milieu de ces bois à la verdure tendre,
Bien longtemps j'écoutai, sans me lasser d'entendre,
Du rossignol caché l'hymne mélodieux,
Triste comme la terre et pur comme les cieux.
Soudain il s'envola; je vis, à travers l'ombre,
Passer l'oiseau chétif à l'aile grise et sombre.
Pourquoi, dis-je, le ciel n'a-t-il pas d'un beau corps
Vêtu cette voix pure aux limpides accords?

Ce soir la même voix a séduit mon oreille
Et, doublement charmé, ce soir je m'émerveille
Que le ciel ait pu joindre à d'aussi purs accents
Ce radieux visage et ces yeux ravissants.

Chantez, chantez encor, voix délicate et pure;
A défaut du ciel bleu, de la verte nature,

Pour vous entendre ici vous trouvez réunis
L'art, l'esprit, la beauté, que le ciel a bénis.
Cela vaut certes bien un bosquet solitaire ;
Vous n'avez pas besoin de l'ombre et du mystère :
Laissez au rossignol l'obscurité du soir ;
On aime à vous entendre, et l'on aime à vous voir.

SUR UNE HIRONDELLE

TROUVÉE MORTE DANS UNE CHAMBRE A LA CAMPAGNE

Hirondelle, qu'on trouva morte
Dès les premiers jours du printemps,
Dans cette chambre dont la porte
Fut close pendant si longtemps,

Comment demeuras-tu captive,
Lorsque après le dernier été,
Vers la tiédeur d'une autre rive
Tes sœurs volaient en liberté?

Pauvre oiseau, tu cherchais peut-être
Si quelqu'un de tes chers petits,
Moins que les autres prompts à naître,
Oubliait ses frères partis.

Peut-être, en ta course effarée,
Tu fuyais jusque sous ce toit
Quelque chasseur de la contrée
Au plomb plus rapide que toi.

Tandis qu'évitant la blessure,
Ton vol se doublait de ta peur,
La mort inévitable et sûre
T'attendait sous l'abri trompeur.

La fenêtre fut refermée,
Le maître quitta son logis.
Pour toi, prisonnière emplumée,
Plus de cieux par l'aube rougis;

Plus de ces longs cris d'allégresse
Qui saluaient les jours naissants;
Plus de ces nids que la tendresse
Venait repeupler tous les ans!

Adieu les étangs où ta plume
Ridait le bleu miroir du ciel,
Où tu recueillais sur l'écume
Des moucherons gorgés de miel.

Adieu les courses circulaires
Sur les murailles du manoir,
Autour des donjons séculaires
Rougis par le soleil du soir.

Quand tes compagnes fugitives,
Vers le sud prêtes à voler,
Redoublant leurs clameurs plaintives,
Sur les toits vinrent t'appeler,

SUR UNE HIRONDELLE.

En vain tu frappas de la tête
Les coins obscurs de ton cachot ;
En vain, tu cherchas inquiète,
Le soleil absent de là-haut.

Essayant la fuite impossible,
Le front à la vitre heurté,
Tu maudis ce mur invisible
Où se brisait ta liberté.

Enfin, haletante, éperdue,
Victime d'un suprême effort,
Tu tombas à terre, étendue,
En exhalant un cri de mort.

Repose en paix, pauvre hirondelle,
On a placé ton corps léger
Entre des rameaux, où ton aile
Semble encor prête à voltiger.

S'il est vrai que l'âme revienne
Vers le corps d'où la vie a fui,
Dans la demeure aérienne
Elle pourra planer sur lui ;

Et si, vers le soir, quelque branche
S'agite au murmure du vent,
Nous croirons voir ton âme blanche
Errer sur le tombeau mouvant.

Limeil, 28 juin 1847.

PHIALÉ

IDYLLE GRECQUE.

A M. FLORENTIN DUCOS.

O fille de Latone, ô reine au front d'argent,
Blanche Phœbé, protége un berger diligent!
Je ne vais point, bravant tes nocturnes mystères,
Allumer les flambeaux des amours adultères,
Ni, conduit par l'espoir d'un ténébreux larcin,
Préparer l'embuscade et le fer assassin;
Je vais (c'est le seul but qui, si tard, me soutienne),
Pour plaire à Phialé la blonde Athénienne,
La jeune Phialé dont les cheveux dorés
Aux flammes de ton frère ont été colorés;
Je vais surprendre un nid où dort une couvée,
Qui près d'elle vivra par mes soins élevée;
Car naguère, passant près de ces arbrisseaux,
Phialé s'est complue aux chansons des oiseaux.

Toi, Phœbé, si jadis, en sa grotte dormante,
D'un berger comme moi tu daignas être amante,

PHIALÉ.

Si tu vins caresser de ton pâle rayon
Les beaux yeux assoupis du pâtre Endymion,
O déesse, entends-moi du haut de ton ciel vaste,
Prête-moi tes clartés, car mon amour est chaste,
Et dans mon cœur limpide il rayonne aussi pur
Que ton disque éclatant dans ce limpide azur!

Au mois de l'hécatombe, en nos Panathénées,
Quand de fleurs et de fruits les vierges couronnées,
Sur leurs têtes portant le miel et les gâteaux,
S'assemblent dès l'aurore au penchant des coteaux;
Puis traversant la ville en blanches Théories,
Vont à Minerve offrir les guirlandes fleuries,
Et le Peplum d'azur que leurs mains ont filé;
J'ai vu, je ne vois plus dès lors que Phialé.
Phialé! ton doux nom vient sans cesse à mes lèvres;
Au penchant de l'Hymette, où je conduis mes chèvres,
Je m'asseois et je cherche, en redisant ton nom,
L'humble toit de ta mère au pied du Parthénon.
Je néglige, en pensant à toi, vierge adorée,
Le soleil qui descend derrière le Pirée.
La nuit vient; le troupeau me demande en bêlant
Pourquoi vers le bercail le retour est si lent;
Et mon père s'écrie au seuil de sa demeure :
— « O l'amoureux berger, peu soucieux de l'heure! »

C'est toi, vierge aux yeux noirs, au visage vermeil,
C'est toi pour qui j'oublie et l'heure et le sommeil,
Toi pour qui, m'arrachant à ma couche lointaine,
Jusques à l'Ilyssus j'ai traversé la plaine.

Palès m'a laissé voir sous ces yeuses verts
Un nid où trois oiseaux d'un blanc duvet couverts
Se pressent dans la mousse et ne font que d'éclore.
Moi, tandis que leur plume inerte et faible encore
Dans le liquide éther ne peut les appuyer,
J'ai tressé de mes mains cette cage d'osier.
Je veux y réunir les petits et la mère,
Près d'eux elle oubliera la servitude amère ;
J'émietterai le pain et la graine pour eux,
Puis, enflant mes pipeaux, en des rhythmes nombreux,
Longtemps je chanterai, les instruisant moi-même,
A moduler pour toi les chants que ta voix aime.

Juin 1851.

JE PENSE A VOUS

A MARIE DÉSIRÉE.

Je pense à vous, ma jeune bien-aimée,
Quand le jour naît, quand la rose embaumée
S'ouvre au matin scintillante de pleurs,
Quand l'alouette ouvre son aile grise,
Vole en chantant, vole au ciel, sur la brise
     Et le parfum des fleurs.

Je pense à vous quand le soleil décline,
Quand le brouillard, sur la verte colline,
Étend au soir ses humides réseaux;
Quand la forêt a de plus doux murmures,
Et que la lune, à travers ses ramures,
     Argente les ruisseaux.

Je pense à vous lorsque l'éclair s'enflamme,
Et dis : — « Seigneur, des orages de l'âme
Épargnez-lui la fatigue et le fiel ! »
Quand le ciel bleu rayonne sur nos têtes,

Je pense à vous, mon ange, car vous êtes
    Pure comme un beau ciel.

Je pense à vous aux pieds de la Madone;
En implorant la Vierge qui pardonne,
C'est votre nom que je dis à genoux;
J'espère alors que, sur ces mêmes pierres,
Pour moi, plus tard, vous aurez des prières...
    J'ai tant prié pour vous!

Je pense à vous; car sans vous point de joie;
Sans vous, les jours que le Seigneur m'envoie,
Sombres ou purs, passent inachevés;
Il n'est sans vous nul plaisir que j'envie;
Mon cœur n'est plus en moi-même, et ma vie
    Est toute où vous vivez.

Je pense à vous, que j'aille, que j'arrive,
Que je regarde, en rêvant sur la rive,
Le ruisseau fuir, comme fuiront mes jours;
Je pense à vous, que je m'endorme ou veille;
Triste ou joyeux, ô ma jeune merveille!
    Je pense à vous toujours.

LA RONDE DES FÉES

BALLADE.

A JULES BAUDOT.

.....Subita incantum dementia cepit amantem.
Immemor, heu! victusque animi respexit...

Au couchant qui se décolore
Un dernier rayon luit encore
Et découpe en noir le coteau.
La nuit monte sur les collines ;
Un vieux berger, dans des ruines,
Rassemble en sifflant son troupeau.

Qui passe là-bas, dans la brume,
A travers le brouillard qui fume,
Sur la route qui mène au bois?
C'est un fils du prochain village,
Répétant, sur un air sauvage,
Un chant d'amour à pleine voix.

— « Où vas-tu, beau chanteur? Écoute !
L'ombre est mauvaise pour la route,

Dit au jeune homme le berger.
Crois-en ma vieille expérience ;
A travers la forêt immense,
Si tard ne va pas t'engager. »

— « A qui va voir sa bien-aimée
Aucune route n'est fermée,
Répond le jeune homme au berger.
Voilà mon bâton de voyage ;
Je suis aimé, j'ai bon courage,
Et je n'ai pas peur du danger. »

— « Imprudent ! tu cours à ta perte !
La forêt, dans le jour si verte,
Est pleine de lutins la nuit.
Le Sylphe blanc, la Goule brune
Y vont danser, au clair de lune,
Avec le Follet qui reluit.

« Sur l'homme le démon s'y venge ;
Je sais plus d'un récit étrange
De maints voyageurs inconnus
Qu'on a trouvés morts sur la place,
Et d'autres, partis pleins d'audace,
Qui ne sont jamais revenus.

« Tu pars en haussant les épaules !...
Crains l'endroit où, sous les vieux saules,
La route se partage en trois.
Là, sans regarder en arrière,
Passe en répétant ta prière,
Et fais le signe de la croix ! »

LA RONDE DES FÉES.

La nuit venait brumeuse et sombre,
Il s'enfonça gaîment dans l'ombre
En chantant plus haut sa chanson.
La lune, au travers de chaque arbre,
Dardant sur lui son œil de marbre,
Le suit de buisson en buisson.

A peine son pied solitaire
Froisse-t-il quelque feuille à terre ;
L'écho ne répète aucun bruit
Que le sifflement de l'orfraie,
Dont la dolente voix effraie
Plus que le silence et la nuit.

A ce cri, qui semble une plainte,
L'âme d'un effroi vague atteinte,
Il se détourne, il a pâli.
C'est l'endroit de la triple route,
Où le ruisseau fuit goutte à goutte,
Sous les vapeurs enseveli.

A travers le brouillard d'opale,
Une apparition plus pâle
Que la pâle neige du Nord,
Du flot dormant où son pied plonge,
Monte, incertaine comme un songe,
Et se tient debout sur le bord.

La lueur de l'astre nocturne
Éclaire son front taciturne
Et semble glisser au travers ;

Un regard qui fascine l'âme
Sort, froid et pourtant plein de flamme,
De ses yeux fixement ouverts.

Nulle ombre à ses pieds ne s'étale;
Autour de sa taille idéale
Flotte un vaporeux vêtement;
Son front aérien se penche....
On dirait une rose blanche
Qui s'entr'ouvre languissamment.

— « Jeune et beau voyageur, dit-elle,
Où vas-tu quand la nuit est belle,
Quand la lune argente les fleurs?
Tu cours vers une folle amante
Qui te séduit, qui te tourmente,
Et qui se raille de tes pleurs.

« Je sais un amour plus suave.
Viens à moi! cesse d'être esclave,
Lorsque tu pourrais être roi.
Viens danser sur l'onde azurée,
Dormir dans ma grotte nacrée.....
Viens, beau voyageur, viens à moi! »

Alors son voile qui se lève
Laisse entrevoir, gracieux rêve,
Un sein tout palpitant d'émoi;
Sa bouche lascive et mutine
A l'insensé qu'elle fascine
Redit : — « Viens à moi!... viens à moi!... »

LA RONDE DES FÉES.

Lui, frappé d'une folle ivresse,
Fait un pas vers l'enchanteresse.
Elle glisse sur le chemin,
Et plus prompte que la pensée,
Sa main, comme un serpent glacée,
Du villageois saisit la main.

Alors sortent, d'entre les saules,
Des Willis aux blanches épaules,
Des nains hideux aux pieds velus;
Alors par-dessus les ramures,
Des géants aux sombres armures
Élèvent leurs fronts chevelus.

Sur la rive et le long des îles,
Des myriades de reptiles
Roulent leurs replis menaçants;
Des poissons inconnus dans l'onde
Dardent, de leur prunelle ronde,
De longs regards phosphorescents.

Et tout à coup, sans bruit, commence
Une ronde rapide, immense,
Où le jeune homme est entraîné.
Séduit par un amour étrange,
Il avait renié son ange,
Et Dieu l'avait abandonné.

Vainement l'effroi le terrasse;
Vainement il demande grâce,
Emporté par des bras de fer

A travers la ronde éternelle
Qui tourne, enlaçant avec elle
Les mille démons de l'enfer.

Ses yeux se couvrent de ténèbres;
Mais des ricanements funèbres
Le contraignent de les rouvrir,
Et toujours cette même femme
Lui sourit de son œil infâme,
De sa main le force à courir.

Jusqu'au moment où le coq chante,
Il suivit la horde méchante,
Roulant dans cet orbe insensé.
De grand matin les lavandières,
Traversant le bois les premières,
Découvrirent son corps glacé.

Un grand cercle d'herbe fanée
Dessinait la place damnée,
Où les démons maudits de Dieu
Avaient dansé la nuit dernière;
Et, mort faute d'une prière,
Il était gisant au milieu.

CAMÉLIA

A MARIE DÉSIRÉE.

Pour vous voir, souriante au milieu de la fête,
En dépit des jaloux, attirer tous les yeux,
Que je voudrais pouvoir couronner votre tête
De ce que l'univers a de plus précieux !

Je n'ai que cette fleur aux pétales de soie ;
Mais vous l'accueillerez avec un doux souris,
Parce que vous savez combien j'aurais de joie
Si la main qui vous l'offre y donnait quelque prix.

Et vous serez charmante, ô ma seule adorée !
Rien qu'avec cette fleur parmi vos longs cheveux ;
Car vous êtes de grâce et de candeur parée,
Mieux qu'une autre d'atours et d'ornements pompeux.

Du monde indifférent qu'importe un vain hommage ?
Dieu, qui vous fit pour plaire et moi pour vous chérir,

N'a-t-il pas mis en vous, noble et divin partage,
Ce que l'argent et l'or ne peuvent acquérir?

N'a-t-il pas mis en vous une âme pure et belle,
Qui sourit dans ces yeux qu'avec bonheur je vois,
Qui chaque jour vous donne une grâce nouvelle,
Qui me trouble et m'enchante au son de votre voix?

N'a-t-il pas mis en vous, comme un pouvoir suprême,
Ce je ne sais quel charme irrésistible et doux,
Cet invincible attrait qui fait que je vous aime,
Et n'en puis désormais aimer d'autre que vous?

Allez! qu'avec gaîté le temps pour vous s'écoule!
Et songez quelquefois, au fond de votre cœur,
A celui qui vous voit du milieu de la foule,
Et dont tout le bonheur est dans votre bonheur.

L'ARC DE TRIOMPHE

DE L'ÉTOILE

POÈME

Mentionné honorablement par l'Académie Française en 1837.

A LÉON RIVIÈRE

I.

« A l'œuvre, fils des Arts, enfantez un prodige !
Je veux un monument tout brillant du prestige
    De notre siècle colossal.
Je veux qu'il soit un jour le blason de nos gloires,
Qu'il ait pour diadème un cercle de victoires,
    Pour fleuron l'aigle impérial !

« Il sera de Paris la plus noble couronne,
Rival du Panthéon, frère de la Colonne,
    Patrie, il sera ton autel !
Des temps accumulés il percera le voile,
Et je lui donnerai le nom de mon Étoile,
    Pour que son nom soit immortel ! »

Ainsi Napoléon, l'homme aux vastes idées,
Voyait son monument, déjà de cent coudées,
    Debout devant son œil de feu ;
Alors il ignorait la fortune infidèle,
Et rêvait dans son cœur la puissance éternelle...
    Il n'est rien d'éternel que Dieu !

Dix ans après, les Huns débordaient dans la ville,
Et sur le conquérant leur populace vile
    Versait l'injure et la fureur.
Débris inachevé du règne de son maître,
Le vaste monument, ruine avant de naître,
    Longtemps pleura son Empereur.

II.

Enfin, un Roi, jaloux d'un si noble héritage,
Adopta des lauriers que l'on voulait flétrir ;
Heureux de conserver aux Français d'un autre âge
    Ce qui ne doit jamais mourir.

Et l'œuvre s'accomplit ! calme après les tempêtes
    Le peuple, dans sa majesté,
Libre depuis six ans, resserrait par des fêtes
    Son pacte avec la liberté.

Le drapeau reconquis, éclatant météore,
Palladium de vie et d'affranchissement,
Déployait dans les airs sa flamme tricolore
    Sur le sommet du monument.

Napoléon l'avait conçu dans sa puissance,
    Philippe l'avait achevé ;
La paix réalisait, avec magnificence,
    Ce que la guerre avait rêvé.

La foule applaudissait par des clameurs d'ivresse ;
Car une voix semblait nous dire : — « Venez tous !
Sur ce trophée altier que de gloire se presse !
    Toute cette gloire est à vous.

« Voyez comment les arts à la France fidèles
    Savent venger nos demi-dieux,
Et comment, héritiers des splendeurs paternelles,
    Nous éternisons nos aïeux !

« Lisez ces noms guerriers, ces listes triomphales ;
Ce sont vos chefs, et tous au-dessus des revers,
Ont toujours maintenu les balances égales
    Entre la France et l'Univers. »

III.

Sublime monument, redis-nous notre histoire ;
Ressuscite nos morts dans leur linceul de gloire ;
Que chacun appelé se réveille à son nom !
Rends-nous le grand Empire et ses combats épiques,
Et nos républicains, à peine armés de piques,
Soldats improvisés, grandis sous le canon !

Ils sont là, devant moi, ces jours de renommée ;
Le peuple s'est levé, comme une seule armée :
— Où vas-tu donc, Guerrier ? — Venger la liberté !
— Où vas-tu donc, Vieillard ? — Mourir sur les frontières !
— Où vas-tu donc, Enfant ? — Vaincre comme mes pères !
— Où vas-tu donc, Patrie ? — A l'immortalité !

Comme, autour des drapeaux déployés sur leurs têtes,
Ils marchent de ce pas dont on marche aux conquêtes !
Comme, dans le combat, naissent les généraux !
Bellone au-dessus d'eux étend ses vastes ailes
Et leur montre de loin les palmes immortelles...
Ils sont partis soldats ; ils reviendront héros !

IV.

Les voilà ! les voilà, les enfants de la France,
Qui, vainqueurs et vengés, reviennent parmi nous !
Ces ennemis hautains, qui, dans leur insolence,
Se partageaient entre eux nos dépouilles d'avance,
Plus vils qu'ils n'étaient fiers, embrassent nos genoux.

Mais quel est ce héros que la gloire accompagne ?
Victoire, il est ton fils ; me diras-tu son nom ?
S'appelle-t-il César, Cyrus ou Charlemagne ?
— « Interroge les rois, du Caucase à l'Espagne,
Les rois épouvantés diront : — « Napoléon !... »

Est-ce un homme ? est-ce Dieu lui-même ou son Prophète ?
Hier, il n'était rien : il est tout aujourd'hui ;

Il dort sur un canon ; la bataille est sa fête ;
Il moissonne la gloire ; il sème la défaite ;
Et l'Europe n'a plus de lauriers que pour lui.

V.

Mais sur combien de renommées
Il appuya son pied fatal !
Combien il écrasa d'armées
Pour s'élever un piédestal !
Clio, qui, sur ces vastes tables,
Burinas nos faits mémorables,
Redis à la postérité
Comment se gagnent les batailles,
Comment se font ces funérailles
Qui donnent l'immortalité.

Voici les plaines de Jemmappe,
Beau nom, parmi les noms guerriers.
L'ennemi succombe ou s'échappe ;
Tout tremble devant Dumouriez.
Combien de palmes le couronnent !
Combien de héros l'environnent,
Inaccessibles à l'effroi !
Un surtout brave la tempête.
O France, veille sur sa tête,
Un jour il veillera sur toi !

Là, quel est ce guerrier qui tombe,
Bien jeune pour sitôt mourir ?

Était-il donc fait pour la tombe,
Marceau; qui brillant d'avenir,
Quand le sort trahit son courage,
Pour se venger d'un tel outrage,
Ne voulut qu'un sabre nouveau ?
Il meurt, et l'ennemi sans haine
Vient, comme autrefois pour Turenne,
Bénir avec nous son tombeau.

Plus loin, c'est encor Bonaparte,
C'est le Corse au cœur de lion;
C'est un fils de Rome ou de Sparte,
Léonidas ou Scipion.
Dans les plis du drapeau d'Arcole,
Comme un Dieu dans son auréole,
Il semble monter jusqu'aux cieux.
Il s'élance, il paraît, tout plie;
Et les peuples de l'Italie
Baisent ses pieds victorieux.

Mais, dans son essor magnifique,
Le guerrier ne s'arrête pas :
Des vaisseaux! du fer! en Afrique!
L'Europe a manqué sous ses pas.
Suis-le, Kléber, sans plus attendre,
La vieille cité d'Alexandre
A nos soldats résiste en vain.
Ils anoblissent la Patrie,
Et la palme d'Alexandrie
S'unit aux lauriers du Tésin.

A mort les cavaliers Numides!
Quarante siècles réveillés
Ont vu, du haut des Pyramides,
Fuir leurs escadrons effrayés.
Aboukir encor les rassemble;
C'est qu'ils veulent mourir ensemble.
Secondez votre chef, soldats!
Entre ses mains la foudre gronde;
Il est aussi grand que le monde,
Quand vous le suivez aux combats!

Tout à coup, la France lui crie :
— « Sois consul, sois notre rempart! »
Il revient, venge la Patrie;
Et de consul se fait César.
Il ressuscite Charlemagne,
Il paraît; l'effroi l'accompagne.
Tremblez, Anglais, Prussiens, Strélitz!
Sa gloire, éblouissante aurore,
Grandit, monte, grandit encore.
Salut au soleil d'Austerlitz!

Qu'elle était radieuse et belle
La France de Napoléon,
Quand l'aigle écrasait d'un coup d'aile
Le léopard et le lion ;
Quand, d'un œil rival de la foudre,
Il courbait les rois, dans leur poudre,
Autour du trône impérial,
Posant, au bruit de la fanfare,

Un pied sur Moscou la Tartare
Et l'autre sur l'Escurial!

VI.

Mais un seul jour fait pâlir ton étoile.
Rallume, ô Conquérant! tes astres éclipsés.
Sans boussole et sans voile,
Le vaisseau de l'État cède aux flots courroucés.

La France, en proie aux angoisses mortelles,
Se relève, appelant ses fils... Cris superflus!
Ses défenseurs fidèles
Sont glacés par la mort et ne répondent plus.

Hélas! hélas! les grandeurs sont brisées,
Les gloires ont voilé leur sublime tableau;
Les villes épuisées
L'une à l'autre tout bas répètent : — « Waterloo! »

O Waterloo! déplorable hécatombe!
Sur l'aigle impérial s'acharnent tous les rois.
Il vole, combat, tombe...
Mais accable en tombant l'Europe de son poids!

VII.

France! réveille-toi de tes douleurs stériles,
Tu n'as que trop pleuré tes morts des Thermopyles;

Qu'ils dorment leur éternité !
L'abondance et la paix vers toi sont retournées,
Et le temps qui sourit berce tes destinées,
Sur le sein de la liberté.

France ! je te salue impérissable et sainte !
Il me semble te voir, sur la sublime enceinte,
Sentinelle de l'avenir.
Oui, te voilà debout, brillante d'auréoles ;
Tu parles, et tes fils écoutent tes paroles
Dont le monde va retentir :

— « Peuple ! mon front est ceint d'un double diadème ;
Chaque jour qui se lève a par vous son baptême,
Et son aurore de splendeur ;
Chacun de vous est grand, et le fils vaut son père ;
Chacun me glorifie et vient porter sa pierre
Au monument de ma grandeur.

« Mais j'ai trop étendu ma puissance fatale ;
Sur le seuil mutilé de chaque capitale,
La guerre a gravé mes exploits ;
Le sang des nations trop longtemps m'a trempée ;
C'est avec la parole et non avec l'épée
Que je veux imposer mes lois.

« Suivez en liberté ma loi pieuse et juste.
Cimentez, par la paix, sous le sceptre d'Auguste,

De César l'empire guerrier.
Et je serai toujours la France souveraine,
Soit que je porte au front la couronne de chêne
Ou la couro..ne de laurier ! »

LE LIVRE OU VOUS PRIEZ

A MADAME AMÉLIE R***

Sur ce beau livre où vous priez,
Les fermoirs mêlent leur sculpture
Au velours de la couverture.
Au dedans l'or et la peinture
Courent en fleurons variés.
Il exhale une odeur que j'aime,
Peut-être un parfum de vous-même.
La prière est un bien suprême
Dans ce beau livre où vous priez.

De ce beau livre où vous priez
Si les feuillets aux cadres roses
Étaient des lèvres demi closes,
Ils nous diraient toutes les choses

Que bien bas vous leur confiez.
O que d'aspirations saintes,
D'espérances, de vagues plaintes
Dorment, confusément éteintes,
Dans ce beau livre où vous priez !

Quand ce beau livre où vous priez
Reçut d'abord votre pensée,
Une larme, douce rosée,
Tomba de vos yeux d'épousée
Sur les feuillets armoriés.
Puissiez-vous, loin de tout orage,
Ne pleurer jamais de naufrage,
Et ne pas mouiller d'autre page
Dans ce beau livre où vous priez.

Dans ce beau livre où vous priez,
Quand votre œil attentif regarde,
Que votre bon ange vous garde,
Que nul obstacle ne retarde
Vos vœux toujours sanctifiés !
Chrétienne aux paroles bénites,
Bien heureux ceux pour qui vous dites
Les saintes oraisons écrites
Dans ce beau livre où vous priez !

25 janvier 1851.

LA COLOMBE BLANCHE

— Dis-moi, dis-moi, colombe blanche,
Qu'es-tu, toi qu'on aime toujours?
Viens à moi de la haute branche,
De l'espace immense où tu cours!

— Ma patrie est aux cieux; la terre
N'a jamais touché mes pieds nus.
En Grèce je fus Pérystère,
Blanche compagne de Vénus.

Mahomet aux croyants fidèles
Me montre au milieu des Houris,
Et l'Inde croit que sous mes ailes
Brahma réchauffe les Péris.

Le Christ m'orna d'une auréole,
Et j'apparais sur les autels
Comme un mystérieux symbole
Au-dessus du sens des mortels.

C'est moi qui porte la couronne
Et du martyre et du bonheur;
J'aime, je bénis, je pardonne,
Je suis l'Esprit saint du Seigneur.

Je suis cette blanche colombe,
Qui sauve et console toujours,
Oiseau du ciel et de la tombe,
Oiseau des dernières amours.

Au pauvre tremblant dans la boue
J'envoie un peu de l'or d'Ophir,
Au roseau que le vent secoue
Je ramène un plus doux zéphyr.

Au magistrat je dis : — « Fais grâce ! »
Au pontife : — « Sache bénir ! »
A l'homme heureux : — « Le bonheur passe ! »
Au malheureux : — « Il va venir ! »

Au tombeau qui de pleurs s'arrose,
Je dis : — « Fais, tombeau triste et noir,
De chaque pleur naître une rose,
De chaque douleur un espoir. »

Je suis cette blanche colombe,
Qui sauve et console toujours,
Oiseau du ciel et de la tombe,
Oiseau des dernières amours.

LA COLOMBE BLANCHE.

— Blanche colombe qui consoles,
Accours à moi d'un vol léger.
Écoute, écoute mes paroles ;
Je sais des maux à soulager.

Auprès d'une champêtre église,
Dans le champ d'éternel repos,
Une croix de bois est assise
Entre des lis et des pavots.

Sans doute une lumière sainte
Devra te guider dans ces lieux,
D'où, lorsque la vie est éteinte,
L'âme s'élance vers les cieux ;

Car c'est là que, du corps de fange,
L'âme de l'enfant regretté
S'éleva, comme un lis qu'un ange
Dans l'espace aurait emporté.

Vole, vole, blanche colombe !
Sauve et console-nous toujours,
Oiseau du ciel et de la tombe,
Oiseau des dernières amours.

Monte, avec la chaste prière
Et l'encens brûlé sur l'autel ;
Trouve cette âme de lumière
Dans les plus beaux parvis du ciel.

Parle, comme au roi sur son trône,
A ce nouveau-né du Seigneur,
Et demande-lui son aumône
D'un peu d'amour et de bonheur.

Si quelque retour vers la terre
Arrache une larme à ses yeux,
Verse dans le cœur de sa mère
Ce diamant tombé des cieux;

Et quand, d'amertume oppressée,
Elle pleurera, que ses pleurs
Soient comme la douce rosée
Qui brille au matin sur les fleurs.

Vole! vole! blanche colombe!
Sauve et console-nous toujours,
Oiseau du ciel et de la tombe,
Oiseau des dernières amours.

SALOMON DE CAUS

> L'eau montera par aide du feu plus haut que son niveau.
>
> S. DE CAUS. (1615).

I.

Parmi les insensés au fond d'un cachot sombre,
    Voyez cet homme assis dans l'ombre.
Parfois il pousse un cri qui n'a plus rien d'humain ;
Parfois l'œil immobile et la tête baissée,
    Il semble suivre une pensée :
Tel il est aujourd'hui, tel il sera demain !

Souvent il se réveille, il s'agite, il s'écrie :
    — « Je suis le roi de l'Industrie !
Un moteur invincible est soumis à mes lois ;
Ce levier tout puissant que rêvait Archimède,
    Je l'ai découvert. Par son aide
Ma main de l'univers va déplacer le poids.

« Voyez ces tourbillons ! c'est la vapeur brûlante
  Qui s'exhale de l'eau bouillante.
Je clos le vase où plonge un long tube de fer ;
J'active le brasier ; l'eau mugit renfermée,
  Et, sous la vapeur, comprimée,
Monte en jet par le tube et s'élance dans l'air.

« Par la vapeur de l'eau vous verrez les machines
  Extraire les fardeaux des mines ;
Le lin se tissera sous les doigts des métiers ;
Les vaisseaux, dédaigneux des vents et des étoiles,
  Vogueront sans agrès, sans voiles ;
Les chars devanceront le galop des coursiers ! »

Les geoliers le font voir au passant incrédule
  Qui rit, au seuil de la cellule,
Des songes creux éclos dans ce cerveau de plomb.
Ainsi lorsque Colomb, de son doigt prophétique,
  Montrait aux Génois l'Amérique,
Les Génois s'égayaient aux rêves de Colomb !

II.

De Caus avait osé soumettre sa pensée
Au roi qui déchira la requête insensée
  Avec un mépris obstiné.
Il avait de ses plans fatigué les ministres,
Si bien qu'un jour, saisi par des agents sinistres,
  A Bicêtre il se vit traîné.

SALOMON DE CAUS.

Qu'il dut être assailli d'une douleur immense
Ce grand homme insulté dans son intelligence,
    Par le dédain et le courroux,
Ce penseur méconnu dont le puissant problème
Décernait à la France un nouveau diadème,
    Et qu'on jetait parmi les fous !

Combien de temps, parmi ces âmes dégradées,
Au mal contagieux qui trouble les idées,
    Put-il résister pas à pas ?
Combinant ses desseins dans sa vaste mémoire,
Combien de temps encore espéra-t-il la gloire ?
    Mais la gloire n'arrivait pas.

Enfin un de ces cœurs que charme la science,
Un Anglais, Worcester, ambassadeur en France,
    A Bicêtre vient par hasard.
Il entend le captif, il s'étonne, il admire :
— « Ouvrez lui ! ce n'est pas un esprit en délire ;
    Qu'il soit libre !... » Il était trop tard !..

De Caus était bien fou ! Worcester triste et sombre
Sortit : — « Ce n'est plus lui, disait-il, c'est son ombre
    Qui gémit dans cette prison ;
Mais quand on l'y jeta c'était un grand génie.
Bourreaux ! que son malheur soit votre ignominie,
    Vous avez tué sa raison ! »

III.

O Salomon de Caus ! de ton âme immortelle
   Ils ont étouffé l'étincelle !
Si leur dédain fatal n'eût éteint ce foyer,
Tu serais parmi ceux que l'univers écoute,
   Qui des humains marquant la route,
Couronnent de leur gloire un siècle tout entier.

Des sciences jadis tu sondais les merveilles,
   Jadis, pour éclairer tes veilles,
Devant toi le génie allumait son flambeau ;
Mais l'âme dans ton corps ne fut pas assez forte,
   Tu survis à ta raison morte.
Dors, cadavre animé, dans ton vivant tombeau !

Que de fois la folie, en ce monde où nous sommes,
   A brisé l'essor des grands hommes !
Icares inconnus vers la gloire envolés,
Ils ont fondu leur aile à son éclat sublime,
   Et sont retombés dans l'abîme,
Emportant leurs secrets qu'ils n'ont pas révélés.

Quel pouvoir désastreux, quelles lois acharnées
   Enchaînent donc ces destinées ?
Pour ces flambeaux éteints n'est-il pas un réveil ?
Brille, raison puissante, illumine le monde !
   A genoux dans la nuit profonde,
Nous attendons le jour. — Lève-toi donc, soleil !

Le soleil s'est levé! si le sceau du mystère
    Quelquefois dérobe à la terre
Ces secrets imposants, ils viendront en leur lieu.
Comme une graine obscure à la glèbe livrée,
    Leur semence germe ignorée
Pour ne mûrir enfin qu'au jour marqué de Dieu.

IV.

    Voyez ces fumantes colonnes
    Dominer les toits des cités !
    Écoutez les bruits monotones
    De ces marteaux précipités !
    Partout les brûlantes usines,
    En accélérant leurs machines,
    Doublent les produits du travail.
    De cette industrie incessante,
    Qui marche, toujours plus puissante,
    La vapeur est le gouvernail.

    O vapeur ! reine de la terre !
    Que rêva Salomon de Caus,
    Vapeur ! dont l'active Angleterre
    Employa les moteurs nouveaux,
    Gloire à toi, puissance infinie,
    De la chaleur à l'onde unie
    Sombre et mystérieux hymen !
    Découverte à jamais féconde
    Qui lègue aussi vos noms au monde,
    Papin, Watt, Fulton, Neucommen !

Les ouragans, l'onde animée
Ne retardent plus les vaisseaux;
Sous leur panache de fumée,
Fulton les lance sur les eaux.
Ils enchaînent par la pensée,
A l'Amérique hier laissée
L'Europe qu'ils verront demain;
Et, de l'un à l'autre rivage,
Sur un Océan sans naufrage,
Les peuples se tendent la main.

Couvrant les continents immenses
De ses chemins, vaste réseau,
Stevenson franchit les distances
Avec les ailes de l'oiseau.
Dispersant partout les lumières,
La vapeur détruit les frontières
Et le commerce est délivré.
Concitoyens par l'industrie,
Les peuples n'ont plus pour patrie
Que le monde régénéré.

Homme, atome d'une journée,
Jeté sur un globe perdu,
A quelle haute destinée
Par ton savoir monteras-tu?
Ardent à vouloir l'impossible,
Sur quelque puissance invincible
Tu poses ton pied conquérant;
Et, pour réaliser ton rêve,

Le monde à ta voix se soulève :
Homme, que ton pouvoir est grand !

V.

Tu marches chaque jour de miracle en miracle,
Sans cesse grandissant, renversant chaque obstacle,
    Sans t'arrêter dans tes revers,
Et peut-être demain, à l'étroit dans ce monde,
Tenteras-tu d'aller, sous la voûte profonde,
    Conquérir un autre univers.

Qui sait? Tu trouveras des ailes plus légères.
Tu toucheras du pied ces éternelles sphères
    Que déjà mesure ton œil.
Mais à chaque échelon que franchit ton génie,
Tu te crois le premier dans l'échelle infinie,
    Tu te gonfles dans ton orgueil.

Tremble, présomptueux ! ton orgueil est ta perte ;
Ta force te trahit dans chaque découverte ;
    Tes vaincus maudissent leur frein.
Le terrible moteur dompté par ton courage,
Comme un lion captif, se tourmente avec rage,
    Et ronge son cachot d'airain.

Dans ce vaisseau fumant, qui des vagues se joue,
La goutte d'huile absente arrête quelque roue ;
    Un sourd murmure a retenti...
Un craquement horrible, un cri se fait entendre...

Tout saute... et l'air encor est obscurci de cendre,
    Que les flots ont tout englouti.

Sous ce char flamboyant qui vole avec son maître,
Par la main du hasard, la main de Dieu peut-être,
    Un seul grain de sable est placé.
L'homme n'a pas prévu l'invisible menace,
Et ses lambeaux sanglants se mêlent dans l'espace
    Aux débris du char fracassé.

Si demain, découvrant une force ignorée,
Pour franchir à ton gré le céleste empirée
    Tu t'ouvres un chemin de feu,
Quelque atome inconnu te brisera les ailes;
Car tu te croirais roi des voûtes éternelles,
    Tu dirais : — « C'est moi qui suis Dieu! »

Homme! c'est pour cela que toujours sur ta route,
L'obstacle le plus vil et que nul ne redoute
    Réprime ton essor géant;
Pour que tu sois forcé, dans ton audace altière,
D'humilier ton front, de baiser la poussière,
    Et de confesser ton néant.

Aussi quand la vapeur a brisé son écorce,
Quand la matière esclave un jour reprend sa force
    Et se venge en te dévorant,
Prête l'oreille aux voix qui grondent sur ta tête,
Et tu les entendras crier dans la tempête :
    — « Dieu seul est fort! Dieu seul est grand! »

LE TRAPPISTE

Pauvre trappiste, au fond du cloître austère,
Le temps me pèse, et quand Dieu me dirait :
— « Demain, mon fils, tu seras sous la terre ! »
Prêt à sonder le terrible mystère,
Je verrais fuir le soleil sans regret.

Parfois pourtant, quand le jour étincelle,
L'espoir remonte à mon front soucieux.
L'oiseau chanteur, la source qui ruisselle,
Les champs, l'air pur où mon Dieu se décèle,
Charment encor mon oreille et mes yeux.

Mais vient la nuit. A mes maux je succombe;
Pour moi le cloître est plus qu'une prison.
Je crois, vivant étendu dans la tombe,
Frapper du front la pierre qui retombe....
Mon désespoir lutte avec ma raison.

Navré d'amour, en ma douleur profonde,
Cherchant l'oubli comme un divin bienfait,

J'avais cru fuir et mon cœur et le monde.
Et cet habit cache un volcan qui gronde :
Malheur à moi! Qu'ai-je dit? qu'ai-je fait?

Quand le matin je vais à la chapelle,
Quand je suis seul à prier dans le chœur,
Mon chant s'éteint dans ma gorge rebelle.
Je crois entendre une voix qui m'appelle,
Timide voix qui me brise le cœur.

Votre portrait, sainte Vierge Marie,
Dans les vapeurs qu'exhale l'encensoir,
Prend à mes yeux une forme chérie;
Ce n'est plus vous, c'est elle que je prie :
Je resterais à genoux jusqu'au soir.

Un frère alors me tire par ma robe;
Je me relève et vais sans savoir où.
Mon pied tremblant sous mon corps se dérobe;
Sans m'éveiller, Dieu briserait le globe.
Je vais mourir ou j'en deviendrai fou !

Mon cœur palpite à rompre ma poitrine,
Ma tête brûle et j'ai froid! Si j'osais
M'offrir en face à la fureur divine,
Si je frappais ma tête que j'incline
Contre le marbre et si je la brisais!

Non! loin de moi cette lâche pensée!
Pitié, Seigneur, ou je serai vaincu.

LE TRAPPISTE.

Mais quoi! toujours, d'une bouche lassée,
Boire à longs traits cette coupe glacée,
Et mourir vieux et n'avoir pas vécu!.....

Oh! ne plus voir cette étroite demeure,
Franchir ces murs, briser ce joug de fer!
Du temps passé rien qu'un jour, rien qu'une heure,
Rien qu'un baiser de celle que je pleure,
Rien qu'un sourire, un regard.... et l'enfer!

Pauvre trappiste ainsi courbé dans l'ombre,
De deuil en deuil au désespoir conduit,
Je vais pleurant dans ma cellule sombre,
Et de mon cœur les battements sans nombre
Me comptent seuls les heures de la nuit.

AUTOMNE.

Déjà le vent infidèle
Glace l'automne vermeil ;
Une dernière hirondelle
Se joue au dernier soleil.

L'haleine de la souffrance
M'a dévoré sans retour,
Une dernière espérance
Sourit à mon dernier jour.

Quand, à la prochaine pluie,
L'oiseau fuira d'un vol prompt,
Mon espérance et ma vie
Avec lui s'envoleront.

L'oiseau part à tire-d'aile,
Les beaux jours sont révolus.
Adieu, beaux jours, hirondelle ;
Je ne vous reverrai plus !

DE
MAITRE ALAIN CHARTIER

QUE LA REINE MARGUERITE D'ÉCOSSE
AVAIT EMBRASSÉ PENDANT QU'IL DORMAIT
(1460).

Ah! maître Alain, que vous êtes heureux!
Front qu'a baisé la bouche d'une reine,
Avez senti son odorante haleine
Passer en songe à travers vos cheveux!

Quand vous dormez tant d'honneur vous requière.
Si pareil los advient rien qu'en dormant;
Pour obtenir semblable enchantement,
Voudrais dormir, dormir ma vie entière.

Mais le baiser qu'aimerais obtenir
N'est point celui qu'une reine vous donne;
Car celle-là ne porte de couronne
De qui voudrais un si doux souvenir.

Si fait pourtant; son front charmant que j'aime,
Par sa beauté de tous autres vainqueur,
Des fleurs des champs moins pures que son cœur,
Parfois se tresse un léger diadème.

Est reine aussi, reine de mes amours,
Et j'ai bâti son trône dans mon âme;
Y régnera, sans révolte et sans blâme.
A son empire ai cédé pour toujours.

Ah! maître Alain, que ne puis-je prétendre
Avoir un jour, pour le prix de ma foi,
De celle-là qui me tient sous sa loi,
Pareil baiser!... dussé-je encor le rendre!

CASIMIR DELAVIGNE

POÈME

Qui a obtenu à Rouen une Médaille de vermeil

A LA NORMANDIE

S'il ne m'admirait pas, il ne m'eût pas chanté.
CASIMIR DELAVIGNE.

I.

Pleurez, Muses, pleurez! — Et toi, chère Neustrie,
Toi le plus beau fleuron de ma belle patrie,
Penche-toi sur ton fleuve aux flots irrésolus;
Cache ton noble front sur un funèbre voile;
Notre ciel a perdu sa plus brillante étoile :
    Pleure! Delavigne n'est plus!

France qu'il aimait tant, il n'est plus ton Poëte!
La mort a mis son doigt sur sa bouche muette.
Qui dira comme lui tes splendeurs à venir?
Il a pleuré ton deuil et chanté tes victoires.
France, tous tes malheurs, France, toutes tes gloires
    Le lèguent à ton souvenir.

Il n'est plus! — Que de fois, au milieu des orages,
O Poëte! chantant tes immortels ouvrages,
Le peuple, avec espoir, leva son front plus fier!
Ta voix, brillant écho de ta haute pensée,
Faisait, dans cette foule à te suivre empressée,
    Passer un sympathique éclair!

Aux champs de Waterloo, lorsque l'Europe entière
Insultait à nos preux tombés dans la poussière;
Quand la patrie à peine osait gémir tout bas,
Le chant qui résonna sur la harpe du barde
Fut un hymne de pleurs pour l'héroïque Garde
    Qui meurt et qui ne se rend pas!

Quand Botzaris leva sa tête révoltée,
A tes accents Argos crut entendre Tyrtée,
L'Albanie opprimée enfanta des soldats;
Athènes secoua ses entraves serviles,
Et Sparte réveilla l'écho des Thermopyles
    Au grand nom de Léonidas!

Si tu ressuscitais un héros des vieux âges,
C'était Colomb trouvant, malgré tant de naufrages,
Malgré les envieux plus cruels que les mers,
Cette Amérique, en maux plus qu'en trésors féconde,
Et, pour prix de sa peine, en échange d'un monde,
    De son roi recevant des fers!

Ou c'était Jeanne d'Arc, qui de sauver la France,
Bergère, concevait l'incroyable espérance,

Se levait, combattait, écrasait l'ennemi ;
Puis, captive et traînée au bûcher funéraire,
Se prenait à pleurer, songeant à son vieux père
    Qui l'attendait à Domrémy.

La grande ombre de Foy se mêlait, dans tes rêves,
Aux vieux noms évoqués sur les romaines grèves ;
Tu passais, dans ton vol, de Tyrtée à Byron ;
Tu nous chantais aussi les trois sombres guerrières
Qui vinrent, du sommet de ses gloires altières,
    Précipiter Napoléon !

Mais d'où partent ces cris ! Que veulent ces tempêtes ?
Le canon de Juillet a grondé sur nos têtes :
Paris brise en trois jours sa vieille royauté.
Tu te lèves soudain, au bruit de la bataille,
Et ton vers citoyen tonne, avec la mitraille,
    Le réveil de la Liberté !

II.

Ce n'est pas tout encor : Thalie et Melpomène
Ont promis à son front les lauriers de la scène.
Silence !.... Un noble éclat dans ses regards a lui ;
Mille héros divers se dressent devant lui.
Sors du tombeau sanglant, Faliéro, triste Doge !
Le sang victorieux dont s'empourpre ta toge,
Le vieux sang de Zara ne te sauvera pas ;
Il faut subir la honte et subir le trépas !
Sombre Plessis-lès Tours, renais de tes ruines ;

Garde écossaise, au poste! Et vous, Coytier, Commines,
Tristan, relevez-vous! Toi, reviens de l'enfer,
Courbe-les tous encor sous ton sceptre de fer,
Monarque au cœur pétri de limon et de bronze,
Hypocrite, haineux et cruel...... Louis-Onze!
Et vous, faibles enfants, dignes de tant d'amour,
Fils d'Édouard, rentrez aux cachots de la Tour!
Glocester vous poursuit d'une sombre colère;
Offrez vos jeunes fronts aux baisers d'une mère,
Qui vous baigne de pleurs pour la dernière fois;
Enfants, il faut mourir.... vous êtes fils de rois!

Toi qui sais au néant arracher ces figures,
Femmes, vieillards, enfants, guerriers sous leurs armures,
De qui donc le tiens-tu ce magique pouvoir
De nous prendre à ta guise et de nous émouvoir,
De nous faire subir amour, espoir, alarmes,
Et de nous rendre heureux en nous tirant des larmes?
Oui, tu le tiens du ciel, et ton âme de feu,
Par la création, se rapproche de Dieu.
Tu veux! un monde naît de ta seule pensée!
Du fond des temps, la honte ou la gloire passée,
Pour éclairer nos cœurs, se lève à ton appel;
Et ce que son doigt touche, il le crée immortel!

Ainsi, quand Paolo, pieusement infâme,
En poignardant son frère a cru sauver son âme,
Tressaillant tour à tour de terreur, de pitié,
Nous pleurons avec toi ta féroce amitié.
De Lindsey, qui poursuit la faveur populaire,

Nous aimons le brûlant et noble caractère ;
Et, quand il est trahi, notre cœur attristé
Maudit comme le sien la popularité.
La popularité, faveur vide, ombre vaine,
Qu'un rien a fait grandir et qu'un rien tourne en haine !
Dédaignons-la toujours, et, fussions-nous trahis,
N'ayons de but, d'espoir, que le bien du pays !
Faisons comme le Cid, qui, chassé par ses princes,
S'en allait en exil leur gagner des provinces !

O poëte ! le Cid, le Cid Campéador
Fut ton dernier héros, fut le dernier trésor
Que nous légua ta Muse ! — Alvar, Rodrigue, Élvire,
Venez mêler vos pleurs ! venez, le Cid expire,
Et comme toi, Poëte, il meurt victorieux,
Il s'éteint dans sa gloire !.... — O sort mystérieux !
Pour chanter ce héros, la merveille espagnole,
Tu semblais de Corneille avoir pris l'auréole.
Près de quitter les cieux, ton astre, en son ardeur,
Semblait grandir encor, redoublant de splendeur,
Et s'abîmait, brillant d'une gloire pareille,
Où se leva jadis l'astre du grand Corneille !

III.

Maintenant, la terre du deuil
Couvre la dépouille modeste
De celui qui fut notre orgueil.
A notre douleur il ne reste
Qu'un souvenir et qu'un cercueil !

Brûlant soleil de l'Italie,
Toi qu'il allait chercher, toi qu'il chantait si bien,
Pour raffermir sa vigueur affaiblie,
O soleil ! tu ne pouvais rien !

Si quelque lieu sur terre eût pu calmer la flamme
Qui dévorait ce corps trop faible pour son âme,
C'était le sol natal ! Peut-être qu'au retour
Le parfum de ses bois, de sa brise attiédie
Eût encor réveillé sa vigueur engourdie,
Et de toi, verte Normandie,
Pour la seconde fois il eût reçu le jour !

Vallon de Pressagni, champs fleuris par a Seine,
Coteaux qu'il préférait, que ne l'accueilliez-vous ?
Hélas ! sa chère Madeleine,
Ces lieux si beaux, ces lieux si doux,
Ils n'étaient plus à lui ! — La pelouse fleurie,
Le parc baigné des eaux, la maison, le verger,
Tout ce qui fut jadis sa retraite chérie,
L'auraient pu méconnaître ainsi qu'un étranger !

Mais vous que sa bonté, sa tendre bienfaisance
Soulagea tant de fois, vous, pauvres d'alentour,
Vous l'eussiez accueilli ; les chagrins de l'absence
Ne vous l'auraient pas fait dédaigner au retour.
Tu l'aurais reconnu, passagère hirondelle,
Toi qui, tous les étés, saluant son séjour,
Revenais habiter la persienne fidèle,

Qu'il n'osait pas ouvrir à la saison nouvelle,
De peur de troubler ton amour!

Mais il était trop tard.... Rive de sa naissance,
Toi son bonheur, son espérance,
Neustrie, où tant de fois il vit les fleurs s'ouvrir,
Ton aspect n'aurait pu ranimer sa faiblesse,
Ni prolonger d'un jour sa précoce vieillesse.....
Delavigne devait mourir!

Et, comme une harpe sonore,
Échappant tout à coup à d'inhabiles doigts,
Tombe, se brise et vibre encore....
Il tomba, le Poëte.... et sa mourante voix
Chantait encor, chantait pour la dernière fois!
C'étaient de longs fragments d'une œuvre commencée,
Qui déjà palpitait au fond de sa pensée,
Mais qui n'existait qu'en lui seul,
Et qui s'est avec lui glacée
Dans les plis muets du linceul!

Ainsi la fleur, cueillie avant d'être formée,
Tombe et meurt inconnue aux pieds du moissonneur,
Emportant avec elle, en son urne fermée,
Les suaves parfums qui dormaient dans son cœur.

Février 1844.

LA CHANSON DES BOIS

SONNET

A MARIE DÉSIRÉE.

La connais-tu, cette chanson plaintive,
Que dans la nuit les bois disent aux cieux ?
As-tu longtemps, d'une oreille attentive,
Bu ces soupirs lents et mélodieux ?

As-tu senti la brise fugitive
Porter là-haut des parfums précieux,
Et regretté que ton âme captive
Ne pût monter dans l'espace avec eux ?

C'est que, la nuit, dans l'ombre et le mystère,
Aux astres d'or gravitant à l'entour,
La terre envoie un baiser solitaire ;

Du haut des cieux, les astres à leur tour,
Laissent glisser leurs baisers sur la terre,
Et l'univers est enivré d'amour.

LE CHANT DES COLONS
(1848)

Lorsque la ruche est trop pleine d'abeilles,
Un jeune essaim, vers des vallons meilleurs,
S'en va chercher, sur des fleurs plus vermeilles.
Le butin d'or promis aux travailleurs.
Tels, pleins d'espoir, fils de la République,
Nous ouvrons l'aile et nous nous envolons.
Toi qui d'en haut nous as montré l'Afrique,
Dieu protecteur, sois en aide aux colons !

La foule, au port, nous suit et nous devance ;
De tous les yeux coulent des pleurs touchants ;
Mais avec soi lorsqu'on a l'espérance,
Les pleurs sont vite étouffés par les chants.
Bien qu'à regret nous quittions la patrie,
C'est une France encore où nous allons ;
Et du Prélat la sainte voix nous crie :
Dieu protecteur, sois en aide aux colons !

Oui ! c'est la France, elle est bien achetée !
Et nos soldats, tombés au premier rang,

Sur cette terre à jamais adoptée
Ont tous écrit leurs noms avec du sang.
Nos bras moins fiers, de moissons magnifiques
Vont enrichir ces glorieux vallons.
Toi qui bénis nos drapeaux pacifiques,
Dieu protecteur, sois en aide aux colons !

Vous qui là-bas nous offrez ces campagnes,
Nous vous jurons que, dignes de tels biens,
Tous les enfants de nos jeunes compagnes,
Fils du travail, seront bons citoyens.
Ils grandiront pour être un jour utiles,
Comme la graine aux bords que nous peuplons.
Pour que leurs mains rendent nos champs fertiles,
Dieu protecteur, sois en aide aux colons!

Adieu donc, France; adieu, mère adorée !
Souvent le soir, à notre doux foyer,
Nous parlerons de la terre sacrée
Qui nous berça sur son sein nourricier.
Nous fonderons son grenier d'abondance,
Et des Romains rouvrant les vieux sillons,
Nos bras aussi pourront nourrir la France.
Dieu protecteur, sois en aide aux colons !

NAHLEH
A DANSE DE L'ABEILLE
AU CAIRE

Dans la cour arabesque
Des vieux bains d'El Margouck,
Sur le divan moresque,
Le fumeur de Chibouck
Voit, parmi la fumée
De la pipe allumée,
Danser la brune Almée,
Au son du tarabouck.

Allah! comme elle est belle,
L'Almée au doux regard!
Promenant autour d'elle
Ses grands yeux de lézard,
Pour prélude à la danse
Elle tourne en cadence,
Se recule et s'avance,
Puis salue avec art.

Entends-tu la cymbale
Dans ses doigts gracieux?
Languissante, elle étale
Ses bras nus vers les cieux,
Renverse avec ivresse
Sa tête enchanteresse,
Appelant la caresse
De la bouche et des yeux.

Sur l'une et l'autre hanche,
Au son d'un air plaintif,
Tour à tour elle penche
Son corps souple et lascif.
Sous le caftan de soie,
Son flanc pâmé de joie,
Comme un serpent qui ploie,
Tressaille convulsif.

Vois-la bondir, pareille
Au chevreau d'El Dâher;
Elle feint qu'une abeille
La menace dans l'air,
Et pour chasser bien vite
La mouche parasite,
Elle tourne et s'agite,
Plus prompte qu'un éclair.

Dénouant sa ceinture,
Elle oppose, en dansant,
Un voile à la piqûre

NAHLEH.

Du frelon agaçant;
Et toujours avec grâce,
On dirait qu'elle chasse
L'ennemi dont l'audace
Va toujours s'accroissant.

Il vole, il se dérobe
Au tissu déployé,
Et l'Almée, en sa robe,
L'a senti fourvoyé.
Dans la peur d'un outrage,
Elle ôte son corsage,
Son caftan à ramage,
Son caffieh bleu rayé.

Autour de sa figure,
Se déroule et s'enfuit
Un flot de chevelure
Aussi noir que la nuit,
Où de mainte pasquille
Pendue à la récille,
Le métal qui scintille
S'entre-choque avec bruit.

Mais sur sa gorge nue
S'enivrant de parfums,
L'abeille continue
Ses assauts importuns.
L'Almée en vain applique,
Dernier rempart pudique,

Le lin de sa tunique
Autour de ses flancs bruns.....

Soudain comme confuse
D'être nue aux regards,
La folle qui s'amuse
Reprend de toutes parts
Sa parure qui traîne,
Et vers son front ramène
Ses longs cheveux d'ébène,
Sur sa poitrine épars.

Dans son caftan se plonge
La perle des houris.
Elle fuit, divin songe,
Laissant nos cœurs épris;
Et son œil, noire étoile,
Disparaît sous le voile
Qui renferme en sa toile
Un coin du paradis.

Longtemps, sous l'arabesque
Des vieux bains d'El Margouck,
Sur le divan moresque,
Le fumeur de Chibouck,
Aspirant la fumée
De la pipe allumée,
Rêve à la brune Almée,
Qui danse au tarabouck.

Avril 1851.

LAISSE-MOI T'AIMER

A MARIE DÉSIRÉE.

Ah ! laisse-moi t'aimer, non d'un amour profane,
Mais de cet amour saint, tendre, immatériel,
Qui rend le cœur plus pur, l'âme plus diaphane,
    Qui joint la terre au ciel !

Douce communion qui réunit deux âmes,
Comme deux blancs ramiers fendant, d'un même essor,
L'éther qui, sur leurs cols, fait reluire des flammes
    Et des paillettes d'or.

Dieu m'a mis dans le cœur une lyre immortelle ;
Quand je me penche en moi je l'entends soupirer ;
Mais il faut une main qui se pose sur elle
    Et la fasse vibrer.

Sois cette main savante, ose toucher la lyre,
Pose sur le clavier l'ivoire de tes doigts ;
Elle va s'éveiller en hymnes de délire
    Et répondre à ta voix.

N'aimes-tu pas les chants, les doux chants du poëte?
Ne pénètrent-ils pas ton cœur d'un tendre émoi?
Jette donc un regard sur sa lèvre muette,
   Dis-lui : — « Chante pour moi ! »

Alors j'aurai pour toi des chansons merveilleuses,
Telles qu'aux nuits de mai, sous le ciel espagnol,
Dans les bois de Grenade, aux roses amoureuses,
   Chante le rossignol.

Ma mélodie aura la douceur des louanges
Que modulent en chœur les esprits purs des cieux ;
Je croirai voir passer dans un songe les anges,
   En regardant tes yeux.

Ah ! laisse-moi t'aimer, t'aimer avec délice,
De cet amour pieux où l'âme s'épura,
De l'amour qui brûlait Dante pour Béatrice,
   Pétrarque pour Laura.

Ah ! laisse-moi t'aimer, et peut-être toi-même
Un jour à ton insu te laisseras charmer :
C'est un amour si pur que celui dont je t'aime !
   Ah ! laisse-moi t'aimer !

Février 1842.

LES DEUX FANTOMES

A MADAME AMABLE TASTU.

O nuit! quel œil humain peut lire dans ton ombre?
Quelle voix nous dira ce qui s'agite aux cieux,
Quand la terre est tranquille et que, sur l'azur sombre,
Les astres, dont Dieu seul sait l'éclat et le nombre,
  Roulent froids et silencieux?

O nuit! J'ai vu passer deux fantômes célèbres;
Ils rasaient dans leur vol les dômes de Paris.
La ville se berçait dans la paix des ténèbres;
Seuls, au sommet des tours, quelques oiseaux funèbres
  Tournoyaient en poussant des cris.

Je les ai vus passer amenant les nuages,
Avec un bruit semblable au fracas d'un volcan.
L'éclair illuminait leurs yeux et leurs visages;
Ils s'avançaient tous deux, portés par les orages,
  Sur les ailes de l'ouragan.

Tous les deux ils quittaient la tombe inexorable ;
Tous les deux ils venaient du tropique enflammé ;
L'un des bords où mugit un océan de sable,
L'autre d'un roc désert, où le flot implacable
     Garde son sépulcre enfermé.

Chacun d'eux à son tour fut puissant par la guerre ;
Vivants, le monde à peine a pu les contenir ;
Morts, ils n'ont rencontré qu'une insensible pierre,
Où le temps ronge en paix leurs noms et leur poussière,
     Où les vents seuls viennent gémir.

Leurs fantômes souvent de leurs urnes s'élancent ;
Sur ce monde oublieux qui ne les connaît plus,
Par la foudre escortés, dans la nuit ils s'avancent,
S'inclinent tristement sur l'univers, et pensent
     A leurs empires disparus.

Je les ai vus tous deux : l'un, comme les rois mages,
Ceignait son front hautain de la tiare d'or ;
Sur sa barbe flottante avaient neigé les âges ;
Son œil fier, qu'autrefois entouraient tant d'hommages,
     Semblait les commander encor.

Il descendit aux bords où l'Obélisque antique
De son dard anguleux semble percer le ciel ;
Sur son flanc il croisa son manteau fantastique,
Et longtemps mesura le géant granitique,
     D'un regard sombre et solennel.

LES DEUX FANTOMES.

Ses yeux étincelaient d'une flamme éthérée,
Tandis qu'il parcourait du regard lentement
Cet étrange alphabet d'une langue ignorée,
Gravé pour l'avenir, par une main sacrée,
  Sur les faces du monument.

C'est qu'il y retrouvait sa puissance hautaine,
Ses combats retracés en récits glorieux,
Et, sous son nom vainqueur, dévoués à la haine,
Les noms des rois vaincus, qu'il traînait à la chaîne,
  Ou qu'il immolait à ses Dieux.

L'autre ombre n'avait pas cet appareil superbe,
Quoique son pied jadis eût foulé comme l'herbe
  Les rois de l'univers.
Les tortures avaient brisé cette grande âme,
Et son fantôme encor portait la trace infâme
  De l'exil et des fers.

Mais qu'il était sublime et beau sans diadème,
Ce héros retrempé dans le fatal baptême
  De son adversité !
C'était bien lui ! c'était sa tête souveraine,
Son regard foudroyant, qui tenait en haleine
  Le monde épouvanté !

C'était cet uniforme usé par la mitraille ;
C'était ce manteau bleu, sur les champs de bataille
  Tant de fois déployé,

Et ce petit chapeau, couronne populaire,
Que trente rois n'ont pu ravir, dans leur colère,
   A son front foudroyé.

C'est ainsi que, dans l'ombre, au sein de la tempête
Qui sur ses pas grondait, lui faisant une fête
   Comme un bruit de combats,
Je l'ai vu de son vol embrasser la Colonne,
Et, sur ce bronze saint que sa gloire environne,
   Contempler ses soldats.

Qu'étaient-ils devenus ces vieux vainqueurs du monde?
La mort les dévorait dans leur tombe profonde
   De Wagram ou d'Eylau,
Et leur triste Empereur, pleurant sur son trophée,
Murmurait lentement d'une voix étouffée :
   — « O France! ô Waterloo! »

Il s'inclinait pensif au-dessus de la ville,
Et dans la nuit, longtemps contemplait, immobile,
   Le sol que nous foulons,
Comme un aigle qui plane aux voûtes éternelles,
Se penche sur son aire et couve de ses ailes
   Le sommeil des aiglons.

Mais quand il vit briller, comme en un météore,
Le fantôme éclatant du vieux roi de l'Aurore,
Il sembla retrouver son pouvoir d'autrefois
   Et sa majesté pour lui dire :

LES DEUX FANTOMES.

—« Salut, fils de Memnon ! Salut, vainqueur des rois !
    Sois bienvenu dans mon empire !

« Souviens-toi, Sésostris, qu'au temps de tes splendeurs,
Il fut un peuple grand de toutes tes grandeurs.
Pour lui tes bataillons ravageaient les contrées ;
    Pour lui, du Niger à l'Indus,
De l'océan arabe aux mers hyperborées,
    Tombaient cent peuples confondus.

« Cette Égypte, pour qui tu gagnais des batailles,
Ton peuple était pour toi le sang de tes entrailles,
Et, quand tu revenais d'affronter le trépas,
    S'il applaudissait tes merveilles,
Il n'était aucun bruit, dans les bruits d'ici-bas,
    Qui fût plus doux à tes oreilles.

« La France fut ainsi le peuple de mon cœur.
Pour elle, ô Pharaon ! mon bras, cent fois vainqueur,
Courba le front des rois réduits au vasselage,
    Et, quand j'avais bien combattu,
Ses acclamations me payaient mon courage.
    Sésostris, me reconnais-tu ? »

—« Oui ! dit l'antique aïeul des monarques Numides,
Oui ! je te reconnais. Du haut des Pyramides
J'accompagnai, témoin de tes hardis travaux,
    Ces quarante siècles de gloire
Que ta voix évoquait du fond de leurs tombeaux,
    Pour assister à ta victoire.

« Salut! ô conquérant! je suis digne de toi.
Moi-même j'ai rangé l'univers sous ma loi.
Mes cohortes étaient sœurs des soldats d'Arcole,
      Mon nom frère aîné de ton nom.
Le temps couronnera d'une même auréole
      Sésostris et Napoléon.

« Que ta France adorée, où tant d'éclat rayonne,
Garde mon Obélisque auprès de ta Colonne,
Pour qu'à leur base un jour les siècles à venir,
      Épris de nos vastes pensées,
Avec un saint respect viennent s'entretenir
      De nos étoiles éclipsées. »

C'est ainsi qu'ils pleuraient sur leurs deux monuments.
Le ciel s'illuminait de moments en moments,
Et je crus entrevoir, à ces lueurs étranges,
      Dans les nuages de la nuit,
Des armes, des drapeaux, et d'immenses phalanges
      Autour d'eux se ranger sans bruit.

Puis l'orage emporta ces visions funèbres,
Et je me trouvai seul perdu dans les ténèbres.
Les astres éternels, rayonnant de clartés,
      Traçaient leur sillon dans l'espace,
Impassibles témoins de nos fragilités
      Et du néant de ce qui passe.

CRÉPUSCULE

A MARIE DÉSIRÉE.

Quand l'occident n'est plus qu'une ligne rougeâtre ;
Que, dans les vastes champs où plane le repos,
Tout s'endort jusqu'aux fleurs, et que le dernier pâtre
    A parqué ses troupeaux ;

Quand les brises du soir, étouffant leurs haleines,
Ne font plus onduler les mobiles épis ;
Quand la lune sourit à travers les vieux frênes
    Aux oiseaux assoupis ;

C'est alors que vers toi, reine de mes doux songes,
S'élèvent mes pensers purs et délicieux,
Que j'aime à prolonger l'extase où tu me plonges,
    Longtemps silencieux.

Des parfums plus voilés s'évaporent des plantes,
L'âme échappe enivrée à ce monde réel,
Et les blanches lueurs, dans l'espace tremblantes,
    Semblent des fleurs du ciel.

Je m'arrête, pensif, sous le radieux dôme.
Des visions d'amour éblouissent mes yeux ;
De loin tu m'apparais, comme un léger fantôme
    Souriant et joyeux.

Le brouillard sur ta tête étend ses pâles voiles,
Le ver luisant s'allume entre les églantiers,
Comme si tu semais sous tes pas les étoiles
    Au détour des sentiers.

Tu t'avances planant sous l'étendue immense,
Tu passes devant moi sans effleurer le sol ;
Et, pour ta bienvenue, au fond des bois commence
    Le chant du rossignol.

Ce chant, épanoui dans la brise attiédie,
De vallons en vallons répété par les bois,
Éveille dans mon cœur, comme une mélodie,
    Les échos de ta voix.

Quelle puissance occulte ou quelle fée amie
Donne donc ton image à la vapeur du soir ?
Quel ange me sourit dans la plaine endormie
    Et me parle d'espoir ?

Je crois tenir ta main dans la mienne pressée,
Je crois sentir ton cœur battre tout près du mien,
Et sur mon front courir, plus doux que ma pensée,
    Ton souffle aérien.

CRÉPUSCULE.

Si c'était vraiment toi ? Si le maître suprême
Avait fait un miracle en t'amenant ici ?
M'entends-tu, cher fantôme ? Oh ! je t'aime ! je t'aime !
   Dis-moi : — « Viens ! » — Me voici !

Rêves ! illusions ! Quel jour, chère adorée !
Te dirai-je combien en toi seule j'ai foi,
Combien à chaque instant, d'espoir l'âme enivrée,
   Je prie et pense à toi !

Quel jour enfin, heureux d'une sainte allégresse,
Et mon cœur à ton cœur enchaîné pour toujours,
Songerai-je avec toi des songes de tendresse
   Et d'éternels amours ?

A cette heure rêveuse où notre oreille semble,
Dans un calme profond, vague et mystérieux,
N'entendre que deux cœurs qui palpitent ensemble
   En présence des cieux ;

A l'heure où l'univers sous l'œil de Dieu repose,
Où l'esprit, confondu devant l'immensité,
A l'azur éternel emprunte quelque chose
   De sa sérénité.

L'OREILLE

Ta molle chevelure,
Autour de ta figure,
Forme un soyeux bandeau,
Dont la brillante moire
Semble, tant elle est noire,
Sur tes tempes d'ivoire,
Les ailes d'un corbeau.

Mais sous ses plis dans l'ombre,
Pourquoi ce bandeau sombre
Dérobe-t-il aux yeux
Ta gracieuse oreille,
Délicate merveille
Qui n'a qu'une pareille
Sous la clarté des cieux?

Ton oreille petite,
Qu'un bord rosé limite,

Et qui frémit souvent,
Ton oreille jolie
Qui se tourne et se plie,
Douce, fraîche et polie
Comme un marbre vivant.

Ton oreille divine,
C'est la nacre marine
Au reflet chatoyant,
La conque blanche et rose
Que l'Hellespont arrose,
Où Cypris est éclose
Sous le ciel d'Orient.

C'est la fleur frémissante
Qui s'entr'ouvre naissante
Au zéphyr du matin ;
C'est le soyeux pétale
A la forme idéale,
Dont l'aube matinale
Chiffonna le satin.

Ornement inutile,
Un diamant scintille
A son lobe vermeil ;
Ainsi de la rosée,
Une goutte irisée
Au bord des fleurs posée,
Resplendit au soleil.

Gentille oreille, écoute !
Si ta conque est la route
Et la porte du cœur,
Oreille enchanteresse,
Permets qu'à ta maîtresse
Je parle avec tendresse,
Comme un frère à sa sœur.

Sans peur tu peux m'entendre ;
Tu n'as rien à reprendre,
Tu ne rougiras pas.
Nul ne saurait médire
Du penser qui m'inspire,
Et tout haut je peux dire
Ce que j'ai dit tout bas.

LE ROI DE MER

BALLADE

> ¡ Muy graciosa ès, la Doncella
> ¡ Como es hermosa y bella !
> GIL VINCENTE.

Seule, accoudée aux créneaux de la tour,
La blonde enfant du Köning de Norvége,
Les yeux rêveurs, penchait son front de neige
Vers l'Océan qui grondait à l'entour.

La mer montait, vaste, profonde et fière ;
A l'horizon, la lune au front changeant
Sortait de l'onde, et son disque d'argent
Versait à peine une blanche lumière.

Du sein des flots lentement entr'ouverts
Semble monter une figure vague,
Qui se dessine au travers de la vague :
C'est un jeune homme au corps pâle, aux yeux verts.

La vierge a vu, terrifiant prodige!
Un regard fixe enchaîner son regard;
Sa voix s'éteint, son œil devient hagard,
Elle a senti les frissons du vertige;

Car ce jeune homme est un roi de la mer;
Il nage, il sort de la vague azurée,
Et malgré soi, vers l'abîme attirée,
L'enfant se penche et tombe au gouffre amer.

Nul n'entendit ses plaintes étouffées;
L'onde un instant bouillonna près du bord;
L'enfant n'eut pas d'autres hymnes de mort,
Que la chanson des Elfes et des Fées.

—« Viens! disaient-ils, blanche perle du Nord!
Viens te bercer à notre doux murmure.
Moins belles sont que ta pâle figure
Les fleurs des mers où ton œil bleu s'endort.

« Nous t'aimerons, nous les Elfes des grèves,
A toi nos dons, nos trésors les plus beaux,
Les fleurs des rocs, les diamants des eaux,
Et nos palais plus brillants que tes rêves!

« Viens avec nous! Loin de ton sol neigeux,
De notre roi tu deviendras l'épouse;
Ton ciel sera la mer vaste et jalouse;
Tu régneras sur l'empire orageux.

« Tu plongeras dans ces conques nacrées,
Pavillons d'or, labyrinthes d'azur
Où nous dormons, quand sur le flot obscur
La lune épand ses lueurs éthérées.

« Nous te ferons des jardins de corail ;
Nous donnerons pour ombre à ta retraite
L'arbre de pourpre où le poisson s'arrête,
Comme un fruit d'or sous des rameaux d'émail.

« Viens donc en paix, enfant aux tresses blondes ;
L'heure éternelle a commencé pour toi.
Viens avec nous, reine de notre roi ! »
Ainsi chantaient les esprits bleus des ondes.

Ainsi ce corps si beau dans sa fraîcheur,
L'Océan froid le berçait sous ses ombres,
Et de doux chants, venus des gouffres sombres,
Dans son esquif étonnaient le pêcheur.

LE PAPILLON ÉGARÉ

Πόθεν, πόθεν πέτασαι;
ANAKPEΩN.

O Papillon égaré dans nos villes,
Triste exilé de l'horizon vermeil !
Tu vas semant, contre nos murs stériles,
Le duvet bleu de tes ailes fragiles,
Et ton bonheur est là-bas au soleil.

O Papillon ! ta vie est mon emblème :
Triste exilé, comme toi je combats ;
Car j'ai perdu la moitié de moi-même.
Je cherche en vain ma douce fleur que j'aime :
Comme le tien, mon bonheur est là-bas.

STANCES

ÉCRITES SUR UN EXEMPLAIRE DE PAUL ET VIRGINIE.

A MARIE DÉSIRÉE.

Veux-tu relire encor cette touchante histoire
Qui, jadis, arracha des larmes à tes yeux,
Et dont le souvenir, au fond de ta mémoire,
Se conserve plus doux qu'un parfum précieux?

Qu'on aime, n'est-ce pas, les premières années
De ces deux beaux enfants, fraîches fleurs des déserts!
Et que Dieu fait pour eux de suaves journées,
Dans leur île, berceau caressé par les mers!

Leurs jours passent, voilés d'un si tendre mystère!
Le récit en est calme et pur, comme la voix
Du bengali chantant son amour solitaire,
Qu'ils entendaient la nuit, sous l'ombre des grands bois.

Que l'on voudrait pouvoir, dans leur verte retraite,
Les laissant l'un à l'autre, et pour jamais heureux,
S'arrêter à la page où leur bonheur s'arrête,
Et rêver que l'amour n'a pas fini pour eux !

Nos cœurs, ô Désirée, ainsi que ces cœurs d'ange,
Furent faits l'un pour l'autre et se sont rencontrés ;
Dieu les a confondus par un suave échange :
A nous aimer comme eux il nous a consacrés.

Mais pour nous les douleurs ne seront pas si grandes.
Si nos yeux, quelquefois, laissent tomber des pleurs,
L'espoir les essuîra ; de nos fraîches guirlandes
La tempête jamais n'emportera les fleurs !

Dans notre asile obscur, sans tourment, sans envie,
Oiseaux joyeux blottis au fond du même nid,
Nous vivrons d'un seul cœur et d'une seule vie :
Rien ne séparera ce que Dieu réunit.

Jusqu'à la fin ensemble, à l'heure où tout s'oublie,
Nous verrons nos regards à la fois s'assoupir,
Et, lasses à la fois de la course accomplie,
Nos âmes s'exhaler dans un même soupir.

Tels, au soleil couchant, deux rayons de lumière
Dans un sentier désert s'égarent confondus,
Puis, ensemble, brillant de leur clarté première,
Remontent vers le ciel dont ils sont descendus.

LE
JARDIN DE WANG-WEI

Du haut en bas du pavillon,
Brillait l'émail des briques vertes ;
Autour des fenêtres ouvertes
Resplendissait le vermillon.

Sur les piliers, sur les murailles,
Aux solives du corridor,
S'enlaçaient mille dragons d'or
Cuirassés de larges écailles.

Un bord dentelé couronnait
Le toit de porcelaine antique ;
La girouette fantastique
Sur le ciel bleu se contournait.

Les plus beaux oiseaux de la terre
Chantaient dans les bosquets obscurs ;
Les fleurs aux parfums les plus purs
Étincelaient dans le parterre.

Séduit par l'éclat du verger,
J'admirais sa splendeur féconde,
Et je ne trouvais rien au monde
Plus beau que les fleurs du pêcher.

Mais tout à coup je vis sourire,
Entre les treillis de bambous,
Deux de ces yeux brillants et doux
Pour qui l'on perdrait un empire.

L'éventail léger se plia ;
J'aperçus l'enfant rose et blanche,
Souple comme un saule qui penche,
Fraîche comme un camélia.

A sa grâce, à son regard tendre,
A ses sourcils fins et soyeux,
Je crus voir la fille des Dieux
Qui parmi nous daignait descendre.

A mon aspect elle sourit,
La belle enfant aux dents de jade ;
Puis des rougeurs de la grenade
Son front délicat se couvrit.

O printemps! tes beautés nouvelles
N'ont plus d'attrait pour me toucher ;
J'admirais les fleurs du pêcher,
Et maintenant j'ai pitié d'elles!

LA FIANCÉE

A MADAME AMÉLIE R***

Lorsqu'au pied de l'autel la blanche fiancée
S'avance avec l'époux à qui Dieu va l'unir,
Elle sent tressaillir au fond de sa pensée
Les regrets du passé, l'espoir de l'avenir.

Je ne sais quoi de doux et d'amer tout ensemble,
De son front qui s'incline efface les couleurs ;
Elle espère avec crainte, avec joie elle tremble,
Et ses yeux ingénus laissent couler des pleurs.

Ce trouble vous sied bien, candide jeune fille ;
J'aime à voir l'anémone aux feuilles de satin,
Pâle, quand la rosée en son calice brille,
Palpiter sur sa tige au souffle du matin.

Craignez encore un jour cette vie inconnue ;
Ainsi, nouvelle éclose, hésite au bord du nid

L'hirondelle inhabile à sillonner la nue
De son aile novice et que rien ne ternit.

Hésitez bien encor : sur la terre inféconde,
Il faut de la fortune affronter le courroux.
Tout est piége, péril ou tempête qui gronde;
Mais il est un ami qui veillera sur vous.

Demain, quand vous verrez votre blanche couronne,
Virginal ornement, sous vos pas s'effeuiller;
Forte de son amour, cette main qui frissonne,
Sur le bras d'un époux s'appuîra sans trembler.

Vous n'hésiterez plus, car ce sera lui-même,
Lui que vous redoutez sans connaître pourquoi,
Qui sera votre appui, votre force suprême;
Que vous appellerez, en disant : — « Soutiens-moi! »

Puissiez-vous vivre ainsi de bien longues années !
Qui ne voudrait, pendant toute une éternité,
Pouvoir continuer ces chaînes fortunées,
Où l'un est le soutien et l'autre la beauté !

Ainsi, dans les forêts de la verte Australie,
Jusqu'aux cieux la liane, élevant ses couleurs,
Au baobab géant avec amour se lie :
L'arbre donne sa force, et la plante ses fleurs.

DEUX VIEILLARDS

A CHARLES BOUDOU

C'est un étroit vallon que deux coteaux en pente
Resserrent ; un ruisseau lentement y serpente.
Sous les saules touffus, sous les grands peupliers
Qui voilent de fraîcheur ses bords irréguliers,
J'écoute du moulin la note monotone,
Le taureau qui mugit, la clochette qui sonne,
Le pâtre au loin qui chante en gardant ses troupeaux,
Bruits légers et charmants plus doux que le repos.
Les aunes inclinés, sous leur verdoyant dôme,
Laissent apercevoir un pauvre toit de chaume,
Toit heureux, maintenant habité par l'espoir !
Mille rires joyeux y résonnent le soir ;
Le jour on voit flotter de bleuâtres fumées
Sur le faîte où les fleurs, par la brise animées,
Se balancent au vent souriantes à l'œil.
Toit heureux !.... l'an dernier plein de pleurs et de deuil!

Là vivait un vieillard, et près de lui sa femme
Végétait seulement ; car dans cette pauvre âme
Tout s'était fait obscur. L'âge, ce lent poison,
En épargnant sa vie, avait pris sa raison ;
Mais de ce cœur sans fiel la folie était douce.
Elle aimait à s'asseoir au soleil sur la mousse,
Et là, chantant des airs que l'écho répétait,
Tour à tour s'étonnant de l'écho qui chantait,
Tour à tour reprenant sa chanson suspendue,
Elle usait sa journée, et la nuit descendue
La trouvait souriante, et le naissant matin
Mettait à ce front vieux un sourire enfantin.

L'époux, soldat jadis, était un homme austère,
Qui, malheureux toujours, avait toujours su taire
Ses douleurs, et gardant un visage serein,
N'avait que dans le cœur les rides du chagrin.

Or un jour il ne put se lever de sa couche,
La souffrance muette avait crispé sa bouche ;
Il ne se plaignait pas ; ses enfants rassemblés
Vers son lit inclinaient leurs visages troublés.
Il les rassurait tous ; mais sa voix haletante
Démentait la fierté de son âme constante,
Et de son pouls éteint les faibles battements
Remontaient vers le cœur de moments en moments.
Il s'en allait mourir. — Tandis que sa famille
S'empresse autour de lui ; près du foyer qui brille,
La pauvre femme assise, oubliée, à l'écart,
Sur son vieux compagnon attache un lent regard.

Elle ne chante plus.... Cette immobile face,
Où chaque sentiment toujours glisse et s'efface,
Semble se colorer d'un reflet de raison,
Et le lit du malade est tout son horizon.
Elle sourit pourtant, mais c'est avec contrainte,
Et parce que sa bouche a gardé cette empreinte.
Les soupirs incessants, les pleurs du désespoir,
Peut-être auraient semblé moins douloureux à voir
Que cet œil immobile où l'angoisse respire,
Et ce visage en deuil grimaçant un sourire.

Vainement le soleil qui brillait sur les champs,
Vainement les oiseaux dont elle aima les chants,
L'onde qui captiva sa vue émerveillée,
L'invitaient à s'asseoir sous la verte feuillée.
Sans faire un mouvement pendant quatre longs jours,
Elle resta muette et souriant toujours.
En vain lui donnait-on sa nourriture aimée ;
Comme ce n'était plus la voix accoutumée
Qui disait : — « Lève-toi ! viens prendre ton repas ! »
Elle demeurait morne et ne répondait pas.

Un jour elle tressaille, elle lève la tête ;
Un lumineux éclat dans ses yeux se reflète ;
Ce cœur, depuis longtemps couvert d'obscurité,
Semble avoir reconquis son ancienne clarté ;
Elle est debout. Sa main, vers le vieillard tendue,
L'appelle... Mais soudain elle tombe éperdue,
La pâleur envahit son front comme un reflux ;
Quand on la releva, son cœur ne battait plus.

Une semaine après, les gens de la campagne
Conduisaient le vieillard auprès de sa compagne :
Le fossoyeur les mit dans le même tombeau.

Dans leur chaumière habite un ménage nouveau :
On y voit tout le jour, souriante et légère,
Aller et revenir l'active ménagère,
Et, des jeunes époux cher espoir, doux orgueil,
Un bel enfant sourit au soleil sur le seuil.

L'Étang, septembre 1851.

FLEUR FANÉE

SONNET

A MARIE DÉSIRÉE

> Intactas quare mittis mihi, Polla, coronas?
> Vexatas a te malo tenere rosas.
> MARTIAL.

Lorsqu'à la fin de la journée
Ses couleurs ont fui sans retour,
Rends-la-moi cette fleur fanée
Que tu respiras tout le jour,

Et songeant à sa destinée,
Je croirai trouver à mon tour,
Dans sa corolle abandonnée,
Un parfum de toi, mon amour.

Sois comme le maître équitable,
Qui laisse dans sa coupe d'or
Un peu de son vin délectable,

Pour que, après le repas encor,
L'esclave qui le sert à table
Ait sa part du joyeux trésor.

LA LAMPE NOCTURNE

Au jour qui meurt, la nuit succède monotone ;
Dans l'air pour un instant la phalène bourdonne,
Et la dernière brise emporte un dernier bruit.

Chaque étoile à son tour éclose, aux cieux reluit ;
Tandis que, dans le fond du vallon solitaire,
Une lampe s'allume, étoile de la terre.
Mon regard s'y repose, et, par la nuit déçu,
Croit toucher le rayon tout là-bas aperçu.

Tel en nos jours éteints qu'envahit l'oubli sombre,
Quelque point lumineux survit et perce l'ombre.
On le voit, on le touche, et, du fond du passé,
Il brille, souvenir tendrement caressé.
Souvent bien des vallons, dans la nuit incertaine,
S'espacent entre nous et la lueur lointaine ;
Mais l'œil de la pensée, avec tranquillité,
S'arrête et se complaît à sa douce clarté.

L'Étang, septembre 1849.

CHÉRIFA

A FÉLIX ANDRY.

Mon cheval est roi de l'espace.
Moins prompt que lui, le coup d'œil passe,
Moins prompts les éclairs des fusils.
Il boit le vent ! et son crin sombre
Est bleu comme un pigeon dans l'ombre :
Mebrouck est l'orgueil du pays.

Mebrouck, ton cœur est-il malade ?
Lorsque je suis en embuscade,
Tu hennis, ô mon coursier noir,
Tu frissonnes par intervalles ;
C'est trop penser à nos cavales.
Va, mon fils, nous irons les voir !

Au loin nos tribus sont errantes.
Où rencontrer leurs larges tentes ?
Où sont les vierges du Guébla
Et leurs pavillons d'écarlate ?

Où sont le tapis et la natte
Et l'hospitalité d'Allah?

N'avez-vous pas eu des nouvelles
De nos juments, de nos chamelles,
Des puits où mes frères ont bu?...
Dieu rende aveugles les infâmes
Qui pourraient porter dans leurs âmes
Haine aux enfants de ma tribu !

Leur course au midi se prolonge,
Et mon cœur dans l'ennui se plonge.
Mebrouck, porte-moi vers les miens!
Mon oncle a des juments de race;
De leurs aïeux on suit la trace
Depuis les temps les plus anciens.

Chacune en sultane s'avance ;
Un nègre de Kora les panse,
Un nègre plus noir qu'un cercueil.
Il les mène au bain, il leur donne
Le lait pur, l'orge qui foisonne....
Dieu les garde du mauvais œil !

Dans leur troupe à l'amour rebelle,
Mebrouck, tu prendras la plus belle,
Et moi je verrai Chérifa,
Chérifa, cette beauté fière,
La plus noble et la plus altière
Qu'un Dharaï jamais coiffa.

CHÉRIFA.

Ses cheveux, où l'or s'entrelace,
Tombent autour d'elle avec grâce;
Vous diriez le plumage noir
De l'autruche à la voix stridente,
Qui demeure au désert et chante
Auprès de ses petits le soir.

Son sourcil noir est l'arc du more;
Les cils de cet œil que j'adore
Sont pareils aux barbes du blé
Mûri dans la saison nouvelle;
Son œil est l'œil de la gazelle;
Qui pour ses petits a tremblé.

Sa bouche est l'aurore vermeille,
Son haleine au musc est pareille;
De ses dents les deux rangs unis
Semblent les gouttes de rosée,
Dont au matin est arrosée
La fleur qui parfume Tunis.

Près de sa peau douce et musquée,
Du minaret de la mosquée
L'albâtre étincelant jaunit;
Moins pure est la lune sans voile,
Moins radieuse est une étoile
Qu'aucun nuage ne ternit.

Le dessin d'un bleu tatouage
Ajoute encore à son visage

Je ne sais quel charme attrayant ;
On dirait la fleur de la fève :
Dieu la fit belle comme un rêve,
Pour ravir l'esprit d'un croyant.

O toi, qui connais la contrée,
Colombe à l'aile bigarrée,
Qui portes un burnous d'azur
Si bienséant à tes épaules,
Toi qui roucoules sous les saules,
Pars ! vole à travers le ciel pur !

Oiseau ! ma force est abattue ;
Car l'amour est un fer qui tue,
L'amour est un poignard vainqueur.
Va dire à celle qui me charme
Qu'elle m'a porté, de cette arme,
Deux coups, l'un aux yeux, l'autre au cœur.

LE
CERCUEIL DE NAPOLÉON

A M. BOISSEL, ANCIEN DÉPUTÉ

ANCIEN REPRÉSENTANT

> Je désire que mes cendres reposent
> sur les bords de la Seine.
> NAPOLÉON.

I.

Comme aux jours glorieux de Jason et d'Alcide,
Quand le vaisseau d'Argus, lancé vers la Colchide,
    Fit jaillir l'écume des flots,
La Grèce applaudissait, et la lyre d'Orphée
Vibrait, et les accents du divin coryphée
    Encourageaient les matelots ;

Tel apparaît, semblable à la trirème antique,
Un navire nouveau, sur la mer Atlantique,
    Vers des bords lointains entraîné.
O poëtes ! chantez l'hymne de l'espérance ;
Viens, ô peuple ! et salue à son départ de France
    Le navire prédestiné.

Apportez des lauriers, des guirlandes fleuries !
Couronnez les grands mâts, les vastes galeries
    De ce géant prêt à partir ;
Car la France lui dit : — « Cours, vole à Sainte-Hélène !
Que Joinville dépose entre tes murs de chêne
    Ce qui nous reste du martyr. »

Et, semblable au coursier respirant la bataille,
Qui hennit et se cabre au bruit de la mitraille,
    Puis se rue en mordant son frein,
Sur le flot frémissant il glisse, se balance,
Tourne au souffle du nord sa voilure, et s'élance
    Sur les ondes en souverain.

Pars ! suivi de nos vœux et chargé de nos palmes ;
Va chercher, à travers les cieux purs, les eaux calmes,
    La victime sur son autel !
Pars ! ô toi qu'au retour attendent nos hommages,
Aujourd'hui vaisseau frêle et sujet aux naufrages,
    Demain monument immortel !

II.

En avant ! c'est l'espace immense
Où les flots succèdent aux flots !
La mer qui toujours recommence....
En avant, braves matelots !
Mais tout à coup quels cris s'entendent ?
— « Terre ! terre ! » — Les bras s'étendent
Vers un rocher sombre et noirci.
Sur le vaisseau les canons grondent ;

LE CERCUEIL DE NAPOLÉON

Les canons du fort leur répondent.....
C'est Sainte-Hélène ! la voici !

Salut ! triste et cruelle plage,
Terre de désastre et de deuil !
Le soleil brûle ton rivage,
Les flots dévorent ton écueil.
Mais quels souvenirs sur ta cime !
Combien ta nudité sublime
Est plus brillante qu'un palais,
Roc où le nouveau Prométhée
Traîna sa chaîne détestée,
Rongé par le vautour anglais !

Salut ! solitaire vallée !
Salut ! saule aux rameaux pendants,
Tombe, où sa dépouille exilée
Dort captive depuis vingt ans !
C'est ici ! levez cette pierre !
Qu'allons-nous voir ? — De la poussière !
Quelques débris d'un fer rouillé !
O néant de nos destinées !
Restes de ce qui, vingt années,
Tint l'univers agenouillé !

Soudain chaque front se découvre,
Les yeux de pleurs sont inondés ;
Et voilà que le cercueil s'ouvre !....
Est-ce un miracle ?.... Regardez.....
— C'est lui ! C'est ce front qu'on adore !
Cet œil fermé va-t-il encore

Fasciner le monde ébloui ?
Exempt du commun anathème,
Va-t-il revivre ? La mort même
N'a pas osé toucher à lui !....

Le cercueil vénéré s'avance ;
Il monte, et du vaisseau tremblant
Nos soldats, courbés en silence,
Ont senti tressaillir le flanc.
Alors, des voûtes éternelles,
On vit un aigle aux larges ailes
Descendre et planer sur le bord ;
Puis, ouvrant sa vaste envergure,
Avec des cris d'heureux augure
Prendre sa course vers le nord.

Le navire, ardent à le suivre,
S'élance sur les flots amers ;
Il court, et sa poupe de cuivre
Fait blanchir les vagues des mers.
Le soleil brûlant des tropiques
L'inonde de splendeurs magiques,
Pareil au soleil d'Austerlitz,
Sous qui le drapeau tricolore
Brilla du couchant à l'aurore,
Couvrant l'univers de ses plis.

III.

Mais bientôt l'Océan gronde, le ciel se voile,
La voix de l'ouragan mugit dans chaque voile ;

Le monde épouvanté s'agite avec effort ;
La mer envahit les campagnes,
Les fleuves débordés descendent des montagnes,
Entraînant après eux le désastre et la mort.

Eh quoi ! même aujourd'hui que tu n'es que poussière,
On ne saurait toucher à ta cendre guerrière
Sans que le monde tremble au bruit de ton cercueil !
Les lauriers, maintenant, attirent donc la foudre !
Et, prêt à replonger l'univers dans la poudre,
L'ange exterminateur veillait sur ton écueil !

O vainqueur ! Dieu t'a fait une grandeur fatale ;
Vivant, tu mis le pied sur l'Europe vassale,
Et l'Europe manqua sous ton pied de géant ;
Mort, tu ne peux dormir paisible,
Et ton cercueil, qui passe avec ton nom terrible,
Fait tressaillir les mers ! — Vaincras-tu l'Océan ?

Quel naufrage sublime entre tous les naufrages,
Si tu t'engloutissais au milieu des orages !
L'Océan, ce concert d'épouvante et d'effroi,
Quelle voix pour chanter l'hymne des funérailles !
L'Océan, cet abîme aux immenses entrailles,
Quel tombeau gigantesque et seul digne de toi !

IV.

Il entre dans la rade, échappé des tempêtes.
Le voilà ! le voilà ! des millions de têtes
S'approchent et disent son nom.
Les acclamations annoncent son passage ;

On n'entend qu'un seul cri, de rivage en rivage :
— « Napoléon ! Napoléon ! »

Le voici dans sa gloire avec ses renommées,
Avec ce drapeau saint qui guidait nos armées ;
  Saluez ! soldats invaincus !
O France ! incline-toi. C'est lui ! c'est le grand homme !
Gloire à ces matelots qui rapportent à Rome
  Les cendres de Germanicus !

Ouvre-toi devant lui, dôme des Invalides !
Et vous, ses compagnons, vous, guerriers intrépides,
  Debout ! à vos rangs ! le voilà !
Dites s'il fut jadis, dans les temps de vos gloires,
Au temps où vous comptiez les jours par des victoires,
  Un jour plus beau que celui-là !

Les ombres de vingt rois, pour l'accueillir venues,
De Paris triomphant bordent les avenues,
  Ainsi qu'un cortége d'honneur !
Toute haine s'endort sur le cercueil sublime,
Et la France, debout, d'une voix unanime,
  Répète : — « Vive l'Empereur ! »

Oui : vive l'Empereur, et honte à ceux qui pleurent !
Napoléon n'est pas de ces héros qui meurent
  Tout entiers sous un monument ;
L'avenir ne peut rien contre sa destinée ;
De siècle en siècle il marche, et d'année en année
  Il grandit éternellement ! ! !

 Décembre 1840.

AMOUR

A MARIE DÉSIRÉE.

Lorsque je vois tes yeux, ma plus vive souffrance
    Sous ton regard s'évanouit ;
Lorsque tu me souris, la fleur de l'espérance
    En moi brille et s'épanouit !

Quand tu me dis : — « Je t'aime ! » — O ma seule adorée,
    Les cieux alors me sont ouverts,
La terre est trop étroite à mon âme enivrée,
    Je suis le roi de l'univers !

Je suis poëte alors ; car les feux du génie
    Rayonnent sur moi de tes yeux ;
Car de ton cœur au mien un fleuve d'harmonie
    Descend à flots mélodieux.

Mais viens-tu par hasard à détourner la tête,
    Je m'égare en tristes accords :
Ma poésie en deuil perd ses habits de fête,
    Ma voix et mon bonheur sont morts.

Et si je cherche encore au dedans de moi-même,
  Comme on cherche un songe au réveil,
Ce que chantait mon cœur quand tu disais : — « Je t'aime ! »
  Quand brillait ton regard vermeil,

La joie et le sourire, avec ton doux visage,
  Abandonnent mon front penché :
L'oiseau mélodieux se tait sous le feuillage,
  Lorsque le soleil est caché.

LE
MONUMENT DE MOLIÈRE

POÈME

Mentionné honorablement par l'Académie Française

CONCOURS DE POÉSIE DE 1843

> Le siècle de Louis, le siècle des beaux-arts
> N'accorda qu'à regret, vaincu par la prière,
> Du pain au grand Corneille, une tombe à Molière.
> C. Delavigne.

Un soir, c'était au temps où la cité du bruit
Ne vivait que le jour et s'endormait la nuit,
A l'heure où, dans Paris, plein de périls sans nombre,
Se hâtait le bourgeois surpris au loin par l'ombre ;
Où le noble, escorté de valets, de flambeaux,
Sous son pesant carrosse et ses quatre chevaux
Faisait frémir le sol durci par la froidure.
Dans une chambre vaste et d'antique structure,
Que l'âtre illuminait de son reflet errant,
Un homme, en son fauteuil, gisait pâle et mourant.
Sur ce noble visage usé par la souffrance
Deux Sœurs de charité cherchaient une espérance,

Et n'y trouvant plus rien que maux et que douleurs,
Mêlaient aux derniers soins des psaumes et des pleurs.
Cet homme, un des plus grands dont notre France est fière,
Était Plaute et Térence, et s'appelait Molière.

Déjà souffrant du mal qui devait l'emporter,
Il avait sur la scène encor voulu monter :
— « Qu'importe ! avait-il dit, maint pauvre camarade
Attend de moi son pain : je joûrai mon *Malade*,
Dussé-je le jouer pour la dernière fois ! »
Paris était venu s'égayer à sa voix.
Mais, répondant du rire aux rires du parterre,
Il avait ressenti l'atteinte meurtrière ;
Il tombait, par la mort frappé d'un trait vainqueur,
Victime de son art et de son noble cœur.

Soudain, comme le feu d'une lampe épuisée
Renaît, brille et s'éteint, cette grande âme usée
Reprend toute sa vie en un dernier effort,
Avant de la céder pour jamais à la mort.
Il laisse errer sa vue autour de cet asile,
Témoin d'une existence en chefs-d'œuvre fertile ;
Il contemple à regret ces livres délaissés,
Ces ouvrages épars et de sa main tracés,
Ces enfants aussi grands que leurs aînés peut-être,
Qui doivent avec lui mourir avant de naître.
Puis il salue enfin les vêtements d'Orgon,
De Tartufe, d'Argan, d'Alceste, d'Harpagon,
Usés sous les bravos d'un public idolâtre,
Et par Louis le Grand applaudis au théâtre,

De cet œil tout-puissant, qui dictait à la fois
Au bon goût des arrêts, aux nations des lois.

Alors, cachant sa tête entre ses mains glacées,
Il exhale en ces mots ses dernières pensées :
— « Je meurs ! et j'avais là bien des choses encor !
Je meurs ! et malgré moi j'emporte mon trésor,
Quand j'étais prêt peut être à léguer à l'Europe
Encor quelque Tartufe ou quelque Misanthrope.
Si ces Français du moins, qu'en les raillant j'aimais,
Maintenant que mon rôle est fini pour jamais,
Que la toile a baisé sur ma scène dernière,
Gardaient le souvenir de leur pauvre Molière !
Ils ne m'oublîront pas ; c'est mon plus doux espoir !
Sur les bancs du théâtre il me semble les voir,
Corrigés par le rire et devenus plus sages,
Applaudir aux portraits tracés dans mes ouvrages !
Ils se lèvent en foule, et mon front couronné....!
A ce bel avenir suis-je donc destiné ?
Je crois voir... Oui ! je vois, rassemblé dans la rue,
Le peuple de Paris saluer ma statue !
Pardonnez-moi, mon Dieu, ma folle vanité ! »
Soudain, croisant les bras sur son cœur agité :
— « J'étouffe ! » ajouta-t-il, et ses lèvres plaintives,
Aux prières des Sœurs à sa voix attentives,
Tentèrent de mêler quelques soupirs confus ;
Il se tut, s'arrêta.... Molière n'était plus !

Le lendemain, les cris de cette foule vaine,
Qui se livre en aveugle au premier qui l'entraîne,

Et ne sait respecter ni les pleurs ni le deuil,
Du grand poëte mort outrageaient le cercueil.
Un ministre du Dieu d'amour et de prière
Refusait une tombe à l'humaine poussière
De qui vécut en sage et mourut en chrétien :
Paris était ligué contre un homme de bien.
L'absurde fanatisme animait d'un saint zèle
Tous les Orgon du jour, gens à faible cervelle,
Qui, pour justifier ce refus absolu,
Alléguaient le *Tartufe* et ne l'avaient pas lu.
Enfin, ce fut par grâce, ô honte de l'histoire!
Que ce siècle des arts, des talents, de la gloire,
Ce siècle de Louis, si brillant et si beau,
Fit à Molière mort l'aumône d'un tombeau!

Génie observateur, dont la vue exercée
Lisait si bien au fond de l'humaine pensée,
T'étais-tu donc trompé pour la première fois,
Lorsqu'en songe tu vis la France, d'une voix,
Décernant à ta cendre un hommage suprême,
En honorant ton nom, s'honorer elle-même?
Non! tu savais trop bien qu'en un sûr avenir,
L'heure de la justice à son tour doit venir.
Tu te l'étais prédite et tu l'as attendue.
L'homme peut, du génie, à qui la gloire est due,
Insulter la puissance et renverser l'autel ;
Le génie attendra, car il est immortel !

Deux siècles ont passé. Tous ces nains dont la rage
Prodiguait au grand homme et la haine et l'outrage,

Ces détracteurs, ce peuple ameuté contre lui,
Ces ennemis si fiers, où sont-ils aujourd'hui?
Ils dorment sans mémoire, et l'oubli les dévore,
Sans qu'on daigne une fois les évoquer encore
Du néant éternel où Dieu les a plongés,
Pour leur montrer Molière et la raison vengés.
Car l'heure expiatoire à son tour est venue;
La France a mieux compris cette âme méconnue
Et, par ses œuvres même, instruite à l'admirer,
Au moderne Ménandre a voulu consacrer
Un de ces monuments dont la splendeur rayonne
Du talent qui l'obtient au peuple qui le donne.
Au lieu même où Molière expira, triste, seul,
Dans la rue où le peuple insulta son linceul,
Sur le sol illustré par sa demeure antique,
Visconti fait surgir un élégant portique.
Là, comme dans un temple immortel désormais,
Brille un socle superbe, où veillent à jamais
Deux Muses que Pradier, ce nouveau Praxitèle,
Fit naître et revêtit d'une forme immortelle.
La première, enfant pure, au maintien sérieux,
Élève noblement son front aimé des cieux.
Semblable en sa parure à ces vierges d'Athène,
Qui nouaient d'un bandeau leurs longs cheveux d'ébène;
Comme elles belle et fière, et sur un corps charmant
Drapant à plis nombreux un chaste vêtement,
Elle montre à nos yeux et nous personnifie
Cette moralité, cette philosophie
Par lesquelles Molière, *illustrant ses écrits*,
Sur la scène comique *a remporté le prix*.

La seconde, plus leste, en sa grâce mutine,
Semble allier Scapin, Sganarelle et Martine.
Du lierre inspirateur ses cheveux couronnés,
Sur un front souriant flottent dissiminés;
Sa robe ouverte échappe à sa gorge lascive;
Son geste est agaçant, son œil gai, sa main vive;
Elle tient ce bâton à frapper toujours prêt
Sur Géronte ou Dandin, Sosie ou Jodelet.
L'autre avait la sagesse, elle a pris la folie;
L'autre est belle, il lui sied de n'être que jolie;
Elle est le type enfin du gros rire joyeux,
Du comique bouffon qui charmait nos aïeux.
Toutes deux cependant, par diverses idées,
Tendant au même but, toutes deux accoudées
Au piédestal sublime où Molière est assis,
Attachent sur lui seul leurs yeux et leurs esprits.

Molière, en cette noble et rêveuse attitude,
Que lui donnaient jadis la pensée et l'étude,
Semble les dominer de toute sa hauteur.
Son large front s'incline, et son œil scrutateur
Fixé sur cette rue où la foule, sans cesse,
Comme en un centre afflue, et se croise, et se presse,
Étudie à loisir ces visages divers :
Les masques ont changé, mais non pas les travers.
Seurre ainsi nous le montre, ainsi, dans son œil grave
Et sur sa noble bouche, un sourire se grave,
Sourire amer et doux qui juge les humains.
La plume, le papier sont encor dans ses mains;
Il pense, il va parler ! il vit.... La France entière

D'un généreux transport te salue, ô Molière!

Et vous, Sénat illustre entre mille rivaux,
Arbitres du bon goût, qui par vos longs travaux,
Surpassez de si loin quiconque écrit et pense,
Vous, l'exemple du monde et l'orgueil de la France;
Au Comique immortel vous offrez aujourd'hui
Un monument plus beau, plus grand, mieux fait pour lui :
Ce prix donné par vous, dans ce séjour insigne,
Voilà le piédestal dont Molière était digne,
Car il n'est pas fondé sur le marbre ou l'airain,
Frêles sujets du Temps, soumis au lendemain,
Mais sur ce qui peut rendre une gloire infinie,
Sur le culte et l'amour qu'inspire le génie!
Osez donc maintenant, osez anéantir
Ces mots tracés jadis au jour du repentir :
— « Rien ne manque à sa gloire, il manquait à la nôtre! »
Ce cri d'un autre temps n'est plus fait pour le vôtre.
Lorsque désavouant d'injustes devanciers,
L'Académie en deuil couronna de lauriers
Le buste de Molière accueilli comme un hôte,
Elle se fit honneur en confessant sa faute.
Mais en plaçant si haut le poëte outragé,
De ses persécuteurs vous l'avez mieux vengé;
Vous avez à la vôtre enchaîné sa mémoire :
— « Molière est désormais acquis à votre gloire! »

BOUQUET DE BAL

A MARIE DÉSIRÉE.

Alors, c'était au temps où je doutais encore,
Où je disais tout bas, follement éperdu :
— « Je ne suis pas aimé ; c'est en vain que j'adore ! »
Et ton regard au mien n'avait pas répondu.

Alors, voyant mes fleurs à l'abandon laissées,
Voyant le bal joyeux de leurs débris semé,
Je me livrais en proie à mes tristes pensées,
Et je désespérais d'être jamais aimé.

Ah ! laisse maintenant, pour toute la soirée,
Le bouquet oublié se faner dans un coin ;
Pourvu que par instants je voie, ô Désirée !
Tes yeux, mon tendre espoir, me sourire de loin !

Qu'importe le parfum qui meurt avec la rose,
Ou le camélia qui tombe sous tes pas !
N'est-il pas une fleur, dans nos deux cœurs éclose,
Fleur au parfum divin, fleur qui ne mourra pas ?

LES DEUX ANGES

A MON CHER FILS PAUL.

Quand j'ignorais encor que la vie est amère ;
Quand je ne connaissais, de ce monde nouveau,
    Que la douce voix de ma mère
Et son visage aimant penché sur mon berceau,

Un ange radieux me souriait en rêve ;
Sa tête aux cheveux blonds brillait d'un éclat pur
    Comme l'aurore qui se lève,
Et je lisais l'espoir dans ses grands yeux d'azur.

Il volait devant moi tel qu'un oiseau rapide ;
Me couvrant de son aile, et la paix du Seigneur
    Inondait mon âme limpide ;
Car cet ange adoré s'appelait LE BONHEUR.

Mais les jours ont passé ; le messager de joie
Qui devançait mes pas, s'est lassé du chemin ;
    Il s'est détourné de ma voie,
Sa main consolatrice a délaissé ma main.

A peine si parfois je l'entrevois encore,
Cet astre qui brilla sur mon joyeux matin.
    Il fuit, pâlissant météore,
Et se perd dans la brume à l'horizon lointain:

Il ne reviendra plus, aux heures de tristesse,
Illuminer ma nuit d'un rayon de ses yeux;
    Dans mon cœur ses chants d'allégresse
Ne réveilleront plus un seul écho joyeux.

Doux ange, cher soutien de mon heureuse enfance,
Qui me guidais partout, quand je n'avais senti
    Ni la tristesse ni l'offense,
Pour quels bords préférés, doux ange, es-tu parti?

Es-tu sous l'humble toit, où je te vis sourire
Dans les yeux de ma mère, à mon premier réveil?
    Aux bords du ruisseau qui soupire?
Dans le bois qui frémit au lever du soleil?

Es-tu sous les cyprès, au coin du cimetière,
Où j'ai vu déposer mon frère, mon seul bien,
    Pauvre enfant qui dort sous la pierre,
Cœur brisé, qui jamais ne battra près du mien?

Es-tu dans un baiser de celle qui, tranquille,
Repose sur mon sein gonflé d'émotion;
    Comme dans son nid qui vacille,
Près des flots orageux se berce l'Alcyon?

LES DEUX ANGES.

Es-tu dans ces milliers de limpides étoiles,
Dont j'admirais, enfant, l'éclat mystérieux?
    Où te caches-tu? sous quels voiles?
Es-tu sur terre encore? as-tu fui dans les cieux?

Hélas! c'est un autre ange au sévère visage
Qui me montre aujourd'hui l'horizon menaçant.
    Il marche au milieu d'un orage,
Et ses yeux sont rougis de larmes et de sang.

Lorsque vers l'avenir, où maint éclair s'allume,
Il tourne son œil morne et son front sans couleur,
    Mon cœur se gonfle d'amertume;
Car cet ange effrayant s'appelle LA DOULEUR.

Adieu donc pour jamais, bel ange de la joie!
Toi, son frère, salut! je t'attends sans remord;
    C'est aussi le ciel qui t'envoie,
Ainsi que l'ouragan, la tempête et la mort.

Salut, ange des pleurs! je te crains et je t'aime;
Je te crains, car ton œil est noir comme la nuit;
    Je t'aime, car sur ton front blême
J'entrevois un reflet du jour pur qui te suit.

Je te crains, car ta main fatale et toujours sûre
Ne doit toucher mon cœur que pour l'endolorir.
    Je t'aime, car chaque blessure
Rend mon âme plus forte et m'apprend à souffrir.

Frappe donc! je suis prêt. Bien que mon cœur chancelle,
L'espérance y survit, rebelle à ton pouvoir.
  La Consolatrice éternelle
Dort jusque dans les plis de ton vêtement noir.

Que dis-je, Esprit fatal! mon cœur n'est point ta proie,
Un astre brille encor dans mon ciel assombri,
  Car je vois l'ange de la joie
S'éveiller dans les yeux de mon enfant chéri.

LA JEUNE FILLE
ET LE RUISSEAU

BALLADE SUÉDOISE

La jeune fille, assise sur la rive,
    Baigne ses pieds dans le ruisseau ;
Quand une voix à son oreille arrive
    En gémissant du fond de l'eau :

— « Que faites-vous, enfant aux tresses blondes ?
    Ne troublez pas mon cristal pur.
Je ne vois plus dans mes limpides ondes
    Se refléter le ciel d'azur. »

Les yeux en pleurs, la triste jeune fille
    Se penche et dit : — « Ruisseau plaintif,
Ne gémis pas si ton cristal qui brille
    Se trouble sous mon pied furtif.

« L'onde mobile, à présent agitée,
    Dans un moment s'éclaircira,

Et de l'azur l'image reflétée
 Plus brillante y resplendira.

« Mais quand tu vis ce jeune homme sourire
 En me parlant à deux genoux,
C'était à lui qu'il aurait fallu dire :
 — « O jeune homme, que faites-vous ?

« N'agitez pas d'un trouble qu'il ignore
 « Ce cœur pur et silencieux,
« Qui ne pourra ni s'éclaircir encore,
 « Ni refléter l'azur des cieux ! »

RETRAITE

A MARIE DÉSIRÉE.

>Ille mihi terrarum præter omnes
>Angulus ridet.
>   HORACE.

Viens! réfugions-nous ensemble
Loin de la foule, loin du bruit,
Loin de ce Paris où je tremble
Pour mon bonheur que tout détruit.

Viens! le logis qui nous recueille
N'a rien d'orgueilleux ni de grand;
Mais la vigne et le chèvrefeuille
Lui font un ombrage odorant.

Pauvre demeure inaperçue,
Ses murs sont gris et déjà vieux;
De son toit la tuile moussue
N'attire pas l'œil envieux.

Mais le soleil levant la dore
Au matin d'un premier regard ;
Le soir il la salue encore
Comme une amie à son départ.

Le jardin n'est qu'une corbeille,
Mais il est tout rempli de fleurs ;
Maint papillon et mainte abeille
Du miel y butinent les pleurs ;

Et sur la charmille petite
Que franchit l'oiseau voltigeant,
Le jasmin et la clématite
Ouvrent leurs étoiles d'argent.

Un arbrisseau, de sa verdure,
Y couvre cent êtres unis,
Les uns creusant la terre obscure
Les autres bâtissant leurs nids.

Sous une feuille un peuple existe :
La mouche y suspend son essor,
La fourmi noire y suit sa piste,
La chenille y tend ses fils d'or.

Un monde entier s'agite et passe
Dans ce coin béni du Seigneur.
A quoi bon chercher plus d'espace,
En faut-il tant pour le bonheur ?

Sceaux. Août 1849.

L'ÉTOILE DU SOIR

SONNET

Pense à moi, pour calmer ta peine,
Quand le soleil, qui s'est enfui
Sous l'horizon de pourpre, entraîne
Ses derniers rayons après lui.

Sur le front de la nuit sereine,
Quand la première étoile a lui,
Telle qu'un diamant de reine,
Pense à moi dans ton triste ennui.

Car c'est l'heure où le cœur soupire,
Où l'absent vers qui l'on aspire,
Tient ses regards au ciel fixés ;

Il cherche la première étoile,
Et de larmes son œil se voile
Au souvenir des jours passés.

SUR LA MORT
D'UN CHAT FAVORI

A MADAME VICTORINE R***

C'était dans un riant parterre :
Les roses, filles du Printemps,
Embaumaient les cieux éclatants
Des plus doux parfums de la terre.

Trilby courait par le jardin,
Se faisant jeu de toutes choses,
Des herbes, du sable, des roses.
Il arriva près du bassin.

D'abord, côtoyant le rivage,
Il en fit le tour, s'approcha,
S'enfuit, revint, puis se pencha.
O témérité du jeune âge !

Alors, quel prodige inouï !
Il voit, chaque fois qu'il s'avance,
S'avancer de même, en silence,
Un compagnon semblable à lui.

SUR LA MORT D'UN CHAT FAVORI.

Ce sont bien des formes pareilles,
C'est bien son air doux et hardi,
Son front avec grâce arrondi,
Ce sont ses mobiles oreilles.

C'est bien son pelage soyeux,
Zébré de lignes chatoyantes,
Ses longues moustaches brillantes,
Les émeraudes de ses yeux.

Il regarde et frémit de joie ;
Son dos se gonfle avec amour ;
Sa queue, en ondoyant contour,
S'étend, se roule et se reploie.

A son plus léger mouvement,
La vision enchanteresse
Semble lui rendre sa caresse
Et se rapprocher doucement.

Il se penche, se penche encore ;
Son mauvais destin l'a poussé,
Dans l'eau trompeuse il a glissé,
Et la vision s'évapore !....

Vainement trois fois sur les flots
Il releva sa tête humide,
En invoquant la Néréide
Qui resta sourde à ses sanglots.

Au milieu de l'herbe embaumée
Voyez-le maintenant glacé ;
Les ondes ne nous ont laissé
Que sa dépouille inanimée.

Ses yeux ne se rouvriront plus ;
Vainement sa mère plaintive
Fera retentir sur la rive
Ses gémissements superflus.

Adieu pour jamais sa tendresse
Qui vous amusait tous les jours,
Adieu ses pattes de velours
Et sa doucereuse allégresse !

Jamais plus vous ne le verrez,
Étalant sa grâce coquette,
De sa tête aujourd'hui muette,
Caresser vos pieds adorés.

Vos légers pelotons de soie
Se reposeront désormais ;
Ils ne lui seront plus jamais
Un sujet de jeux et de joie.

Que de biens en un jour perdus !
Pour tant de beauté, tant de charmes,
Madame, gardez quelques larmes ;
Votre joyeux Trilby n'est plus !

PETIT OISEAU

Petit oiseau, petit oiseau,
Qui viens confiant, toi si frêle,
Sautiller et frémir de l'aile
Tout près de nous sur un rameau,
Tu charmes la vue attentive
De mon Paul qui te suit des yeux.
Voyageur ailé, fils des cieux,
D'où viens-tu donc sur notre rive?

Petit oiseau, petit oiseau,
Connais-tu de mon doux village
Le vieux clocher, le frais ombrage
Où dorment les morts au tombeau?
Connais-tu la tombe fleurie
De mon frère que tant j'aimais,
Qui s'en est allé pour jamais
Revivre en une autre patrie?

Petit oiseau, petit oiseau,
Va, sur la tombe toujours verte,

Cueillir la fleur bleue entr'ouverte
Aux premiers feux du jour nouveau,
La fleur qui dit : — « A toi je pense,
Absent qui ne peux revenir ! »
Fleur qui lègue le souvenir
A ceux qui n'ont plus l'espérance.

Petit oiseau, petit oiseau,
Reviens vite en notre demeure,
Où mon petit Paul rit et pleure,
Porter la fleur à son berceau.
J'attacherai le doux emblème
Entre ses rideaux satinés.
Les reliques de ceux qu'on aime
Portent bonheur aux nouveaux-nés.

L'ENFANT PERDU

Ces vers sont le simple récit d'un fait qui s'est passé à Montigny, près Rouen,
en août 1846.

Enfants, ne courez pas trop avant dans les bois.
De celui qui s'y perd on n'entend plus la voix ;
Il ne reverra plus ni sa chère demeure,
Ni les jeux qu'il aimait, ni sa mère qui pleure,
Et qui l'appelle en vain dans les sentiers fleuris.
Le vent de la forêt emportera ses cris.

Là-bas, pareil au nid caché sous le feuillage,
Il est un toit de chaume écarté du village,
Par les bois entouré, seul et silencieux.
C'était là que vivaient, loin du bruit et des yeux,
Une veuve et son fils grandi sous la feuillée,
Un lutin de six ans à la mine éveillée,
Grand dénicheur d'oiseaux, chasseur de papillons,
Plus qu'un roi dans sa pourpre, heureux dans ses haillons.
— Sous le modeste abri de leur vie inconnue,
De la ville voisine une femme est venue,
Une mère, amenant, peut-être pour mourir,

Sa fille qui souffrait sans espoir de guérir.
Un fils l'accompagnait, ange plus frais, plus rose
Que la fleur d'églantier sur les buissons éclose,
De sa mère l'espoir et la félicité,
Et qui trois fois encor n'avait pas vu l'été.

Belle enfance! âge heureux, où l'âme pure et franche,
Comme un lis au soleil, toute en parfum s'épanche,
Où le cœur sans détour s'ouvrant à l'amitié,
Ne sait ni recevoir ni donner à moitié.
Le jeune villageois, dans son étroit domaine,
Accueille avec transport, avec orgueil promène
L'enfant de la cité, pour qui tout est nouveau.
A lui le plus beau sable et le fruit le plus beau,
Les fleurs, les papillons; à lui mille autres choses
Qu'embellissent ses doigts si petits et si roses.
Il faut tout voir, tout prendre. — Allez, beaux étourdis,
Jouissez d'être heureux dans votre paradis,
Sans chercher au dehors de brillantes chimères.
Allez, et suivez bien les avis de vos mères :
Dieu versa, dans ces cœurs qui vous ont mis au jour,
Sa plus sainte prudence et son plus pur amour.
Si vos mères ont dit que vous restiez près d'elles,
Ne croyez pas qu'au loin les routes soient plus belles,
Ne quittez pas l'enclos! — Mais l'oiseau fugitif
Au travers de la haie a pris un vol furtif;
Il faut trouver son nid dans sa verte retraite.
Plus loin, un papillon de fleur en fleur s'arrête;
On court, on le poursuit sous le soleil brûlant.
Le faible enfant bientôt marche d'un pas plus lent,

L'ENFANT PERDU.

Il s'attarde aux genêts dont la fleur d'or embaume,
Aux taillis d'où la fraise exhale un doux arôme ;
Et déjà le soleil, sous l'ombrage plus noir,
Versait obliquement ces longs rayons du soir
Où d'insectes dorés un flot poudreux s'agite.
Le jeune villageois s'est avancé plus vite.
Tout à coup, au détour d'un chemin écarté,
Il s'arrête, il est seul....! A son cri répété
Rien ne répond au loin que l'écho solitaire.
Il va, tant qu'un rayon luit encor sur la terre,
Cherchant son compagnon par sa faute égaré.
La nuit se fait obscure, et, seul, désespéré,
Il gagne en sanglotant la maison paternelle.
Mais il n'ose y porter la terrible nouvelle ;
Il attend avec crainte, et blotti dans un coin,
Qu'une inquiète voix le rappelle de loin.
Enfin il se décide à quitter sa cachette.
— « Qu'as-tu fait de mon fils ? » — L'enfant baisse la tête,
Il se tait ; mais pour lui ses yeux ont répondu.
La mère a tout compris ; son enfant est perdu.
Son fils, dernière fleur de larmes arrosée,
Seul rayon qui brillât dans son âme épuisée,
Seule voix qui d'espoir lui parlât en secret
Près du lit douloureux où sa fille expirait.
Perdu ! qui comprendra le terrible martyre
De ce cœur que l'angoisse en deux moitiés déchire ?
Que faire ? demeurer, ou courir dans les bois ?
Lequel choisir ? comment s'immoler à la fois
A ces deux désespoirs qui partagent son être :
Sa fille qui se meurt et son fils mort peut-être ?

L'anxiété l'emporte, et, pâle, l'œil hagard,
En appelant son fils elle court au hasard.
Le jour la retrouva livrée à l'affreux doute,
Redemandant son fils au passant sur la route,
A la ferme isolée, au village, en tout lieu....
Personne ne l'a vu, personne.... excepté Dieu.
— Seul un vieux bûcheron, au milieu du bois sombre,
A, dit-on, entendu des cris plaintifs dans l'ombre.
— Tous les gens du hameau consommèrent ce jour
A courir la forêt et les bois d'alentour.
Bien longtemps les crieurs, dans la ville voisine,
Firent tinter leur cloche à la voix argentine,
Et retentir partout ce cri désespéré :
— « Ramenez à sa mère un enfant égaré ! »

La nuit vient de nouveau, nuit sombre, nuit d'orage ;
Ainsi qu'un linceul noir, un ténébreux nuage
S'étend sur la forêt ; la foudre gronde et luit :
Le tonnerre est tombé six fois dans cette nuit !
Chacun sans espérance a gagné sa chaumière ;
Sa mère espère encore, elle court, la dernière,
Sous ces flots pluvieux dont rien ne la défend ;
Elle tremble, elle a peur,... oui, peur... pour son enfant !
L'éclair guide ses pas, et sa voix plus perçante
Vibre dans la forêt sous le vent mugissante....
Et rien...! L'aube apparaît. Dans son dédain cruel,
La terre en s'éveillant sourit aux feux du ciel ;
La forêt tout humide en est plus belle encore,
Et l'hymne des oiseaux a salué l'aurore.
Pauvre mère ! elle va, tombant à chaque pas ;

Mais elle se relève et ne s'arrête pas.
En la voyant errer sans but et sans parole,
Le passant matinal dit tout bas : — « Elle est folle! »
Le délire, en effet, de sa force vainqueur,
A tout espoir brisé succédait en son cœur.
Grand Dieu! Là, sur le bord de la mare fangeuse,
Où s'amassent les eaux de la nuit orageuse,
C'est un soulier d'enfant, c'est le sien!.... Il est là!
N'a-t-elle pas cru voir, sous l'onde qui s'enfla,
Sa tête s'élever convulsive, inondée?
Mais, non; de chaque bord l'onde est longtemps sondée;
Rien n'est trouvé... Son fils n'est pas mort sous les eaux.
Elle se lève, elle erre à travers les roseaux;
La ronce la déchire, elle marche, intrépide;
Qu'importe la douleur! Dieu lui-même la guide.
Que voit-elle là-bas? un lambeau suspendu....
Et là.... sous un buisson.... c'est lui, l'enfant perdu!

Dieu! qu'il avait pâli ce beau visage d'ange!
Sur l'herbe, inanimé, sanglant, souillé de fange,
Il était étendu. — D'un bond précipité
Jusqu'au lit de sa sœur la mère l'a porté,
Et la sœur, pâlissant de joie et d'espérance,
A tout à coup senti décroître sa souffrance.
Mais son frère doit-il survivre à ses douleurs?....
Lorsque l'orage a fui, Dieu prend pitié des fleurs.
Ses yeux, encor gonflés par son angoisse amère,
Ses yeux se sont ouverts pour sourire à sa mère....
Et la mère inondait de ses larmes d'amour
Ses deux enfants que Dieu lui rendait en un jour.

28.

PAYSAGE

A ALBERT HAUGUET.

Ami, j'étais assis sur la falaise ardue,
D'où mes yeux embrassaient un immense pays ;
Et, rêveur, je laissais errer dans l'étendue
    Mes regards éblouis.

Je voyais devant moi ma verte Normandie,
Ses prés couverts de fleurs, ses fertiles guérets,
Et ses monts, où soufflait une brise attiédie
    Par l'ombre des forêts.

Le soleil rayonnait au-dessus de ma tête ;
De bleuâtres vapeurs à l'horizon flottaient,
Et les vieux toits de chaume avaient un air de fête,
    Et les oiseaux chantaient.

Un gothique clocher perçait entre les arbres,
Roi du village, et fier de son noble appareil ;

PAYSAGE.

Les rochers éloignés brillaient comme des marbres,
  Aux rayons du soleil.

La Seine, découpant le vaste paysage,
Errait, serpent d'azur au gracieux contour,
Reflétant sur ses eaux et le ciel sans nuage
  Et les bois d'alentour.

Elle se divisait parmi de vertes îles,
Puis dans un vallon creux cachait son cours changeant,
Enfin reparaissait entre deux champs fertiles,
  Comme un ruban d'argent.

Ce grand fleuve à mes pieds, et cet horizon vaste,
Ces champs, ces monts, ces bois, ce village écarté,
Composaient un spectacle immense, plein de faste
  Et de sérénité.

Alors je vis de loin apparaître les hunes
De deux sloops qui voguaient ensemble remontant ;
Entre leurs mâts légers s'enflaient ces voiles brunes
  Dont l'aspect te plaît tant.

Ils couraient tous les deux avec les mêmes brises ;
Pour tous deux le soleil n'avait qu'un seul rayon,
Et les flots, soulevés par leurs carènes grises,
  Ne formaient qu'un sillon.

Or doucement vers toi mon âme ramenée,
Tandis que mon regard se perdait sur les eaux,

Comparait de nos jours la double destinée
    Aux deux légers vaisseaux.

Ainsi tous deux, bercés entre de beaux rivages,
Sous un dôme d'azur et sur de calmes flots,
Puissions-nous n'embarquer, pour nos heureux voyages,
    Que de gais matelots;

Puissions-nous, si le vent séparait nos voilures,
Après avoir du temps éprouvé les rigueurs,
Nous retrouver, changés peut-être de figures,
    Mais semblables de cœurs;

Alors, comme ces sloops remontant de conserve,
Lassés de tous les flots rebelles ou soumis,
Surgir enfin au port que le ciel nous réserve,
    Toujours, toujours amis!

DERNIER VŒU

Quand vous rendrez ma dépouille à la terre,
Ne placez point de marbre sur mon corps,
Pour qu'au printemps quelque fleur solitaire
Y puisse éclore et parfume au dehors.

Les morts couchés sous de pompeuses tombes
Ne sentent pas nos larmes les mouiller,
N'entendent pas roucouler les colombes,
Ni les oiseaux le matin gazouiller.

A tout jamais pèse sur leur poitrine
Un marbre épais encor plus glacé qu'eux,
Que le soleil vainement illumine,
Sans qu'au travers passe un rayon joyeux.

De leur ennui rien ne vient les distraire,
Et si le cœur que la vie a quitté
Palpite encor dans son lit funéraire,
Qu'il doit souffrir pendant l'éternité !

Déposez-moi dans les champs, sous la mousse,
Semez autour des fleurs et du gazon,
Qu'au renouveau quelque buisson y pousse,
Que les oiseaux y fassent leur maison.

Que sans effroi les filles du village,
Après la danse, y cueillent, vers le soir,
La fleur des prés dont le muet langage
Parle d'amour et présage l'espoir.

N'y mettez pas d'épitaphes ornées,
Rien qu'une croix où vous puissiez venir,
Et qui, détruite au bout de peu d'années,
Aura duré plus que mon souvenir.

LA
STATUE DU POUSSIN
AUX ANDELYS

Et in Arcadiâ ego.

Seine, fleuve immortel, fleuve aux limpides ondes;
Tu roules doucement par les plaines fécondes,
Par les riches cités, en sinueux détours;
Comme si tu voulais, Naïade fugitive,
Épuiser tes trésors sur la fertile rive
    Où tu suis ton paisible cours.

Arrête, et viens mêler, témoin de notre joie,
Ta fraîcheur à l'air pur que le printemps envoie;
Tu dois favoriser notre pieux dessein.
Et toi, sous ta forêt, près de l'onde étalée,
Embaume l'air des fleurs de ta verte vallée,
    Cité, frais berceau du Poussin.

Longtemps tu souhaitas cette grande journée;
Longtemps Poussin absent troubla ta destinée;

Par son image enfin tes murs sont embellis.
En payant cette dette à toi-même, à l'histoire,
Lève un front orgueilleux et tressaille de gloire,
  Ville antique des Andelys.

O Poussin! tu revis; nous te voyons encore
Tel qu'aux jours où l'idée ardente et près d'éclore
Fermentait dans ton cœur sourdement combattu.
On lit dans ton regard, dans ta tête pensante,
Le long enfantement de quelque œuvre naissante :
  O Poussin! à quoi rêves-tu?

  Rêves-tu de la plaine immense
  Que nourrit le Nil fortuné?
  Sur l'onde un berceau se balance,
  Où dort Moïse nouveau-né.
Fille des Pharaons, la brune souveraine
Ordonne, et le pêcheur au fleuve qui l'entraîne
  Ravit l'enfant prédestiné;

  L'enfant aux Hébreux salutaire,
  Que tu peins foulant sur la terre
  La couronne de Pharaon,
Délivrant Israël de son long esclavage,
Faisant tomber sur lui la manne du nuage,
  Et changeant en serpent sauvage
  La verge d'Aaron.

  Vois-tu, dans la profane histoire,
Rome, par un forfait préludant à sa gloire?

LA STATUE DU POUSSIN.

Romulus a donné le signal, et soudain
L'épouvante, les cris ont remplacé la joie,
  Et la Sabine, faible proie,
S'agite vainement dans les bras du Romain.

Ou des antiques mœurs cherches-tu le modèle?
Eudamidas, couché sur son lit de douleur,
Lègue à la piété de son ami fidèle
Le soin de soutenir et sa mère et sa sœur.
Naïveté sublime, empreinte d'un tel signe
De noble confiance et de vrai dévoûment,
Que, pour la bien comprendre, il fallait être digne
De faire ou d'accepter un pareil testament!

Mais te voilà touché d'une ferveur nouvelle.
  A ses genoux Jésus t'appelle :
  Qu'il est pur! qu'il est gracieux!
Sa Mère virginale entre ses bras le presse;
  Vers saint Jean, que sa main caresse,
  Son regard tendrement s'abaisse,
Divin reflet d'un cœur aussi grand que les cieux.

Qui mieux que toi comprit cette essence divine?
Le voilà! tu peins l'homme, et le Dieu se devine;
Il parle, et sa voix sainte éveille un noble écho;
Soit qu'avec quelques mots écrits sur la poussière,
Il chasse les bourreaux de la femme adultère,
Soit qu'il rompe le pain ou rende la lumière
  Aux aveugles de Jéricho.

Oui ! l'on t'a bien nommé le Peintre des pensées !
Voici que les Saisons, les mains entrelacées,
Autour du dieu Janus vont dansant devant toi.
Le Temps, qui les regarde avec un fin sourire,
Fait vibrer sous ses doigts les cordes de sa lyre,
  Et de leurs pas règle la loi.

Un semblable sujet t'inspire un nouveau rêve.
  — Le Printemps devient la blonde Ève,
Dont nul désir impur n'a fait battre le sein.
— L'Été, c'est la moisson, c'est Ruth, humble Glaneuse,
Ramassant les épis que, de sa gerbe heureuse,
Booz a sur ses pas répandus à dessein.
— L'Automne offre un raisin de la terre promise....
— Mais l'espace est voilé d'une ombre épaisse et grise ;
Le soleil obscurci dans les cieux s'est perdu ;
La foudre a sillonné les airs ; l'homme éperdu,
Poursuivi par les eaux dans sa barque fragile,
Vers Dieu qui le poursuit lève un bras inutile ;
L'onde envahit les toits, submerge les nochers ;
Les reptiles impurs glissent sur les rochers.
Rien ne sera sauvé de l'immense tempête ;
Ni celui qui des monts a pu toucher le faîte,
Ni celui qui se fie aux pieds de ses chevaux,
Ni l'enfant nouveau-né que, sans espoir, sa mère,
Sublime de douleur, élève vers son père :
L'onde immense ouvre à tous de mobiles tombeaux.
L'arche seule au lointain flotte, divin refuge ;
 C'est l'Hiver, la terreur, la mort, c'est le Déluge !

LA STATUE DU POUSSIN.

Qu'un jour plus pur succède à ces nuits de douleur !
Porte, blanche Colombe, un rameau d'espérance !
L'Arc-en-ciel resplendit en signe d'alliance,
La terre sort des eaux ; le Nature est en fleur.

Venez, Nymphes des bois, remplir votre corbeille !
Venez, Faunes, ravir au printemps de retour,
Ces trésors fugitifs de la saison vermeille,
    Trop beaux pour durer plus d'un jour.
Des fleurs ! des fleurs encore ! enlacez les guirlandes !
Flore vient sur un char brillant de vos offrandes,
Elle laisse après elle un parfum dans les bois ;
La rose sur ses pas s'ouvre et se renouvelle,
Du rossignol caché la chanson est plus belle :
Tout aime, tout fleurit, tout renaît à la fois.

N'est-ce pas le printemps de notre Normandie
Qui t'a de cette page inspiré la splendeur ;
Qui t'a fait voir encor, des champs de l'Arcadie,
    La luxuriante fraîcheur ?
Et, dans le frais vallon qu'un ciel pur illumine,
    La tombe où le berger s'incline,
    Lisant sur la pierre en ruine :
    — « Et moi je fus aussi pasteur ! »

Retour plein de pensée et de mélancolie,
Image de la mort au milieu de la vie !
— « Vous aussi, » dit la tombe, « amants, jeunes époux,
Bergers, pour qui la vie est si pure et si douce,
Un jour vous dormirez, comme lui, sous la mousse,
Où, jeune et beau jadis, il dansa comme vous ! »

Que de rêves encore en ton cœur tu caresses !
Tableaux ingénieux, formes enchanteresses,
Paysages baignés par un soleil divin ;
C'est la claire fontaine où se mire Narcisse,
La rive du Pénée où succombe Eurydice,
Le cours de l'Eurotas et les bords du Jourdain.

En vain l'Envie atroce, en vain la Calomnie,
Ont tenté d'enchaîner l'essor de ton génie,
Il est grand, il est fort comme la Vérité,
Comme la Vérité que tu peins si puissante
Et que le Temps vengeur enlève triomphante
    Au séjour de l'Éternité.

O Poussin ! dans ces traits, sur ce bronze immobile,
N'ai-je pas vu la vie apparaître un instant,
Le crayon s'agiter dans cette main habile,
Dans ces yeux resplendir un regard éclatant ?

S'il est vrai, si, planant sur ta chère patrie,
Tu jettes vers la terre un radieux coup d'œil,
En voyant à tes pieds se presser la Neustrie,
Ton cœur doit tressaillir d'un généreux orgueil.

Quand la Grèce à ses Dieux élevait des images,
Le génie, avec eux, obtenait un autel.
Nous te déifions aussi par nos hommages,
Et ton génie est Dieu, puisqu'il est immortel.

1846.

AVRIL

Mois d'ivresses
Qui nous laisses
Tes richesses,
Mois d'Avril,
Qui rappelles
Les fidèles
Hirondelles
De l'exil;

Sur ta trace
Dans l'espace,
Zéphyr chasse
Les autans;
Chaque aurore
Qui te dore
Fait éclore
Un printemps.

Rien n'outrage
Ton feuillage,

Point d'orage
Importun.
Toute rose
Est éclose
Et t'arrose
De parfum.

La pervenche
Bleue et blanche
Au vent penche
Toute en pleurs;
Et l'abeille
Qui sommeille
Se réveille
Dans les fleurs.

La fauvette
Gentillette,
Qui caquette
Tout le jour,
Sémillante,
Sautillante,
Vole et chante
Tour à tour.

Seul le tremble
Là-bas tremble;
Le lac semble
Un miroir;
Et chaque île,

AVRIL.

Frais asile,
Y vacille,
Belle à voir.

Là s'incline
La colline
Que domine
Un clocher.
Dans l'enceinte
L'airain tinte
Pour la sainte
Du rocher.

Là sans cesse
Tout se presse,
Chants d'ivresse,
Pleurs d'adieu;
La prière
Solitaire
De la terre
Monte à Dieu.

Tout au monde,
Fauvette, onde,
Fleur qu'inonde
Un doux miel;
Fraîche brise,
Roche grise,
Vieille église,
Terre ou ciel,

Tout soupire,
Tout respire
Le délire
Du bonheur.
Harmonies
Infinies,
Voix bénies
Du Seigneur!....

LE ROSAIRE

LÉGENDE DES CÔTES DE LA NORMANDIE

A M. S. CAMARET

C'était sur le rivage agreste
Où s'élève un temple modeste
A la vierge de Bon-Secours.
Là, sur la falaise massive,
Une jeune fille plaintive
S'asseyait depuis bien des jours.

Longtemps, dans sa douleur cruelle,
Près de la rustique chapelle,
Elle exhalait son deuil amer ;
Et, malgré soi, dans sa souffrance,
Elle jetait, sans espérance,
Un regard du ciel à la mer :

— « Voici le même jour et voici la même heure ;
C'est d'ici qu'il partit, deux ans déjà passés.
Sur cette même roche, où seule encor je pleure,
Nous restâmes longtemps tous les deux embrassés.

— « Dans un an, disait-il, je serai riche et libre;
« Ceux qu'hier sépara, demain les réunit.
« Prie, et songe, en priant, qu'ici-bas un cœur vibre,
« Qui pense à toi toujours et toujours te bénit. »

« Entre mes mains alors déposant ce rosaire,
Il s'éloigna. Je crus que j'allais en mourir;
Son vaisseau l'emporta sur le flot solitaire,
Et je connus, hélas! ce que c'est que souffrir.

« Tout un an j'attendis. — Pendant une autre année,
Je revins, chaque jour, sur ce même chemin;
Mais la nuit emportait l'espoir de la journée,
Et plus bas, chaque soir, je murmurais : — « Demain! »

« J'avais dit : — « Donnez-moi le courage suprême,
« Seigneur! et dans un an, je le jure à genoux,
« S'il n'est pas revenu me dire ici : — « Je t'aime! »
« Ne pouvant être à lui, je me fiance à vous. »

« Voici le même jour et voici la même heure;
L'année expire encore, et, seule, dans ce lieu
D'où je l'ai vu partir, comme autrefois je pleure :
Il n'est pas revenu, me voulez-vous, mon Dieu?

« Dès demain, j'entrerai dans un saint monastère.
Purifiez ce cœur qu'on abreuva de fiel!
Ce bonheur qu'à ma vie a refusé la terre,
En pleurant à vos pieds, je l'attendrai du Ciel! »

LE ROSAIRE.

Elle franchit le portail sombre.
Notre-Dame brillait dans l'ombre,
Ouvrant les bras à sa douleur ;
Quand une mendiante, assise
Sous le portique de l'église,
Lui dit : — « Secourez mon malheur ! »

Elle répondit : — « Pauvre femme,
Priez Dieu pour moi, car mon âme
N'a plus d'espoir que le cercueil. »
Elle lui donna son aumône,
Et puis, aux pieds de la Madone,
Alla s'abîmer dans son deuil.

○

— « Nous vous bénissons, Notre-Dame
De bon secours ;
Vous que sur l'Océan le matelot réclame,
Vous qui sauvez ses jours ! »

D'où s'élève cet hymne ? Il monte de la plage ;
Ce sont des matelots qui rentrent dans le port,
Et vont, arrachés au naufrage,
Rendre grâce à celui qui commande à la mort.

Ils s'avancent pieds nus, chacun portant un cierge ;
Car, sous leur rude écorce, ils sont humbles de cœur.
Et, devant l'autel de la Vierge,
Ils s'inclinent pieux et redisent en chœur :

— « Nous vous bénissons, Notre-Dame
De bon secours ;
Vous que sur l'Océan le matelot réclame,
Vous qui sauvez ses jours ! »

Soudain la pauvre enfant à relevé la tête :
— « C'est lui ! pourquoi n'est-il revenu qu'aujourd'hui ?
Dieu l'a sauvé de la tempête ;
Je l'ai revu, je l'aime, et ne suis plus à lui ! »

Le fiancé priait, radieux d'espérance,
Tandis qu'elle étouffait ses douloureux sanglots.
Enfin, ployant sous la souffrance,
Elle n'entendit plus ce chant des matelots :

— « Nous vous bénissons, Notre-Dame
De bon secours,
Vous que sur l'Océan le matelot réclame,
Vous qui sauvez ses jours ! »

Le lendemain, assis près de sa fiancée,
Le naufragé pleurait de n'avoir pas péri,
Car elle lui disait : — « Ami ! l'heure est passée,
Il nous faut renoncer à notre espoir chéri.

« Voilà ce que m'a dit ce matin le vieux prêtre :
— « Interroge ton cœur et Dieu pieusement ;
« Car il n'est ici-bas personne qui puisse être,
« Entre ton cœur et Dieu, juge de ton serment. »

LE ROSAIRE.

« Je vais prier ! si Dieu me dit d'être soumise
Au serment que j'ai fait, alors je laisserai
Ce rosaire à la place où je me serai mise ;
Tu le conserveras, et je m'éloignerai.

« Tu ne me suivras point, de peur qu'en ses alarmes
Mon cœur ne se révolte en te disant adieu,
Et ce rosaire seul, tout trempé de mes larmes,
Te sera le signal que j'appartiens à Dieu. »

Elle entra dans l'église, et lui, loin après elle,
La regardait aller et se mettre à genoux ;
Lorsque la mendiante, au coin de la chapelle,
Lui dit : — « Secourez-moi, je prîrai Dieu pour vous ! »

— « Oui ! priez Dieu pour moi ; priez, vous qu'il écoute.
Si des infortunés il est le père encor,
Nos trois cœurs suppliants le fléchiront sans doute. »
Il dit et lui donna sa seule pièce d'or.

A genoux, bien longtemps la pauvre enfant exhale
En prière, en sanglots, ses vœux et ses douleurs ;
Mais lorsqu'elle eut fini de prier..... sur la dalle
Le rosaire restait tout baigné de ses pleurs.

Pâle, elle s'avançait les yeux baissés à terre,
Fidèle à son serment, résignée à souffrir ;
Le jeune homme, debout dans la nef solitaire,
Plus pâle qu'elle encor semblait près de mourir.

Ainsi, tous deux pleuraient leur espérance éteinte,
Et, comme le Sauveur montant au Golgotha,
La jeune enfant, du temple allait franchir l'enceinte,
Lorsque la mendiante, accourant, l'arrêta.

Elle avait ramassé le rosaire qui brille,
De douleur et d'amour signal mystérieux,
Et, rejoignant enfin la triste jeune fille,
Lui disait : — « C'est à vous, ce joyau précieux ! »

Celle-ci refusait; mais d'une voix plus claire,
Qui de l'enfant troublée augmenta la pâleur,
La pauvresse insista : — « Gardez votre rosaire !
Le perdre ou l'oublier, cela porte malheur ! »

Et le jeune homme : — « Oh ! oui ! c'est un arrêt suprême.
Le pauvre est du Seigneur l'interprète ici-bas.
Ce rosaire, c'est Dieu qui te le rend lui-même;
Il voit ton sacrifice et ne l'accepte pas.

« Tu voulais t'immoler, mais lui, qui nous dirige,
Sur nos fronts éprouvés ouvre un ciel éclairci;
Il a par d'humbles mains accompli le prodige,
Il t'a rendue à moi. — Merci, mon Dieu ! merci ! »

LE COMTE ADICK

BALLADE

A M. PAUL RICHER

La trompette des alarmes
Sonne dans tous les châteaux.
Le comte Adick prend ses armes
Et rassemble ses vassaux.
A l'appel de la patrie,
Jamais magnat de Hongrie
N'a tardé, même d'un jour.
Il met sa cotte de maille,
Son bon cheval de bataille
Hennit au pied de la tour.

A la fenêtre une dame
Regarde tous ces apprêts,
Et sourit, la mort dans l'âme,
D'un sourire pur et frais :
C'est la jeune fiancée
Qui concentre sa pensée

Sur le Comte, ses amours,
Qu'elle voit, de sa fenêtre,
Partir, pour longtemps peut-être,
Et peut-être pour toujours.

Mais de gémir elle a honte,
Car la Hongrie en danger
Appelle le noble Comte,
Pour combattre et la venger.
Aux brillants éclairs du sabre,
Au destrier qui se cabre
Elle rit avec effort ;
Elle parle de victoire,
De prochain retour, de gloire,
Et rêve blessure et mort.

— « Je pars, ma blonde Gisèle ;
Mais je te rapporterai
Et mon cœur aussi fidèle,
Et mon nom plus honoré.
Cet anneau de fiancée
Tient mon âme à toi fixée
D'un nœud qu'on ne peut briser ! »
Puis il prend sa main petite,
Et sur la bague bénite
Il dépose un doux baiser.

Soudain la trompette sonne ;
L'adieu se perd dans le bruit.
Sur le coursier qui frissonne

Le Comte part : tout le suit.
Au soleil, dans la poussière,
Flotte la rouge bannière
Et luit mainte armure en feu ;
Gisèle en pleurs suit leur trace,
Et le dernier bruit qui passe
Lui porte un dernier adieu.

Adick, aux champs du carnage,
Fait briller son noble cœur.
La gloire aime le courage ;
Adick est partout vainqueur.
Cependant sa fiancée,
D'un mal dévorant blessée,
Voit de bien près le tombeau,
Et le venin qui ravage
Marque en sillons son passage
Sur ce front hier si beau.

La beauté n'est rien pour elle ;
Cependant à son miroir
Elle court, pauvre Gisèle,
Et frémit de s'y revoir !
Un deuil affreux la dévore ;
Comment plaira-t-elle encore
A ce héros des combats,
Qui déjà revient peut-être,
Et, la voyant apparaître,
Ne la reconnaîtra pas ?

— « Oh ! je voudrais être morte !
Pourquoi voir encor le jour,
Si le mal qui fuit m'emporte
Mon bonheur et mon amour?
Tandis qu'à son apanage
Adick joint, par son courage,
La gloire d'un nom vanté,
Je perds ma seule richesse,
Mon seul titre à sa tendresse
Ma couronne de beauté ! »

Tandis qu'elle fond en larmes,
Partout résonne à la fois
Le bruit des pas et des armes.
Du comte Adick c'est la voix :
— « Où donc es-tu, ma Gisèle?
Viens ! viens ! celui qui t'appelle
C'est ton bien-aimé; c'est moi ! »
Elle frémit de l'entendre.
Ce cri d'une voix si tendre
Lui remplit le cœur d'effroi.

— « Ne m'approche pas, dit-elle
Dans son douloureux émoi,
Fuis ! j'ai cessé d'être belle,
Je suis indigne de toi !
Et ses deux mains, avec crainte,
D'une convulsive étreinte.
Voilaient son front agité.
Mais lui : — « Viens à moi ! je t'aime !

LE COMTE ADICK.

Si ton amour est le même,
Que m'importe ta beauté ! »

— « Non ! à mon âme éperdue
Épargne ce désespoir ;
Tu frémirais à ma vue !
— « Mes yeux ne peuvent plus voir !... »
Elle regarde..... A la guerre,
D'une atteinte meurtrière,
Le comte a perdu les yeux.
— « Adick, ô toi que j'adore,
Tu peux donc m'aimer encore !
Soyez bénis, justes cieux ! »

Partout la jeune comtesse
Conduit l'aveugle adoré,
Et si d'une gaze épaisse
Elle a le front entouré,
Ce n'est pas qu'elle regrette
Sa forme autrefois parfaite ;
Elle craint, d'un cœur jaloux,
Que sur sa beauté perdue,
Quelque parole entendue
N'attriste son noble époux.

SOLEIL COUCHÉ

SONNET

Le soleil s'est précipité
Sous l'horizon qui le dévore;
Il disparaît, il plonge encore :
C'est la fin d'un beau jour d'été.

Mais sa transparente clarté,
Ainsi qu'une seconde aurore,
Bien longtemps survit, et colore
Les bords du ciel qu'il a quitté.

Telle une âme de Dieu chérie,
Qui part vers une autre patrie
Et que l'on voudrait retenir,

Lègue à la mémoire pieuse,
Comme une trace lumineuse,
Les clartés de son souvenir.

LA DERNIÈRE PAGE

Vers ! songes de passé, de présent, d'avenir,
Tantôt tristes, cédant au poids du souvenir,
      Tantôt gais enfants de mes veilles,
Joyeux comme captifs qui laissent la prison ;
Tantôt rêveurs, cherchant un lointain horizon
      Que l'amour peuple de merveilles !

Vous voilà réunis ! et moi, sur le passé
Comme le laboureur sur le sillon tracé,
      Je jette un coup d'œil en arrière ;
Et je vous vois tout prêts à prendre votre essor !
L'obscurité vous sied, votre aile est faible encor :
      Pourquoi tentez-vous la carrière ?

Et je vous vois tout prêts ; ainsi que dans nos bois
Une troupe d'oiseaux, pour la première fois,
      Essayant sa plume encor molle,
Tout ensemble s'avance au bord du même nid,
S'appelle de la voix, s'encourage, s'unit ;
      Et puis tout ensemble s'envole...

Cherchez des cœurs amis ; je vous suivrai des yeux,
Mais ne vous fiez pas à la splendeur des cieux,
  O chère et débile couvée !
Ne chantez pas trop haut, n'allez pas trop avant ;
N'exposez pas votre aile à la fureur du vent
  Que vous n'avez pas éprouvée.

Livrez-vous aux amis qui vous tendent les bras ;
Mais craignez les flatteurs, et ne mendiez pas
  Des oreilles pour vous entendre.
Si vous le méritez on viendra jusqu'à vous :
Le cœur a des parfums aussi subtils que doux,
  Qui s'exhalent sans se répandre.

IDÉAL

IDÉAL

A MARIE DÉSIRÉE

Sais-tu que toujours je t'aime
D'un égal et pur amour;
Que mon cœur sera le même
Jusques à son dernier jour;
Que ma vie est la rosée,
Perle aux lèvres d'une fleur :
Si ma fleur était brisée,
Je mourrais de ma douleur !

Dieu mit l'effet dans la cause,
L'ivresse dans la liqueur,
Le doux parfum dans la rose
Et ton amour dans mon cœur.
Ne crains pas qu'il s'évapore
Ni qu'il se perde épuisé ;
Je crois qu'il vivrait encore
Même après mon cœur brisé.

Lorsque l'Arabe distille
La rouge fleur de Tunis,

Et dans un vase d'argile
Tient ses parfums réunis,
Si le vase où tout repose
Se brise aux mains des Houris,
La douce odeur de la rose
Embaume encor ses débris.

LE SOUVENIR

Pour soulager dans leur souffrance
Ceux qui pleuraient sans avenir,
Dieu fit un frère à l'Espérance,
Et le nomma le Souvenir :

Le Souvenir, ange fidèle,
Qui pleure sur les trépassés,
Et qui réchauffe sous son aile
Les cœurs mortellement blessés.

Nulle douleur ne lui résiste,
Quand son œil tendre et langoureux
Montre à notre âme qui s'attriste
L'ombre d'un passé plus heureux.

Le Souvenir a quelque charme,
Même lorsque du gouffre amer
On ne rapporte qu'une larme,
Comme une perle de la mer.

Mais le Souvenir, quand on aime,
C'est écouter de douces voix,
C'est faire vivre la mort même,
C'est naître une seconde fois.

Il semble qu'une clarté pure
Luit sur notre front abattu,
Quand l'ange consolant murmure
Ce doux mot : — Te rappelles-tu ?

Te rappelles-tu notre joie
Quand, sur les bords irréguliers
Où la Creuse indolente ondoie,
Nous rêvions sous les peupliers ?

Te rappelles-tu la nacelle
Où tous, en chantant nous glissions,
Oubliant, hélas ! qu'avec elle
Le temps fuyait et nous passions ?

Te rappelles-tu notre ivresse,
En ces jours par le ciel bénis ?
Te rappelles-tu la tendresse
Qui nous a pour jamais unis ?

Je pars et j'emporte ces choses
Pour me consoler en chemin,
Comme on garde un bouquet de roses
Qui s'est fané dans une main.

LE SOUVENIR.

De ce passé, fleur idéale
Qu'en moi-même j'enfermerai,
Je respirerai le pétale
Précieux et décoloré.

Là-bas, dans ma triste demeure
Où le temps semble se traîner,
Ces beaux jours enfuis comme une heure,
Viendront souvent m'illuminer.

De ses mains tendres et timides
Le Souvenir, ange pieux,
Touchant mes paupières humides,
Essuira les pleurs de mes yeux.

Il viendra, quand la nuit m'enlève
Au souci toujours renaissant,
A travers le prisme du rêve
Me peindre ton sourire absent;

Plus rapide qu'un trait de flamme
De l'un à l'autre il volera;
D'une même voix, dans ton âme
Et dans la mienne, il parlera.

Plus tard, si je reviens encore
Dans ces lieux féconds en beaux jours,
L'ange au consolant météore
Sur nous resplendira toujours,

Et confondant nos cœurs fidèles
Dans d'ineffables entretiens,
Quand je dirai : — Tu te rappelles?
Tu répondras : — Je me souviens!

Saint-Gaultier, 22 septembre 1854.

LARME ET PERLE

— Où vas-tu, perle brillante
Qui sors du fond de la mer?
— Où vas-tu, larme brûlante,
De la douleur fruit amer?

— Moi, d'une couronne altière
Je vais orner le milieu.
— Moi, je porte la prière
Et le deuil d'une âme à Dieu!

LA NONNE ET LA FLEUR

Dans le jardin du monastère
Rougit une petite fleur.
La nonne pâle et solitaire
Admire en passant sa couleur.

— Hélas! petite fleur, dit-elle,
Comment sais-tu plaire au bon Dieu,
Qui nous a mises, toi si belle
Et moi si triste, au même lieu?

La fleur lui dit : — Tout est mystère.
Ne te plains pas; ton sort vaut mieux :
Je suis une fleur de la terre,
Tu seras une fleur des cieux!

L'ARBRE MORT

ÉLÉGIE COURONNÉE AUX JEUX FLORAUX

A MON CHER BEAU-PÈRE J. M. H. BOISSEL

Ne le détruisez pas l'arbre mort du verger,
Par la mousse envahi, dévoré par l'insecte.
Le feuillage au printemps ne vient plus l'ombrager ;
Il est mort ; que pourtant la hache le respecte.

C'est un vieux serviteur. La pomme aux sucs de miel
A bien longtemps rougi sur ses branches pliantes ;
Dépouillé maintenant, il dresse vers le ciel
Ses rameaux nus pareils à des mains suppliantes.

Il est mort. Mais debout. Laissez-le tomber seul.
Qu'importe un jour de plus ! J'aime les mousses blanches,
Le lierre serpentant qui lui forme un linceul,
Et la vigne qui monte à l'assaut de ses branches.

Lentement il se tisse un verdoyant manteau
Des arbustes grimpants qu'il emprunte à nos haies,
Le sauvage églantier, la ronce, le sureau,
Tantôt couverts de fleurs, tantôt chargés de baies.

L'ARBRE MORT.

Il a de l'herbe au pied, de la verdure au front;
L'abeille y vient pomper ses odorants mélanges;
L'hirondelle, en passant, se suspend au vieux tronc,
Et sous l'écorce creuse est un nid de mésanges.

Il faudrait donc flétrir toute cette gaîté,
Chasser ce qui verdit et voltige et fourmille;
Faire mourir deux fois l'arbre, ressuscité
Par la fleur qui parfume et l'oiseau qui babille?

Si ce n'est par respect pour ce triste débris,
S'il ne fait plus pitié, lui qui faisait envie;
Que ce soit par égard pour ses hôtes chéris :
Pardonnons à la mort en faveur de la vie.

Ne ressemblons-nous pas, vivants insoucieux,
A ce linceul fleuri jeté sur un cadavre?
Nous aussi nous portons, sous des masques joyeux,
Au plus profond du cœur quelque trait qui nous navre.

Nous enivrons nos maux d'espérance et d'amour;
Oubliant Dieu qui veille au fond du sanctuaire,
Nous dormons, le temps fuit, et la mort chaque jour
Fait du lit un cercueil et du voile un suaire!

La vie est le manteau qui couvre le trépas;
Sur l'éternelle nuit c'est un rayon qui passe;
La tombe est sous les fleurs; ah! ne déchirons pas
Ce vêtement léger qui pare sa surface.

Épargnons l'arbre mort, emblème amer et doux;
Laissons, chaque printemps, la clémente nature
Sur ses rameaux étendre, avec un soin jaloux,
Son velours plus épais de fleurs et de verdure.

L'Étang, 23 septembre 1852

A DES AMIS ÉLOIGNÉS

Ainsi que l'Océan le cœur a son reflux!
On se quitte, on se perd et l'on ne se voit plus;
Pourtant on garde en soi d'intimes sympathies
Que l'espace et le temps n'ont jamais amorties.
L'ange du souvenir, l'ange à la douce voix
Vous reparle bien bas des heures d'autrefois.
Lentement, par degrés, l'hymne pieux s'élève;
On sent couler des pleurs, on espère... et l'on rêve..!
O mystère indicible! ô vœux irrésolus!
Ainsi que l'Océan le cœur a son reflux.

ILLUSIONS PERDUES

TABLEAU DE M. GLEYRE

MUSÉE DU LUXEMBOURG

Le connaissez-vous ce tableau,
Plein d'un charme rêveur dont mon âme est ravie :
Par un beau soir un homme assis au bord de l'eau,
  Voit fuir LA BARQUE DE LA VIE?

  C'est un homme au front déjà vieux,
Vieux par les passions plus que par les années,
Chargé du poids qui rend les cœurs plus soucieux
  Et les têtes plus inclinées.

  Sur l'onde, liquide saphir,
L'esquif que suit à peine un sillage de moire,
Glisse au lointain. Sa voile est de pourpre d'Ophir,
  Et son gouvernail est d'ivoire.

  Au son d'accords délicieux,
Chargé de beaux amants, de belles jeunes femmes,
(Des fleurs ornent leurs fronts; la flamme est dans leurs yeux,
  Le fiévreux bonheur dans leurs âmes),

Il emporte au courant des flots
L'espoir, l'enivrement, l'allégresse volage,
Les jours tant prodigués qu'on pleure à longs sanglots,
    Et tout le printemps du bel âge.

    On croit sentir, on sent l'amour,
Qui répand son délire en effluves fécondes,
Dans l'horizon baigné par un reste de jour,
    Dans l'azur des cieux et des ondes.

    Au sommet irisé du ciel,
L'étoile de Vénus, paresseuse et brillante,
Semble de ses clartés blondes comme un doux miel,
    Baiser la nacelle indolente.

    Telle, sur les mers d'Orient,
Flotta jadis la nef qui portait Cléopâtre :
Ainsi le frêle esquif, fantôme souriant,
    Se perd à l'horizon bleuâtre.

    Il descend au courant fatal ;
Un instant et tout passe...! Adieu, jeunes et belles!
Adieu, plaisirs, amours! Adieu, frais idéal!
    Adieu, vous tous, chers infidèles!

Et le vieillard regarde avec un long remord ;
Il regarde! A ses pieds tout est noir, tout est mort ;
Le rivage est désert, les roses sont flétries.
Plus d'insecte dans l'herbe ou d'oiseau dans les bois ;

Nul bruit que l'eau qui coule avec sa morne voix,
  Entre les rives assombries.

Eau verdâtre et plaintive, et ressemblant si peu
A ce flot murmurant, plein de joie et de feu,
Qui, sur le sable d'or, sous la lumière vive,
Roulait ses diamants, ses perles, ses rubis;
Dont l'écho redisait le joyeux cliquetis
  Aux arbres penchés sur la rive.

Puis, quand il voit au loin ces femmes aux doux yeux,
Ces lyres qu'il touchait d'un doigt mélodieux,
Ces écharpes d'azur que lui-même a données,
Ces grâces, ces chansons, ces fronts au pur éclat,
Ces chevelures d'or sur un cou délicat
  Au vent qui passe abandonnées;

Quand il a reconnu ces fêtes de l'amour,
Ces poëmes si longs qui durent un seul jour,
Ces siècles de plaisir qu'en une heure on embrasse :
« — Hélas! dit-il, hélas! parfums de l'être aimé,
Grâces, rires, chansons, tout ce qui m'a charmé,
  Voilà ma jeunesse qui passe.

« Elle passe! elle a fui! Jeunesse, joyeux temps,
O nacelle! ô vous tous, amis de mon printemps,
Attendez-moi! fermez cette voile de soie!
M'abandonnerez-vous sur ces bords écartés?
Ingrates et cruels, quoi! sans moi vous partez,
  O vous, les enfants de ma joie! »

Pleurs douloureux mais vains! Tout est illusion.
— L'amour? — Rêve trompeur! — La barque? — Vision!
— Les joyeux compagnons et les belles? — Fantômes!
Ce qui n'est que trop vrai, malheureux délaissé,
C'est que ta coupe est vide et ton printemps passé,
      C'est que tes fleurs n'ont plus d'aromes!

La barque enchanteresse est partie à jamais;
Tous, amantes, amis, pendant que tu dormais,
T'ont quitté sans regret pour la nouvelle fête.
Et, si jamais l'esquif revient une autre fois,
Tu seras étendu sous l'herbe où tu t'asseois...
      Résigne-toi, courbe la tête!

HARMONIE

Au fond des bois, l'été, quand les brises tiédies
Passent en frémissant à travers les rameaux,
Vous avez entendu se fondre en mélodies
Les bruits vagues de l'air, des feuilles, des oiseaux?

Depuis l'arbre géant où monte à flots la séve,
Jusqu'à l'herbe où les fleurs ouvrent leurs encensoirs;
Du vermisseau qui rampe, à l'oiseau qui s'élève;
Des vapeurs des matins, à la tiédeur des soirs;

Ce mélange de chants, de parfums, de lumière,
S'unit dans un accord puissant et solennel;
Concert mystérieux que la nature entière,
Dans sa reconnaissance, adresse à l'Éternel.

De l'être le plus nul dans l'échelle infinie
Le refrain monotone est lui-même agréé;
Tout s'épure et concourt à la grande harmonie;
Dieu semble se complaire en ce qu'il a créé.

Parfois même on croirait entendre dans l'espace
Un prélude plus tendre et plus délicieux,
Comme si, répondant à cet hymne qui passe,
Un autre hymne sans fin nous arrivait des cieux.

C'est que, dans cet instant, à nous Dieu se révèle,
Et que sa voix ressort parmi toutes ces voix ;
C'est que notre univers est la lyre immortelle
Qui chante sa grandeur en vibrant sous ses doigts !

L'INCENDIE EN MER

Vogue, navire ; étends tes voiles
Entre le ciel brillant d'étoiles
Et la mer abîme béant..
Sous ta mâture à triple tête,
Pourrais-tu craindre la tempête,
Toi, monarque de l'Océan ?

Vogue à travers la nuit limpide !
Mais que vois-je ? Un éclair rapide
S'est élancé de ton flanc noir ;
Un bruit sourd gronde en ta carène,
Et la voix de ton capitaine
Jette un long cri de désespoir.

— De l'eau ! de l'eau ! c'est l'incendie !
Réveillez la foule engourdie
Des matelots dans l'entre-pont !
Partout le cri fatal résonne.
Le feu que la cale emprisonne,
Écho sinistre, lui répond.

Partout on s'empresse, on s'élance ;
De la pompe qui se balance
L'eau jaillit et coule à longs flots ;
Mais la flamme grandit plus vite,
Et déjà le pont qui crépite
Brûle les pieds des matelots.

Il s'élève, l'hôte implacable,
Dans les mâts, sur le moindre câble ;
Et, comme un linceul agité,
Se déroule le flot avide ;
Et la lueur s'étend, livide,
Sur l'effrayante immensité.

Plus d'espoir ! les marins s'embrassent ;
Les bras douloureux s'entrelacent
Dans un long et funèbre adieu.
Les pleurs confus et la prière
Montent, espérance dernière,
Jusqu'au trône éternel de Dieu.

Nous entend-il, le divin maître ?
Oui ! Vers lui notre voix pénètre.
La mer envahit notre bord,
Le feu redouble sa furie ;
Mais soudain une voix s'écrie :
Une voile ! une voile, au nord !

Salut à toi, brick intrépide !
C'est un jeune homme qui te guide,

L'INCENDIE EN MER.

C'est un jeune homme aux noirs cheveux.
Il te conduit d'une main forte ;
Le vent rapide qui l'apporte
Est moins rapide que ses vœux !

Il vient, béni par deux cents âmes,
Sur le vaisseau rongé de flammes ;
Le premier élancé c'est lui.
A ceux que la force abandonne,
Aux blessés, aux mourants, il donne
L'espoir, le courage et l'appui.

L'œil éclatant, l'âme hardie,
Il est debout dans l'incendie
Tant qu'il reste un être en danger ;
Puis, le dernier, pensif et sombre,
Il quitte le vaisseau qui sombre
Et que la mer va submerger.

Alors sa voix plaint et console ;
Il a pour tous une parole,
Pour tous un serrement de main ;
Et puis, retournant en arrière,
Sur une plage hospitalière
Les pose... et reprend son chemin.

Avant de nous fuir, ô jeune homme,
Dis-nous de quel nom l'on te nomme ;
Et les matelots affligés
Imploreront le Dieu suprême,

Afin qu'il te protége et t'aime,
Toi qu'il envoie aux naufragés.

Combien aux bords qui t'ont vu naître,
On doit aimer à te connaître!
Béni pour le bien que tu fis
Tu dois n'avoir pas d'heure amère.
Qu'heureuse doit être ta mère
D'avoir mis au monde un tel fils!

Ceux que tu sauvas dans ta route
Ne sont pas les premiers sans doute
Que tu rends à leur cher pays.
Est-il un plus cruel partage
Que de mourir loin du rivage
Où sont morts ceux qu'on a chéris?

Le jeune homme, sans leur rien dire,
Tristement se prit à sourire,
Puis s'éloigna comme à regret.
Quand son vaisseau tourna la proue,
Des pleurs, dit-on, mouillaient sa joue;
Mais il emporta son secret.

RÊVES DE JEUNE FILLE.

Qui pourrait dire à quoi rêve la jeune fille,
Quand ses yeux sont noyés d'une tendre langueur,
    Quand une larme y brille,
Liquide diamant qui monte de son cœur?

Qui pourrait dire où vont tant d'inconstantes choses?
Le vent sur la colline et l'insecte au soleil;
    Où va l'odeur des roses
Et l'âme à qui la mort est peut-être un réveil?

Elle est jeune, elle rêve... à quoi donc? le sait-elle?
Quel œil a mesuré ces infinis sommets,
    Dont la pente éternelle
Montre sans cesse un but que l'on n'atteint jamais?

Est-ce le souvenir qui remplit sa pensée?
Elle retrouve un front cher à ses premiers ans,
    Une lèvre glacée
Qui ne lui rendra plus ses baisers caressants.

Mélange amer et doux de douleurs et d'ivresses,
Elle entrevoit son père en un rêve insensé,
                Et sur ses brunes tresses
Croit sentir une larme où son âme a passé.

Elle épanche en lui seul ses tendres rêveries ;
Ineffable entretien où l'esprit se confond,
                Muettes causeries
Où la vie interroge, où la tombe répond.

Elle part avec lui vers la lointaine rive
Où sa meilleure amie, absente pour toujours,
                Volontaire captive,
Au culte du Seigneur a consacré ses jours.

Sublime sacrifice, amer et doux mystère,
A l'invisible époux faire d'éternels vœux,
                S'exiler de la terre,
Et sentir l'acier froid grincer dans ses cheveux !

Il serait beau d'aller s'ensevelir près d'elle,
De prier dans son cloître en l'appelant : Ma sœur !...
                Pourtant la vie est belle
Et l'on tourne si bien au bras d'un bon valseur !

O le bal ! Quand l'orchestre aux bruyantes cymbales
Entraîne en les berçant les couples radieux,
                Qui suivent leurs spirales
Et murmurent tout bas des mots mystérieux !

Quand sur l'or, les bijoux et la soie et la gaze
Les lustres vont semant leurs mobiles clartés;
    Quand une folle extase
Remplit l'air de parfums, le cœur de voluptés!

Parmi tous les danseurs empressés autour d'elle,
Savez-vous le jeune homme auquel elle eût le mieux
    Aimé paraître belle,
Celui qu'elle voyait sans le suivre des yeux?

Est-ce le rêveur blond à la fine moustache,
Celui dont l'esprit fin s'aiguise tous les soirs?
    Ou le cœur qui se cache
Sous ces yeux bleus profonds voilés de longs cils noirs?

Est-ce enfin...? O cœur jeune! ô volcan tiède encore!
Lequel lui plaît de ceux qui volent sur ses pas?
    Peut-être elle l'ignore,
Et moi, si je le sais, je ne le dirai pas.

Pourtant tu te penchais souriante et vermeille
Quand il tenait ton bras à son bras suspendu,
    Te glissant à l'oreille
Un murmure confus plus compris qu'entendu.

Et tu penses encore à ton dernier quadrille;
Tu fais germer le grain qu'il semait en jouant.
    Prends garde, jeune fille!
Comme toi pure, Elvire a rencontré Don Juan!

De fantômes trompeurs sois moins préoccupée :
Reviens plutôt aux jours où, d'un air triomphant,
    Tu berçais ta poupée,
Te croyant une mère auprès de ton enfant.

Un enfant! c'est l'orgueil, le bonheur de la femme !
Un sourire d'enfant, c'est le ciel entr'ouvert ;
    Son baiser, pur dictame,
Peut guérir en un jour tout ce qu'on a souffert.

Jeune fille ! la femme est la manne éternelle.
Consoler, c'est le rôle à sa vie ordonné.
    Combien la femme est belle
Entre sa vieille mère et son fils nouveau-né !

Car elle sait sourire et pleurer tout ensemble ;
Car elle sait donner un courage nouveau
    A tout être qui tremble,
Pour entrer dans la tombe ou sortir du berceau !

FLEUR SÉCHÉE

J'aime à trouver dans un vieux livre
Un pétale de fleur séché ;
Je m'imagine y voir revivre
Quelque doux souvenir caché.

Je veux en deviner l'emblème,
Et je l'interroge tout bas.
Disait-il : — Aime-moi ; je t'aime !
Disait-il : — Ne m'oubliez pas !

J'examine avec soin les lignes
Où le pétale fut placé :
Ont-elles gardé quelques signes
D'un rêve à jamais effacé ?

Sur le livre, inclinés ensemble,
Elle et toi lisiez-vous tous deux ?
Sentais-tu sur ton front qui tremble
Le frisson de ses noirs cheveux ?

IDÉAL.

Regardais tu son doigt timide
S'arrêter sur le mot amour,
Ce doux mot qui rend l'œil humide
Et qui fait rêver tout un jour?

Elle, qui se prit à sourire,
D'une fleur marqua le feuillet;
Et son regard cessa de lire,
Car son jeune cœur tressaillait.

Elle suivait sa rêverie,
Oubliant sa main dans ta main,
Et le livre et la fleur flétrie
Avaient glissé sur le chemin.

Ils ne lurent pas davantage;
Le feuillet demeura fermé;
Mais la fleur, au muet langage,
Y reste, et dit : — Ils ont aimé...!

TRISTESSE

SONNET

Est-il rien de plus triste à l'âme solitaire
Que de se rappeler le temps qui fut heureux?
Les oiseaux sont partis; voici l'automne austère;
Le bois secoue au vent ses feuillages nombreux.

Ils ont fui tour à tour ceux qui m'aimaient sur terre;
Emportant un lambeau de mon cœur douloureux,
Ils se sont envolés au pays du mystère :
Dépouilles des forêts, vous retombez sur eux!

Du bonheur fugitif n'êtes-vous pas l'emblème?
Chaque jour je m'attriste en vous voyant jaunir;
La mort qui vous moissonne effleure mon front blême,

Et j'ai besoin, pour croire encore à l'avenir,
Que ta voix consolante, en me disant : Je t'aime!
M'empêche de penser et de me souvenir.

LES AMES

Au premier jour, quand Dieu créa les âmes,
Il les forma pour aller deux par deux,
Pour s'éclairer de mutuelles flammes,
Pour s'entr'aider dans leur vol hasardeux.

Mais le démon les chassa vers le gouffre,
Foule confuse en proie au ravisseur.
Depuis ce temps chaque âme pleure et souffre
En appelant l'âme qui fut sa sœur.

O désespoir! ô tourment de la vie!
Chercher en vain, dans l'ombre, loin du jour,
Cette âme sœur, à notre âme ravie,
Et que Dieu fit pour notre unique amour!

Mais quand Dieu veut que deux âmes pareilles
Puissent ensemble accomplir leur chemin,
Il leur ent'rouvre un Éden de merveilles,
Un avenir qui n'a plus rien d'humain.

Sainte union de deux cœurs qui s'entendent,
De deux flambeaux qui ne forment qu'un feu!
De tels bonheurs dans les cieux nous attendent
C'est sur la terre un sourire de Dieu!

LE NOM DE MA MÈRE

Alide, tu sais comme on aime
Celle de qui l'on tient le jour ;
De Dieu sa tendresse est l'emblème :
Il n'est pas de plus pur amour.

Alide ! il dort sous un blanc voile,
Il s'est fermé l'œil maternel
Qui me guidait, limpide étoile,
Rayon de l'amour éternel.

Tu portes le nom de ma mère,
De ma mère que j'aimais tant ;
Doux nom plein d'une ivresse amère,
Mon cœur palpite en l'écoutant !

Si quelqu'un te nomme ou t'appelle,
Ému soudain à cette voix,
Je tressaille ; je me rappelle ;
Je pleure et souris à la fois.

IDÉAL.

Ce nom sacré trouble et caresse
Les fibres de mon cœur blessé ;
C'est comme un parfum de tendresse
Que sur toi ma mère a versé.

Ce nom lui seul n'est pas la cause
De ma fraternelle amitié ;
Mais il y donne quelque chose
De pur et de sanctifié.

J'aime ta gaîté, mon Alide ;
J'aime tes gracieux accents ;
Mon front soucieux se déride
A tes sourires caressants.

Je cherche quelque ressemblance,
Écho de moi seul entendu,
Entre toi, vivante espérance,
Et l'être aimé que j'ai perdu.

Je veux que le nom de ma mère
Soit une étoile sur ton front :
Jamais en ce monde éphémère
Plus de vertus ne fleuriront.

On eût dit, tant elle était bonne,
Que l'ange de la piété
Tenait sur elle une couronne
De lumière et de pureté !

LE NOM DE MA MÈRE.

La splendeur de sa noble tête
N'était pas la beauté d'un jour
Que le temps en passant nous prête
Et qu'il nous reprend sans retour,

C'était la flamme intérieure,
L'éclat, rayonnant au dehors,
D'une âme plus tendre et meilleure
Que les âmes des autres corps ;

Un je ne sais quoi de céleste
Qui faisait de son cœur mortel,
A la fois sublime et modeste,
Le tabernacle d'un autel.

Demande à Dieu dans ta prière
Qu'il t'accorde le même don.
Mon Alide, sois héritière
De son cœur comme de son nom.

Car, toujours humble et salutaire,
Elle allait répandant le miel :
C'était un ange sur la terre ;
C'est une sainte dans le ciel !

Saint-Gaultier, septembre 1854.

L'AIMANT

SONNET

La connais-tu l'étoile immuable, éternelle,
    Qui brille au pôle froid?
Il est un métal noir qui se tourne vers elle :
    Il la sent, il la voit!

Ce métal, c'est l'aimant; c'est le guide fidèle
    Que le marinier croit.
De l'œil il le consulte, et conduit sa nacelle
    Dans un sillon plus droit.

Il est de même en nous une sûre boussole ;
Elle tourne à celui qui soutient et console
    En tout temps, en tout lieu ;

Cet infaillible aimant s'appelle conscience ;
Le connaître et le suivre est toute la science ;
    Car son étoile est Dieu !

A UNE LETTRE

Triste et cher souvenir de son amitié morte,
Des jours qui ne sont plus, toi qui viens me parler,
Sous mes doigts, sous mes yeux, ô lettre, qui t'apporte?
      Tu ne peux plus me consoler !

D'une fidèle main je te croyais tracée,
O lettre ! je t'ouvrais comme on ouvre un trésor,
Puis, après t'avoir lue, au fond de ma pensée
      Longtemps je te lisais encor.

Dans chaque mot puisant une sainte assurance,
Confiant au bonheur que tu me promettais,
Je chantais dans mon âme un hymne d'espérance
      O lettre ! et pourtant tu mentais.

Un jour tout a fini ! Pourquoi? Qui peut le dire?
Le caprice a repris ce qu'il avait donné;
En regard dédaigneux s'est changé le sourire :
      Le vent qui souffle avait tourné.

Que Dieu m'en soit témoin ! Je suis resté le même ;
Douloureux et meurtri ; je n'ai point varié,
Et comme je l'aimais en ce temps-là, je l'aime
    D'une fraternelle amitié.

Puisse son cœur jamais ne connaître la peine
Dont il m'a fait souffrir, moi qui l'aime si bien !
Puisse-t-il rencontrer parmi l'espèce humaine,
    Beaucoup de cœurs tels que le mien.

Soyons donc patient. Le bonheur est chimère ;
Un jour je cesserai de vivre et de souffrir.
Si l'amitié trahit, si la vie est amère,
    Il sera plus doux de mourir.

Le souvenir est lourd au malheureux qui souffre,
Et l'espoir est amer, qui ne s'est pas rempli.
De mon cœur déchiré, mon Dieu, fermez le gouffre ;
    Par pitié donnez-moi l'oubli !

Lettre funeste, adieu ! Que le feu te dévore !
Je suis las de souffrir !..... Souffrir ! c'est espérer !
Non ! Malgré moi je doute et je te garde encore...
    Je veux souffrir ! je veux pleurer !

LA PREMIÈRE VIOLETTE

Oh ! comme il rassérène l'âme
Ce nouveau soleil de printemps !
Comme il fait renaître à sa flamme
Les fleurs et les oiseaux chantants !

La violette, sous la haie,
S'est ouverte au pied des ormeaux,
Où le lézard vert, qui s'effraie,
Glisse et fait trembler les rameaux.

Première fleur, nouvelle éclose,
Qu'on a de joie à te cueillir ;
Goutte de parfum pur, enclose
Dans une coupe de saphir !

Avec le cœur on te respire ;
A tant d'espoirs tu fais penser,
Violette, premier sourire
Du printemps qui va commencer !

IDÉAL.

Combien caches-tu de promesses
Dans tes plis frêles et soyeux?
Combien exhales-tu d'ivresses
De ton urne couleur des cieux?

Verse en moi ta douceur secrète;
Viens sur mon cœur, frêle trésor.
Ne sens-tu pas, ô violette!
Qu'il palpite et qu'il aime encor?

A MARIE MORTE

Je ne pourrai jamais passer par cette rue
    Sans être atteint d'un sombre ennui,
Sans y pleurer sur vous, pauvre âme disparue,
    Astre charmant, trop vite enfui.

Je ne pourrai jamais revoir cette fenêtre
    Où vos yeux brillèrent souvent,
Sans croire que soudain vous allez apparaître
    Sous les plis du rideau mouvant.

C'est dans cette maison que vous viviez, Marie,
    Comme un oiseau parmi des fleurs ;
Maison gaie autrefois, aujourd'hui défleurie,
    Nid pillé par des oiseleurs.

Aujourd'hui, quand je songe à ces rapides heures
    Que nous passions auprès de vous,
A l'aimable gaîté qui peuplait vos demeures,
    A vos rires brillants et doux ;

IDÉAL.

Quand je songe comment nous dépensions la vie,
    En prodigues, sans rien compter,
Sans penser que soudain vous nous seriez ravie
    Et qu'il nous faudrait vous quitter,

Je crois que c'est un rêve et que, rieuse encore,
    Demain vous serez de retour;
Comme au sein de la nuit on compte sur l'aurore,
    Comme on pressent le point du jour.

Le jour n'éclora plus; l'espérance est trompée!
    Adieu, Marie, un long adieu!
Votre corps s'est flétri comme l'herbe coupée;
    Votre âme est retournée à Dieu.

Je crois vous voir encor brisée en votre couche
    Par tant de maux multipliés;
A peine entendait-on passer, sur votre bouche,
    Un murmure quand vous parliez;

Sans l'éclat dont brillait votre prunelle noire,
    Sur votre effrayante pâleur,
J'aurais cru voir en vous une Vierge d'ivoire,
    Sortant des mains du ciseleur.

Vous étiez déjà morte, ô ma blanche martyre!
    Vos yeux seuls gardaient un éclair;
Mais ce dernier regard cherchait à nous sourire,
    Pâle comme un rayon d'hiver.

A MARIE MORTE.

Et vous redemandiez votre terre natale ;
    Son soleil vous devait guérir ;
Et vous disiez qu'au mois des roses du Bengale
    Vous alliez aussi refleurir !

Vous berciez-vous vraiment avec cette chimère?
    Ou, plutôt, ne vouliez-vous pas
Aller mourir aux bords où mourut votre mère,
    Et vous endormir dans ses bras?

Vous reposez près d'elle. Heureux qui, jeune encore,
    Peut retourner à l'Éternel !
Heureux qui dans les champs témoins de son aurore,
    S'endort au tombeau maternel !

Paris, décembre 1856.

AUX PÈRES TRAPPISTES

DE FONTGOMBAULT

Que vous êtes heureux, ô vénérables Pères!
Couverts de vos habits comme d'un blanc linceul,
Vous coulez dans l'oubli des jours purs et prospères;
Si vous vivez encor, ce n'est que pour Dieu seul.

Non, vous ne vivez plus. Vos âmes, délivrées
De ce qui leur restait des fanges d'ici-bas,
Au culte du Seigneur sont toutes consacrées,
Et le monde est pour vous comme s'il n'était pas.

Vous n'avez plus de noms dans les langues mortelles;
Vous êtes les brebis du troupeau du Seigneur;
Pour remonter à lui votre âme a pris des ailes :
Votre vie est le deuil, votre mort le bonheur!

Rapprochés par l'amour, de Dieu, ce père tendre,
Vous lui parlez tout bas quand il nous faut crier.
O mes Pères, priez, vous que Dieu sait entendre,
Pour une âme qui doute et n'ose pas prier.

MYSTÈRES

Il est des fleurs qui n'ouvrent leurs calices
Qu'à l'heure où l'ombre enveloppe les cieux ;
Il est des cœurs qui mettent leurs délices
A pleurer seuls un deuil mystérieux.

Mais, en passant près de ces fleurs nocturnes,
Lorsque sur nous la nuit est de retour,
J'aime à sentir s'élever de leurs urnes
Ces parfums purs, plus doux que ceux du jour.

Près de ces cœurs mon âme est avertie ;
Je compatis à leurs soupirs perdus ;
J'aime à sentir la tendre sympathie
Mouiller mes yeux de pleurs inattendus.

Vers vous, ô fleurs, rivales des étoiles !
Avec amour je dirige mes pas ;
Vers vous, ô cœurs enveloppés de voiles !
Mon cœur s'élance en murmurant tout bas :

« C'est vainement qu'au milieu des nuits sombres
D'un voile épais vous cachez votre émoi,
Je saurai bien vous trouver dans vos ombres
Pour vous aimer et vous dire : Aimez-moi !

« Discrètes fleurs qui n'ouvrez vos calices
Qu'à l'heure où l'ombre enveloppe les cieux ;
Timides cœurs, qui mettez vos délices
A pleurer seuls un deuil mystérieux ! »

LE SPECTRE DU FIANCÉ.

I

Quand tu danses, rieuse, et brillante, et parée
   Ne vois-tu pas
De ton fiancé mort la figure effarée
   Qui suit tes pas?

Dans un gai tourbillon quand la valse t'emporte,
   Parmi les fleurs,
Ne vois-tu pas tourner la tête pâle et morte
   Du spectre en pleurs?

Tu l'avais oublié; mais quelqu'un par mégarde,
   L'ayant nommé,
Tu crois l'apercevoir, là-bas, qui te regarde
   Inanimé!

Un voile est sur ta vue, et les lustres pâlissent.
   Leurs feux tremblants

Montrent le bal peuplé de fantômes, qui glissent
        Muets et blancs.

L'orchestre ne murmure à ton oreille étreinte
        Qu'un chant de deuil;
Les rires des danseurs te semblent une plainte
        Sur un cercueil.

L'effroi serre ta gorge, et le frisson agite
        Ton corps joyeux,
Et des pleurs ont monté, de ton cœur qui palpite,
        Jusqu'à tes yeux.

II

Danse, jeune fille, danse;
Il est mort depuis six mois;
Ce n'est pas aux morts qu'on pense;
Ce n'est pas aux cercueils froids!

L'oubli sied bien aux fronts roses.
Te souviendras-tu demain
De ces fleurs à l'aube écloses
Pour se faner dans ta main?

Elles n'auraient pas peut-être,
Pour parer ton front si beau,
Eu le temps qu'il faut pour naître
Sur l'herbe de son tombeau.

LE SPECTRE DU FIANCÉ.

Danse, danse! mais redoute,
Une nuit, après le bal,
A l'heure sombre où l'on doute,
De voir le spectre fatal.

Sa voix morte, pour la danse,
Comme autrefois te prîra ;
Son bras osseux, en cadence,
A ton corps s'enlacera.

Ta joue ardente de fièvre,
Tes cheveux blonds et soyeux
Toucheront ses dents sans lèvre
Et ses orbites sans yeux.

Toi, frissonnant sous tes voiles,
Tu suivras ses pas pressés,
A la lueur des étoiles
Dans le champ des trépassés.

Le vent nocturne, qui pleure
Comme la voix du remords,
Dans les cyprès qu'il effleure
Dira de tristes accords.

Et tous deux, par les ténèbres,
A travers mille détours,
Entre les dalles funèbres,
Vous irez valsant toujours.

III

Enfin tu faibliras par le spectre enlacée...
      Tes pleurs amers t'éveilleront,
Pâle, sentant toujours son étreinte glacée
      Et son baiser froid sur ton front.

Chassé par les plaisirs que ramène l'aurore
      Il fuira le rêve insensé ;
Mais, la nuit, tu craindras de voir paraître encore
      Le fantôme du fiancé.

NOTRE-DAME DU SAULE

Sauvez l'enfant qui meurt et qu'emportent les ondes !

Elle était sur le bord, nattant ses tresses blondes,
Et son tout petit frère, encor presque au berceau,
Sur l'herbe allait cueillant des fleurs le long de l'eau.
Il s'approche, imprudent ! Sur le fleuve il se penche
Vers un beau nénufar à la fleur rose et blanche ;
Il glisse, il se débat, pousse un cri déchirant.
Sa sœur l'entend, le voit ; elle est dans le courant ;
Sans prévoir le danger, elle nage, elle arrive,
Et d'un prompt mouvement le rejette à la rive.
Mais, l'enfant préservé, son courage a faibli :
Le fleuve impétueux l'entraîne en son repli.

— Ah ! je meurs, cria-t-elle, au secours, sainte Vierge !

Personne, en ce moment, ne passait sur la berge ;
Mais sa main rencontra, dans un suprême effort,
Un saule qui pencha ses longs rameaux du bord.

Le tout petit enfant a conté qu'une Dame,
Dont les beaux vêtements brillaient comme la flamme,
Avait planté soudain le saule dans ce lieu.
Je crois que c'était vous, sainte mère de Dieu ;
Car les bons villageois, dans leur ferveur naïve,
Vous ont, depuis ce jour, consacré cette rive.
En signe de salut, leurs mains ont attaché
Votre image au vieux tronc sur le fleuve penché ;
Et le soir, en passant, la bêche sur l'épaule,
Ils invoquent tout bas Notre-Dame du Saule.

L'ŒIL DU LÉZARD

Regarde ! il court, il glisse, il rôde,
Vif et léger ; charmant à voir,
Des vieux murs vivante émeraude,
Le lézard a l'œil de jais noir.
Sous le lierre qui le recèle,
Il est trahi par son regard.
J'aime à voir, comme une étincelle,
Briller l'œil charmant du lézard.

Un œil noir en forme d'amande,
Doux en face et fier de côté ;
Un œil qui supplie et commande,
Un œil ardent et velouté ;
A la fois puissant et timide,
De fasciner possédant l'art,
Étincelant sans être humide,
Tel est l'œil charmant du lézard.

L'ŒIL DU LÉZARD.

Tel est aussi ton œil que j'aime,
Ton œil qui m'atteint jusqu'au cœur,
Soit qu'il ait la douceur suprême,
Soit qu'il ait le souris moqueur.
Voilà le rêve qui m'attire
Auprès des vieux murs à l'écart ;
Voilà pourquoi j'aime à voir luire
Le charmant œil noir du lézard.

LA FALAISE D'ÉTRETAT

A MARIE DÉSIRÉE

Laisse-moi revenir vers ces heures passées,
Et bercé sur ton cœur, dans mes rêves d'espoir,
Avec toi retourner, sur l'aile des pensées,
Vers le vaste Océan que je voudrais revoir.

Souviens-toi d'Étretat sur la grève isolée,
De la falaise abrupte où tous deux nous montions,
Des humbles toits blottis au pli de la vallée,
Comme au creux d'un rocher le nid des alcyons.

Souviens-toi de la mer. Combien elle était belle !
Fière, tumultueuse, amoncelant ses flots,
Elle frappait les rocs de sa tête rebelle :
Les rocs, pour lui répondre, éveillaient leurs échos.

Tantôt elle gonflait sa puissante poitrine,
Puis, rauque, rugissait et creusait ses sillons;
Puis, secouant au vent sa crinière marine,
S'élançait. On eût dit un troupeau de lions !

IDÉAL.

Devant nous s'élevait, creusé par les orages,
Un rocher qui semblait l'arche d'un pont géant,
Débris cyclopéen, témoin des anciens âges,
Par des Titans construit pour franchir l'Océan.

Cherchant vers cette cime une route inconnue,
Sous des cieux courroucés, malgré des vents amers,
Je voulais de ce point, qui touchait à la nue,
Embrasser d'un regard l'immensité des mers.

Les nuages s'ouvraient en torrents sur nos têtes :
Tu serrais tes deux bras sur le mien appuyés,
Tandis qu'autour de nous mugissaient les tempêtes :
L'orage sur le front! l'orage sous les pieds!

A ce terrible aspect, chancelante, éperdue,
Enfant, plus près de moi tu cherchais un soutien.
Ton regard n'osait pas affronter l'étendue,
Et je sentais ton cœur palpiter sous le mien.

Tu voulais retourner vers la tranquille enceinte
D'où parfois s'élevaient des chants pieux et doux ;
Car les pêcheurs fêtaient alors la Vierge sainte,
Et leurs barques dormaient près des flots en courroux...

Tout à coup, du sommet des roches crevassées,
Le ciel et l'Océan s'ouvrirent devant nous.
Nos voix ne trouvaient plus de mots pour nos pensées :
Face à face avec Dieu nous étions à genoux!...

LA FALAISE D'ÉTRETAT.

Le passé qu'on regrette et l'avenir qu'on rêve
Sont comme la falaise où nous avons monté ;
Le hameau des pêcheurs, étendu sur la grève,
C'est le passé tranquille avec regret quitté.

Le passé, d'où parfois nous reviennent encore
De lointaines gaîtés qu'on voudrait retenir ;
Comme l'écho des bois répète un chant sonore,
Quand l'oiseau s'est enfui pour ne plus revenir.

Le rocher c'est la terre où, l'un auprès de l'autre,
Ton cœur près de mon cœur et ta main dans ma main,
Nous suivons le sentier que le ciel fit le nôtre,
Confiants dans celui qui sait le lendemain.

Sans cesse aiguillonnés par le temps qui nous pousse,
Il faut marcher, gravir, toujours changer de lieu,
Foulant tantôt les rocs, tantôt la verte mousse,
Jusqu'au bord de l'abîme, où nous apparaît Dieu !...

Dieu qui nous a placés dans un monde où l'on doute ;
Mais qui veille d'en haut sur nos deux cœurs unis,
Mais qui se montre à nous, lumineux, sur la route,
Et nous dit dans l'orage : — Enfants, soyez bénis !

Dieu qui, nous élevant par ces tableaux sublimes,
Donne à l'homme, éperdu de leur immensité,
A l'homme, grain de sable entre ces deux abîmes,
L'âme, qui d'un regard conçoit l'éternité.

LE CIMETIÈRE NEUF

Dans le cimetière aux murs blancs
Où ne repose encor personne,
Ont poussé des blés opulents.
Et pour le pauvre on y moissonne.

Seigneur, quelque jour, dans ces murs,
On moissonnera pour vos granges ;
Nos morts seront les épis mûrs,
Les moissonneurs seront vos anges.

Venus de votre ciel d'azur,
Ils feront la récolte humaine :
Gardant pour vous le froment pur
Et jetant la stérile graine.

Dans le cimetière aux murs blancs,
Faites, quand je serai sous l'herbe,
Qu'un de vos anges consolants
Me trouve assez mûr pour sa gerbe !

Saint-Gaultier, 9 septembre 1854.

LA FUTAIE

A MADAME R.....

Sous la verte futaie où les hêtres sublimes
S'élancent vers le ciel, gigantesques berceaux,
Et de leurs bras nombreux entrelacent les cimes,
Comme une cathédrale aux gothiques arceaux,

Quand le jour est brûlant je trouve une ombre douce ;
L'herbe étend sous mes pas son tapis de velours ;
Je m'arrête rêveur et, couché sur la mousse,
J'écoute les oiseaux qui chantent leurs amours.

Gais habitants de l'air, chantez ; troupe frivole,
Au hasard voltigez du tilleul à l'ormeau :
L'amour ainsi que vous est un oiseau qui vole
Et ne dort pas deux fois sur le même rameau.

Votre gaîté ressemble à ces légers feuillages
Qui parent tous les ans ce bois où nous passons ;
Elle tombe, comme eux, sous le vent des orages ;
Mais un autre printemps vous rend d'autres chansons.

Vous, hêtres élancés, j'admire votre force.
Calmes, vous étendez votre manteau sur tous ;
Et les noms autrefois tracés dans votre écorce,
Plus profonds chaque jour, grandissent avec vous.

Pour vos légers amours chantez, oiseaux champêtres.
Je ne suis point jaloux de ce qui doit passer ;
Car mon cœur est semblable à l'écorce des hêtres :
Les noms qu'il porte empreints ne peuvent s'effacer.

Au Parquet. Juillet 1857.

Le matelot sait bien que les mers sont perfides,
Et pourtant il s'élance, à travers les écueils,
Sur ces flots orageux, dont les lèvres livides
    S'ouvrent comme autant de cercueils.

Le chien sait que le maître est cruel et colère
Et que le fouet barbare a déchiré son flanc ;
Cependant il revient lécher la main sévère
    Qui tient encor le fouet sanglant.

O mon cœur ! sa tendresse est pareille aux flots mêmes ;
Elle t'a flagellé de son rire moqueur,
Et pourtant tu reviens baiser ses pieds... tu l'aimes,
    O mon cœur, ô mon lâche cœur !

LA FÉE DE ROMEFORT

A MADAME LA COMTESSE DE B...

Madame, il me souvient de ce jour trop rapide
Où, m'ayant accepté pour votre chevalier,
Dans votre Romefort vous me serviez de guide :
Il est de ces bonheurs qu'on ne peut oublier.

Au sommet du donjon qui domine la plaine,
Je vous suivais, passant où vous aviez passé ;
Et du sombre manoir, aimable châtelaine,
Vous me ressuscitiez ce fantôme glacé.

Vous évoquiez ces preux dont l'âme fut si grande
Sous le pourpoint de soie ou l'armure en métal ;
Mais auprès de l'histoire il manquait la légende :
Il fallait une fée au donjon féodal.

On m'a, dans le pays, fait le récit étrange
D'une charmante fée errante aux alentours ;
Aux grâces d'une femme elle unit un cœur d'ange,
Et d'un castel voisin elle habite les tours.

Souvent à Romefort on la voit apparaître.
A sa voix le deuil cesse et le malheur finit ;
Le pauvre qui l'invoque aussitôt sent renaître
En son cœur l'espérance, et tout bas la bénit.

Les enfants du hameau qui s'en vont à l'école,
Pour complaire à la fée apprennent leurs leçons ;
Par elle, ils savent l'art de fixer la parole,
Et vont, joyeux oiseaux, lui chanter leurs chansons.

Des lettres, des beaux-arts aimant l'essor sublime,
Elle dérobe au temps ce qu'il allait flétrir ;
Elle a l'âme qui crée et l'esprit qui ranime :
Ce qu'elle a préféré ne saurait plus mourir.

La voir est un plaisir, la connaître une joie ;
Heureux ceux qu'elle enchante, et plus heureux encor
Ceux qui sont aimés d'elle et marchent dans sa voie.
Que n'offrirait-on pas pour un pareil trésor ?

Oh ! que longtemps elle aille, adorable et discrète,
Répandant ses bienfaits sans laisser voir sa main ;
Réchauffant tous les cœurs touchés par sa baguette ;
Que les fleurs qu'elle sème embaument son chemin !

Les pauvres dont la peine est par elle étouffée,
Les enfants, les vieillards, la nomment à genoux.
Je ne vous dirai pas le nom de cette fée ;
Mais chacun la connaît, Madame,... excepté vous.

Longefont, novembre 1857

L'ÉTOILE SOLITAIRE

A ALIDE D.....

Dans le ciel noir je vois reluire
Une étoile au timide feu,
Pâle comme un dernier sourire,
Triste comme un baiser d'adieu ;

Pareille à la barque perdue
Que l'on suit des yeux sur la mer,
Tantôt dominant l'étendue,
Tantôt plongée au gouffre amer.

On n'aperçoit pas d'autre étoile ;
Les nuages sombres et lourds
Sur son front, qui brille et se voile,
Passent et reviennent toujours.

J'ai vu tes yeux, par intervalle,
De la nuit sonder l'épaisseur ;
Était-ce cette étoile pâle
Que tu regardais, ô ma sœur ?

IDÉAL.

Je l'aime parce qu'elle est seule,
Parce qu'elle brille et s'enfuit :
Tel un grain broyé sous la meule,
Telle une onde que l'onde suit!

Je l'aime comme toute chose
Qui subit la loi du trépas,
Comme le sourire et la rose :
O ma sœur, ne l'aimes-tu pas?

Plus tard tu la verras peut-être,
Dans les nuages crevassés,
Briller encore et disparaître;
Alors... pense aux beaux jours passés!

25 juillet 1857

RÊVE PERDU

A MADAME R.....

Pourquoi faut-il que je te parle encore
De ce lointain et touchant souvenir ?
Pourquoi sans cesse un pouvoir que j'ignore
Dans mes pensers le fait-il revenir ?

Tu nous contais qu'en tes jeunes années,
En ce passé si pur, si triomphant,
Pour couronner tes belles destinées
Un seul bonheur te manquait... Un enfant !

Mais une fois, nous dis-tu, je fus mère ;
Un bel enfant, un ange aux cheveux d'or
Était à moi !... Le ciel, à ma prière
Avait donné ce fragile trésor.

Je le voyais dans les bras d'une femme ;
Son cri vibrait à mon cœur maternel,
Et pour cette âme éclose de mon âme,
Mes vœux déjà montaient à l'Éternel.

IDÉAL.

Combien d'espoir, de crainte en toi repose,
Fragile objet qui viens de t'animer,
Mystère saint, tendre petite chose,
Que malgré soi l'on a besoin d'aimer!

Il est à moi! mon regard le dévore,
Ma main s'étend, s'étend pour le trouver.
Mais, ombre vaine, il fuit... Tout s'évapore;
La nuit est sombre et je viens de rêver!

Puis bien longtemps le regret du doux songe
Étreint mon cœur de son poids étouffant;
Pendant la nuit, que ma douleur prolonge,
Je vais criant : Mon enfant! mon enfant!

Il me suivra jusqu'à ma dernière heure;
Je crois le voir en vous le racontant.
D'avoir rêvé se peut-il que l'on pleure?
Après vingt ans j'en pleure encor pourtant.

N'en rougis pas! cette triste chimère,
Dans ton destin si fécond en douleurs,
De tes douleurs n'est pas la moins amère;
N'en rougis pas; ne cache pas tes pleurs.

Chimère ou non, ce que le temps emporte
A notre cœur est-il moins enlevé?
Quand le bonheur est englouti, qu'importe
Ce qu'il était, ou réel, ou rêvé?

RÊVE PERDU.

Le bonheur mort sans espoir de renaître,
Le rêve éteint sans avoir existé ;
De tous les deux c'est le rêve peut-être
Qui doit encore être plus regretté.

Ce cher passé que nous n'avons pu suivre,
Ailleurs un jour peut nous être rendu.
Tout ce qui fut dans le ciel doit revivre ..
Qui nous rendra notre rêve perdu ?

Mars 1844.

LA RUINE

Ils sont morts; la race est éteinte;
Le manoir aux massives tours
Est démantelé pour toujours;
Les corbeaux y volent sans crainte.

Sur le sommet du pic maudit
Se dresse la sombre ruine;
Et lorsque le soleil décline,
Noir géant, son ombre grandit.

Pendant la nuit de blanches ombres
Descendent d'un nuage en pleurs
Pour cueillir l'asphodèle en fleurs
Qui pousse entre les créneaux sombres,

Et de ces humides trésors
Couronnant leurs têtes d'opales,
Elles dansent aux clartés pâles
De la lune amante des morts.

PROMENADE EN SEPTEMBRE

A MARIE DÉSIRÉE

Vois comme il fait beau ce soir !
    Viens t'asseoir
Avec moi sur la colline,
D'où le val et les coteaux
    Sont si beaux
Aux feux du jour qui décline.

Penserait-on que les cieux
    Pluvieux
Ont inondé la nuit sombre,
En voyant briller si pur
    Cet azur
Sans nuages et sans ombre ?

Tel plus d'un être souffrant
    Va montrant
Au jour des lèvres rieuses,
Qui, dans la nuit retiré,
    A pleuré
Des larmes silencieuses.

IDÉAL.

Viens! le zéphyr attiédi
Du midi
A séché l'herbe et la mousse;
Partout s'exhale des prés
Diaprés
Une senteur fraîche et douce.

Le soleil, en se penchant
Au couchant,
Colore d'un reflet rouge
Les coteaux, les peupliers,
Les halliers,
Où nul feuillage ne bouge.

Il dore de chauds rayons
Les sillons
De la colline verdie;
Ses clartés sur les vitraux
Des hameaux
Brillent comme un incendie.

Quel calme délicieux
Sous les cieux!
Quels doux parfums dans la plaine!
Il me semble t'aimer mieux,
Dans ces lieux,
Où mon âme est plus sereine.

Quoi! déjà l'ombre s'étend
En montant

Sur les terres labourées !
Les sommets d'où fuit le jour
    Tour à tour
Perdent leurs teintes pourprées.

Chaque oiseau dans la forêt
    Disparaît,
En criant sous les ramures ;
Un éclat confus de voix
    Sort des bois,
Puis s'achève en longs murmures.

Le dernier rayon s'enfuit :
    C'est la nuit !...
Dans la brume qui s'élève,
Le vallon vaste et profond
    Se confond
Et s'efface comme un rêve.

Le brouillard vient froid et lent,
    Nous voilant
Comme un linceul qu'on déplie.
Ce beau soir si tôt passé
    M'a glacé
Le cœur de mélancolie.

O jours que naguère encor,
    Plein d'essor,
J'appelais d'un cœur avide,
Je vous salue en secret

D'un regret,
Dans votre fuite rapide.

O ma brillante saison !
Horizon
Qui me semblais sans barrière,
Je te touche avec la main ;
Mon chemin
Est déjà long en arrière.

Pour endormir mon émoi,
Berce-moi
De ton amour qui m'enivre ;
Mêle à mon austérité
Ta gaîté,
Et console-moi de vivre !

Si par toi mon cœur aimé
Dort calmé,
Un deuil secret y demeure ;
Septembre a quelques retours
De beaux jours,
Mais la nuit vient de bonne heure.

L'oiseau chante à pleine voix,
Et les bois
Gardent encor leur couronne ;
Mais sous l'austère beauté
De l'été,
On pressent déjà l'automne.

LA FILLE DU TINTORET.

A M. LÉON COIGNET

I

Venise! oh! que de fois un désir fantastique
A transporté mon cœur sur ton Adriatique!
De l'espace et du temps déchirant le rideau,
J'ai rêvé tes canaux sillonnés de gondoles,
Et tes palais de marbre et tes blanches coupoles,
  Et ton Saint-Marc et ton Lido!

Là, parmi les splendeurs de ton architecture,
J'aime à ressusciter les rois de la peinture
Qui prenaient leurs couleurs au ciel vénitien;
Je vois les deux Palma, dont le génie éclate,
Véronèse drapé de pourpre et d'écarlate,
  Et le grand maître Titien!

Les uns glissent, bercés par les ondes limpides,
Souriant aux chansons de ces beautés splendides,
De ces reines d'un jour, qui vivront sous leur main ;
D'autres, le front pensif, sur la sombre lagune,
Vont rêver, isolés de la foule importune,
    A leur chef-d'œuvre de demain.

Toi, surtout, Robusti, vieillard au front austère,
Aussi fier que ton nom, j'aime ton caractère.
Où tout autre eût cédé, tu luttes et grandis.
Tu veux le premier rang dans la noble phalange :
La terre à Titien, l'enfer à Michel-Ange,
    A Tintoret le paradis !

II

    Maître ! quand Venise en ivresse
    S'égaie et rit de toute part,
    Pourquoi rester, dans ta vieillesse,
    Dédaigneux et fier à l'écart ?
    C'est que ton âme est orgueilleuse.
    De ta fille, enfant merveilleuse,
    Tu soutiens le sublime essor.
    Ainsi le chêne, dans sa force,
    Sur ses bras, à la rude écorce,
    Suspend la vigne aux grappes d'or.

Belle et sainte! On dirait un ange.
Les cieux doivent la regretter;
Ses regards ont un charme étrange,
Sa voix semble toujours chanter.
La harpe, entre ses mains bénies,
A d'indicibles harmonies,
Qui font du plaisir et du mal;
Ses pinceaux animent la toile;
Elle fait pâlir ton étoile,
Et son génie est ton rival.

Autant que toi Venise est folle
De Maria Tintorella.
C'est la merveille; c'est l'idole!
Paraît-elle? On dit : La voilà!
Le doge lui sert de modèle;
Les rois, pour être peints par elle,
Lui dépêchent leurs envoyés.
Oh! dans ta solitude austère,
Que tu dois être un heureux père!...
Il est heureux? Oh! oui... Voyez!...

III

Voyez sous ces rideaux la blonde Tintorelle,
Pâle, froide, immobile et douloureuse à voir.
  Son père au désespoir
Se penche vers son lit, encor plus pâle qu'elle.

Il contemple, d'un œil terne et stupéfié,
Son bonheur, un cadavre, et son espoir, une ombre !
      Il est là, morne, sombre,
Comme si la douleur l'avait pétrifié.

Sa fille souriait, ce matin, fraîche et forte.
Sa toile, ses pinceaux, ses couleurs... O destin !
      Préparés ce matin,
Semblent l'attendre encore... et ce soir elle est morte !

Morte ! Il ne le croit pas. Pauvre cœur paternel,
Qui nageait, ce matin, dans des torrents de joie,
      Et que le ciel foudroie,
Comment pourrait-il croire à ce deuil éternel ?

Plus d'enfant ! ne plus voir sa tête enchanteresse !
Ses yeux qui, du vieillard illuminant le soir,
      Étoiles de l'espoir,
Donnaient à son déclin l'éclat de la jeunesse !

Plus d'enfant ! Et qui donc ramassera demain
Ces pinceaux enviés, fameux par tant d'ouvrages,
      Glorieux héritages
Qui s'échappent déjà de sa tremblante main ?

Plus d'enfant ! Avec toi, fugitive colombe,
Le rire, la gaîté, les chants harmonieux
      Sont remontés aux cieux,
Et la harpe aux doux sons dormira sur ta tombe.

Ce père, qui marchait dans son joyeux orgueil,
Radieux de sa fille à son bras attachée,
  Ira, tête penchée,
Aussi blême qu'un mort évoqué du cercueil.

Au géant des forêts la vigne qui s'enchaîne
Tombe avec les rameaux qui lui servaient d'appui.
  C'est la vigne aujourd'hui
Qui meurt, et dont la mort fait succomber le chêne.

IV

La douleur du vieillard éclate, et prosterné :
— « Dans ma fille, ô mon Dieu ! vous m'aviez couronné ;
  C'était mon bien, ma vie.
Pourquoi sans le vieux père avoir frappé l'enfant ?
Ah ! j'étais trop heureux, j'étais trop triomphant
  Et trop digne d'envie !

« Ayez pitié, Seigneur, et faites-moi mourir.
J'ai souffert aujourd'hui plus qu'on ne peut souffrir
  Dans toute une existence.
Puisque vous m'avez pris le trésor que j'aimais,
Prenez-moi donc aussi. Je suis mort désormais ;
  Je n'ai plus d'espérance !

« Beauté, grâce, génie et vertu, tout est là !
Je ne te verrai plus, ô ma Tintorella !
  Le tombeau qui dévore,

De toi, sang de mon sang, de toi, chair de ma chair,
Fait un reste insensible!... — O mon bien le plus cher,
  Je veux te voir encore!

« Vous qu'elle a préparés, ses pinceaux, ses couleurs,
Venez à mon secours. Soulagez mes douleurs;
  Rendez-moi son visage.
Quand Dieu de mon exil voudra me retirer,
O ma Tintorella! que je puisse expirer
  Les yeux sur ton image! »

V

Sa main tient la palette et, dévorant son deuil,
Il fixe sur sa fille un pénétrant coup d'œil.
Il sature longtemps son âme paternelle
De ta pâleur de marbre, ô douloureux modèle!
Une lampe funèbre à travers un rideau,
De sa morne lumière éclaire le tableau,
Et glisse sur la morte étendue en sa couche.
Ses beaux yeux sont fermés languissament; sa bouche
Est entr'ouverte encor par le dernier soupir,
Et le doigt de la mort, qui vient de l'assoupir,
A laissé sur son front le divin caractère
D'un ange que le ciel vient de prendre à la terre.

Toi, vieillard, pâle, sombre et cependant vainqueur
Du sanglant désespoir qui te ronge le cœur,

Tu concentres ton âme en ce suprême ouvrage.
Par un sublime effort d'amour et de courage,
Tu veux, et ton pinceau n'a pas même hésité.
Si ta lèvre est aride et ton front contracté,
Si ton œil est brûlant, aucun pleur ne le voile,
Et l'image adorée a passé sur la toile.
Rongez, vers du tombeau ! faites votre devoir ;
Sur la Tintorella vous êtes sans pouvoir :
Par deux fois au néant le Tintoret l'a prise :
Père, il lui donna l'être ; artiste, il l'éternise !

L'Étang, 16 septembre 1852.

LE BOSQUET DE ROSES

Il est, au fond de ton jardin,
Un banc sous un bosquet de roses,
Où tu vas lire et te reposes
Quand le jour est à son déclin.
— Les fleurs en sont-elles écloses ?

Sur ce banc-là j'allais m'asseoir,
O souriante destinée !
A mon bonheur de la journée
Bien longtemps j'y rêvais le soir.
— J'y veux retourner cette année.

Là, j'écrivis avec émoi
Ces vers où, pressentant d'avance
Les chagrins de la longue absence,
Je te disais : — Rappelle-toi !
— En as-tu gardé souvenance ?

Hors l'amitié, tout doit finir ;
Tout s'enfuit au vent et s'effeuille,
Jusqu'à la fleur que ta main cueille
Sur le rosier du souvenir :
— Oh ! que j'en voudrais une feuille !

Avril 1855.

A MADEMOISELLE GABRIELLE P....

Vous avez, Gabrielle, une douce parole ;
Vous avez un souris qui charme et qui console ;
Votre visage exprime une aimable langueur ;
Vous êtes tout ensemble et souriante et grave ;
Pareille à l'humble fleur dont l'odeur est suave,
Vous avez la bonté ; c'est le parfum du cœur.

Vous aimez cette enfant si charmante et si chère
      Que j'appelle comme ma mère,
      Que j'adore comme une sœur.
Oh ! l'amitié sur terre est un divin dictame !
Les maux soufferts à deux sont moins cruels à l'âme,
Et les biens partagés en ont plus de douceur.

Puissiez-vous, toutes deux, marcher, toujours sereines,
Par des sentiers fleuris, sur de molles arènes !
Que dans l'ombre et la paix vos jours soient abrités !
Puissiez-vous ne jamais éclabousser nos fanges
Sur vos pieds délicats et sur vos robes d'anges !
Que Dieu soit avec vous ; car vous le méritez.

Longefont, novembre 1857.

NUIT D'AUTOMNE

Il fait noir ; la terre est sombre,
Pas un astre au ciel ne luit ;
On entend vagir dans l'ombre
Le vent triste de la nuit.

Les grands arbres se balancent
Avec un gémissement ;
Les flots sur le roc s'élancent
Et mugissent sourdement.

On dirait que l'eau qui gronde
Parle aux peupliers mouvants,
Et l'arbre répond à l'onde
En courbant sa tête aux vents.

Cri d'angoisse ! hymne éternelle
De la vie et de la mort !
Pourquoi l'onde pleure-t-elle ?
Pourquoi gémit l'arbre au bord ?

NUIT D'AUTOMNE.

L'arbre se plaint-il à l'onde
De ce souffle continu,
Qui lui prend sa feuille blonde
Et le va laisser tout nu?

L'onde se plaint-elle aux arbres
De ce que l'hiver fatal
Va changer en blocs de marbres
Ses paillettes de cristal?

O rêveur, qui les écoutes,
Toi, dont le cœur effaré
Se déchire à tous les doutes,
Comme un chasseur égaré,

Il est une voix intime
Aux soupirs plus douloureux :
Ton cœur, ce profond abîme,
Gémit plus tristement qu'eux.

Si le vent à l'arbre enlève
Sa parure de l'été ;
Vois ton bonheur rêve à rêve,
Par l'aquilon emporté.

Si l'eau se plaint au rivage
Des froids qui la gèleront,
Songe à cet hiver de l'âge
Qui va te glacer le front.

IDÉAL.

Le feuillage doit renaître
Au printemps plus radieux ;
Le flot que l'hiver pénètre
S'élancera plus joyeux ;

Mais cet hiver, triste et morne,
Qui saisit ton corps perclus,
Est sans limite et sans borne :
L'été ne reviendra plus !

Sans qu'un autre espoir t'accueille,
Sans refleurir de nouveau,
Tu tombes comme la feuille,
Tu t'écoules comme l'eau.

O rêveur ! songe à toi-même,
Passager dans ces lieux bas ;
Songe au sinistre problème,
A l'énigme du trépas.

Nul de ceux qui sont sous terre
Ne l'a dit à son linceul ;
Vie ou mort, c'est le mystère
Que Dieu garde pour lui seul.

LONGEFONT

A travers le rideau des peupliers mobiles,
Sur ces murs en terrasse et de lierre couverts,
Voyez-vous la maison au toit de sombres tuiles,
    Blanche au milieu des arbres verts?

Au murmure de l'eau qui bout sur les écluses,
Au longs soupirs des bois agités par le vent,
On croirait voir errer les ombres des recluses
    Sur les débris du vieux couvent.

C'est Longefont! C'est là, dans ce val solitaire
Que priant et rêvant loin du monde réel,
Les nonnes savouraient dans l'oubli de la terre,
    L'avant-goût de la paix du ciel.

O désir de ma vie! ô rêve insaisissable,
Que je poursuis sans cesse et qui me fuis toujours,
Rapide comme un flot, mobile comme un sable,
    Espoir et tourment de mes jours,

Céleste paix! jadis chez ces vierges pieuses
Dans ces murs où planait un sévère bonheur

IDÉAL.

Tu vivais, animant leurs voix harmonieuses
    A chanter le nom du Seigneur!

Les hymnes ont cessé; les nonnes désolées
Ont fui ces murs sacrés, pour n'y revenir plus;
Et la cloche du cloître, aux échos des vallées,
    Ne sait plus tinter l'Angélus.

Mais toi, divine paix, tu demeures encore
Mystérieux esprit, dans ce val délaissé
Où la Creuse caresse, indolente et sonore,
    Les doux fantômes du passé.

Dans les rameaux tremblants des saules et des aunes,
Tu te berces au vent comme un sylphe qui dort,
Quand le soleil penchant darde ses rayons jaunes
    Où danse un flot d'insectes d'or.

Tu t'accoudes, pensive, au bord de la fontaine;
Je vois se dessiner ton reflet nébuleux,
Dans cette urne de pierre où l'œil mesure à peine
    Le profond cristal des flots bleus.

O vallon solitaire! ô riantes collines!
Rivage où l'onde suit un cours délicieux!
Toi, berceau verdoyant, qui sur les eaux t'inclines!
    Calme de la terre et des cieux!

Mystérieux accords qui formez le silence,
Mon cœur charmé par vous oublîra ses douleurs.
Oh! laissez-moi cacher ici mon existence,
    Entre les oiseaux et les fleurs!

A DEUX

C'était dans le bois, sous l'ombrage,
Au soir ;
L'ombre envahissait le feuillage
Plus noir.
Sous les arbres, mobiles dômes,
Glissaient
Quelques rayons où des atômes
Dansaient.
Ensemble ils marchaient tous deux, Elle
Et Lui.
Lui, servant à l'enfant plus frêle
D'appui,
Pressait, silencieux et tendre,
Le sol.
Elle, oiseau joyeux qui va prendre
Son vol ;
Aux échos jetait gracieuse
Sa voix,
Et sautait dans l'herbe soyeuse
Du bois.
Sur son épaule aux chairs nacrées
Le vent

Soulevait ses boucles dorées
Souvent ;
Son œil où pétillait sa joie
D'un jour,
Jetait ces longs éclairs qu'envoie
L'amour.
Lui, recueilli dans sa tendresse,
Vainqueur,
Nageait dans l'ineffable ivresse
Du cœur ;
Sur elle abaissant sa paupière
Pieux,
Il l'enveloppait tout entière
Des yeux ;
Et son regard, dans chaque pose
Bien long,
Admirait ce bel ange rose
Et blond,
Qui gazouillait d'une voix douce
Tout bas,
Marquant à peine sur la mousse
Ses pas.
Où donc allaient-ils, lorsque l'ombre
Croissait,
Tous les deux seuls par le bois sombre?
Qui sait?
Sans doute ils n'en savaient eux-même
Plus rien.
Qu'importe où l'on va quand on s'aime
Si bien !

LA CHEMINÉE DE CAMPAGNE

VOYAGE AU COIN DU FEU

Qu'il fait bon, quand la nuit lente et sombre est venue,
Quand la bise au dehors, dans la campagne nue,
Fait voltiger la neige en épais tourbillons,
Ou quand le brouillard froid pèse sur les sillons ;
Qu'il fait bon, seul, tranquille et la tête inclinée,
Assis sous le manteau d'une ample cheminée,
Les coudes aux genoux et les mains au foyer,
Voir dans l'âtre rustique un chêne flamboyer !
C'est qu'une cheminée, en hiver, est un monde.
Le grillon s'y blottit dans sa fente profonde ;
Hôte de bon augure, il se cache à mes yeux
Sous la plaque de l'âtre, et fredonne joyeux.
A son hymne bientôt répond un sourd murmure ;
C'est le chaudron pendu dans la fumée obscure.
Sur sa tête il incline un couvercle rouillé,
Et lorsque de trop près il se sent chatouillé
Par le feu, dont il craint la douloureuse atteinte,
Il exhale en vapeur son haleine et sa plainte.

Les grands chenets de fer, immobiles tous deux,
Indifférents au bruit qui se fait autour d'eux,
Sourds au tison qui roule, au choc des étincelles,
Sur le seuil du foyer, comme deux sentinelles,
Semblent veiller exprès pour arrêter les jeux
De ces gaz pétillants, à l'essor ombrageux,
Qui, poussant dans la chambre une pointe indiscrète,
Allongent tour à tour et retirent leur tête.

Les branchages légers, les sarments onduleux,
D'où sortent en sifflant des jets roses et bleus,
Se crispent aux baisers de la flamme lascive,
Et semblent s'écrier d'une voix convulsive :

« — Où sont les beaux jours passés ?
Dans l'arbre vaste et sonore,
Par les brises de l'aurore
Nous avons été bercés !

« En mai nos feuilles ouvertes,
Perçant le bourgeon vermeil,
Ont jailli sous le soleil,
Jaunes d'abord et puis vertes.

« L'oiseau, ce chanteur des bois
Qui n'a que l'âme et les ailes,
Souvent sur nos cimes frêles
A posé ses légers doigts.

« Et nous, heureux de l'entendre,
En balançant le doux nid
Qu'il aime et que Dieu bénit,
Nous écoutions sa voix tendre.

« Puis nos feuilles ont bruni,
Tombant au vent de l'automne
Avec un bruit monotone;
Et les amours ont fini !

« Dans la forêt indignée
Sont venus les bûcherons,
Et partout, aux environs,
A retenti la cognée.

« Victimes du fer cruel,
Hélas ! le feu nous dévore !
Nous ne verrons plus l'aurore,
Ni les oiseaux, ni le ciel.

« Jusques à la moindre branche
Le feu nous prend tour à tour ;
Nous devenons, sans retour,
Charbon rouge et cendre blanche. »

Ils disaient, quand le chêne, atteint profondément,
Crie et laisse échapper un sourd gémissement.
Il s'agite, vaincu par la flamme crispée,
Et, de l'extrémité que la hache a coupée,

Les pleurs qu'il retenait coulent en écumant.
Le vieux géant des bois exhale son tourment :

« — Faibles rameaux, est-ce à vous de vous plaindre?
 Vous n'avez pu, dans votre vie, atteindre
  Jusqu'à l'hiver. Vous n'avez pas vécu.
Mais moi, qui fus l'orgueil de la forêt sauvage,
Qui vis cent fois s'étendre et tomber mon feuillage,
Moi le rival du Temps, moi qu'il n'a pas vaincu!...

« J'ai vu grandir l'aïeul de notre maître ;
 J'ai vu mourir son père et son fils naître ;
  De tous les siens j'aurais usé les jours.
Enfant, j'avais pour lui des nids dans mon feuillage,
Et sous mon front puissant, vieillard courbé par l'âge,
Il se fût souvenu de ses jeunes amours.

« C'est sous mon ombre épaisse et parfumée
 Qu'il vint s'asseoir près de sa bien-aimée ;
  Voici la mousse où sa main s'appuya.
Sous ma rugueuse écorce il eût pu voir encore
Deux chiffres enlacés, dont celle qu'il adore
Par un baiser bien tendre autrefois le paya.

« Aux jours du deuil, aux heures de l'étude,
 Sous mon abri cherchant la solitude,
  Il vint rêver, pleurer, prier les cieux.
Inutiles rameaux, est-ce à vous de vous plaindre,
Lorsqu'en des nœuds ardents cet ingrat laisse étreindre
Un ami de cent ans, planté par ses aïeux! »

Mais moi : « — Pourquoi gémir et m'accuser, vieux chêne ?
Tu vis assez de fois changer l'espèce humaine.
Brûle ! c'est ton destin ! »

    Je disais, et pourtant,
Je m'étais attendri tout bas en l'écoutant ;
J'avais compris son deuil. Sa douleur était juste,
Et vaincu par degrés, je lui dis : « — Arbre auguste,
Je fus cruel pour toi, mais tu m'en as puni.
A tes pieds, évoquant tout un passé béni,
J'aurais pu revenir m'asseoir sur tes racines !
Rêveur, j'eusse écouté ces notes argentines
Que la brise module entre les rameaux verts.
Dans le ciel de l'été, rayonnant au travers,
J'aurais cru voir passer peut-être une ombre douce,
Et tandis que l'oiseau, couvant son nid de mousse,
Eût gazouillé là-haut sa joie ou sa langueur,
La voix du souvenir eût chanté dans mon cœur !
Il est trop tard ! »

    L'effort de la flamme agrandie
Jusques au cœur de l'arbre a porté l'incendie.
Soudain en deux moitiés il se brise... Un fragment
Roule sur les chenets, se redresse et, fumant,
Comme un clocher frappé par la foudre il s'embrase.
Pendant quelques instants il fume sur sa base,
Tandis que l'autre bout, sur le foyer brûlant,
Consumé par le feu plus égal et plus lent,
En charbons inégaux se divise dans l'âtre.

Longtemps encor j'y vois, ainsi qu'en un théâtre,
Des formes de rochers, de palais et de tours
Grandir, se transformer et s'éteindre à toujours.
Longtemps je me complais à saisir au passage
Du vallon calciné le changeant paysage.
Quelquefois un charbon pétille, un léger feu
Voltige en chatoyant, et lance un reflet bleu.
Bientôt tout devient noir, hormis quelque point rouge
Sorti pour un moment de la cendre qui bouge.
Enfin tout fait silence, et le grillon reprend
Sa chanson, qu'arrêta l'ardeur d'un feu trop grand :

« — Je suis l'insecte d'ébène ;
Dans la nuit je me promène,
Moi, le lutin familier,
Moi, dont la noire prunelle
Reluit, comme une étincelle,
Dans la fente du foyer !

« Sous la cendre douce et tiède,
Content du coin qu'on me cède,
Je chante et n'exige rien.
Soufflez, vents ! Dieu me protége.
Tombe au dehors, froide neige !
Je suis heureux ! je suis bien !

« Pour te bercer, mon bon hôte,
Je m'en vais d'une voix haute
Fredonnant l'hymne du soir,
Et, dans l'abri qui me cèle,

A grand bruit, frappant mon aile
Contre mon corselet noir. »

Quand le dernier charbon s'est éteint sous la cendre,
Lui-même le grillon ne se fait plus entendre ;
Enfin, dans le village où s'est tû chaque bruit,
L'horloge douze fois résonne... Il est minuit!

ENVOI A JULES BOILLY.

Et toi, cher fugitif, toi qu'une ardeur dévore
De changer d'horizon et d'en changer encore ;
Toi, mobile rêveur, que de malins démons
Entraînent loin de nous et par vaux et par monts,
Qui vas, sous d'autres cieux, cherchant d'autres spectacles,
Vois ! tu rencontrerais plus de changeants miracles
Plus d'aspects imprévus dans mon feu de Noël
Que ne t'en peut offrir, là-bas, ton nouveau ciel.
Où vas-tu? quel pays te possède à cette heure?
Sur quelque route ardue, où le vent crie et pleure,
La lourde diligence, au coussin amaigri,
Cahote rudement ton corps endolori ;
Tandis que plus tranquille et me croyant plus sage,
Je vais sur l'oreiller faire un autre voyage.

A MADAME AMÉLIE R....

Pourquoi faut-il que le temps ait des ailes,
Pour emporter notre ivresse et nos chants?
Pourquoi faut-il que ses mains trop cruelles
Fauchent nos jours comme l'herbe des champs?

Il me semblait que vous étiez venue
Depuis hier seulement parmi nous;
Et vous partez! vous n'êtes retenue
Ni par nos vœux ni par nos soins pour vous!

Aussi voyez comme Dieu nous retire
Son beau soleil, qui brillait sur nos fleurs!
Vous nous quittez, et l'aquilon soupire,
Et tout le ciel semble se fondre en pleurs!

Cette naïade à la course limpide,
Qui vous berçait de ses bras transparents,
Dans son regret plisse son front humide;
Son flot se trouble aux larmes des torrents.

A MADAME AMÉLIE R....

Tout vous regrette. Ah! chère fugitive,
Vous emportez les meilleurs de nos jours ;
Mais vous avez passé sur cette rive,
Et tout, de vous, y parlera toujours.

Errant tout seul, sur les rives désertes
De cette Creuse où nous allions le soir,
Je croirai voir entre les feuilles vertes
Votre front pur ou votre grand œil noir.

Dans le sentier votre marche est tracée ;
Le sable a pris l'empreinte de vos pas ;
Je l'y verrai toujours quoique effacée :
Mon cœur la garde et ne l'oubliera pas.

Je glisserai dans ma barque de chêne,
Dont votre main guida les avirons ;
Pour moi, l'écho de la rive prochaine
Dira vos chants aimés des environs.

Le souvenir, chimère caressante,
Me parlera des beaux jours écoulés ;
Je vous verrai sans cesse, quoique absente,
Dans ce pays d'où vous vous en allez.

Auprès de nous si vous fûtes heureuse,
Promettez-nous qu'en un prompt avenir
Vous reviendrez aux rives de la Creuse ;
Car, sans l'espoir, triste est le souvenir.

Longefont, 18 août 1856.

L'OISEAU DU PARADIS

LÉGENDE ALLEMANDE

La rêveuse Allemagne était encor soumise,
Comme une enfant docile, aux canons de l'Église ;
De toutes parts, au fond des vallons, l'Angelus
Tintait dans les couvents pour de pieux reclus.
Déjà pourtant les cœurs s'égaraient dans la route,
Et sur les plus fervents flottait l'ombre du doute.
L'un des plus vénérés de ces religieux
Était le moine Alfus. Alfus était si vieux
Qu'il avait dépassé la limite ordinaire ;
Aussi l'appelait-on le moine centenaire.
Il semblait au-dessus de notre humanité,
Par son âge non moins que par sa piété.
A voir la majesté de sa noble figure
Et sa barbe d'argent sur sa robe de bure,
On aurait dit un saint. En le voyant passer
Les lévites semblaient tout près de l'encenser.
Alfus avait la foi ; mais cette longue vie,
D'amertume abreuvée et de douleur suivie,

Était lourde à son âme encor plus qu'à son front.
Les heures que le temps pousse d'un doigt si prompt,
Ces heures lui pesaient. Comme un buveur avide,
Dont on remplit la coupe aussitôt qu'elle est vide,
Succombe sous le vin qu'on lui verse toujours,
Las de la vie, Alfus était ivre de jours.
Pour tous, son existence était sainte et bénie;
Mais quand venait la nuit, une ardente insomnie
Tenait ses yeux ouverts, et l'aube en renaissant
Le retrouvait plus sombre et plus réfléchissant.
L'ennui le consumait. Un dégoût invincible
A toute impression le rendait insensible.
Parfois il appelait la mort, lente à venir;
Parfois épouvanté de ce vaste avenir,
Il s'écriait : « — Mon Dieu ! si l'existence humaine,
Qui dure peu de temps, de tels ennuis est pleine,
De quel terrible poids sera l'éternité!
Notre lot sur la terre est l'instabilité;
Changer c'est vivre; l'homme avide de prémices
Rebutera demain l'objet de ses délices.
L'irrésistible instinct l'entraîne à ce qui fuit.
L'onde coule, l'oiseau s'envole, l'éclair luit,
Le parfum s'évapore... Ainsi tout ce qu'il aime!
Mais des splendeurs sans fin, un chant toujours le même,
Une adoration sans borne, où les élus
Plongés dans un bonheur qui ne finira plus,
Buvant le même vin toujours au même vase,
Rêvent pétrifiés dans l'immobile extase!
Tel sera l'autre monde!... Et partout, et toujours,
L'espace et l'infini! Plus de nuits, plus de jours!

Plus de vœux à former, plus d'humaines souffrances !
Mais aussi plus jamais de folles espérances,
De ces rêves changeants où brillait l'idéal ;
Toujours ! toujours un cycle immuable, fatal,
Un azur sans nuage, un été sans rosée,
Un bonheur dont jamais l'âme n'est reposée,
Un abîme où l'esprit s'arrête épouvanté,
Où l'oreille n'entend qu'un mot : Éternité !.... »

Alfus, l'âme livrée au rêve qui l'emporte,
S'avance et du couvent il a franchi la porte.
Il traverse le pont, et la route et les prés
Couverts d'arbres en fleurs et de fleurs diaprés.
Il arrive bientôt dans un lieu solitaire,
S'asseoit au pied d'un chêne et se laisse distraire
Par les enchantements de la verte forêt.
Dans sa jeune beauté le printemps s'y montrait.

O printemps, fils de Dieu, toi, dont la main redonne
Aux arbres de nos bois leur mobile couronne,
Tu souris à l'enfant, à l'homme, et ton regard
Jette un dernier éclat dans le cœur du vieillard !
Tout n'était que fraîcheur et parfum sous l'ombrage ;
Le soleil envoyait à travers le feuillage
Ces obliques rayons qui présagent le soir ;
La nature riait de bonheur et d'espoir ;
Un oiseau préluda. Sa voix était si tendre
Que tous les bruits des champs se turent pour l'entendre :
Son chant était si doux, si pur, qu'un rossignol
Tomba de jalousie et mourut sur le sol.
Cet hymne harmonieux aux notes nuancées
Ranima le vieillard et changea ses pensées.

Attentif, il resta, ne se souvenant plus
Qu'on l'attendait au chœur pour chanter l'Angelus.
De l'oiseau merveilleux les cadences perlées
Se suivaient, s'enchaînaient, sans fin renouvelées;
Il ne se lassait point, et chaque trait nouveau
Se dessinait plus frais, plus suave et plus beau.
On croyait voir germer à sa voix la verdure,
Voir le ciel resplendir, et toute la nature,
Comme s'harmonisant aux mystiques accords,
Prodiguer ses couleurs, ses parfums, ses trésors.
Il semblait que lui seul, tel qu'une âme inspirée
Donnât l'air et la vie à toute la contrée.
Il parlait un langage à l'esprit soucieux,
Et l'emportait bien loin, bien haut, jusques aux cieux!
Il remuait le cœur au fond de la poitrine;
Les mille harpes d'or de la cité divine,
Qui font dans sa splendeur le ciel s'extasier,
Vibraient à l'unisson dans ce frêle gosier.
Enfin il couronna sa gamme merveilleuse
Par une note claire, ardente, lumineuse,
Que le moine crut voir, à travers le ciel pur,
Filer comme une étoile et mourir dans l'azur.

L'extase du vieillard avec l'oiseau s'envole.
Il a dû perdre une heure à ce plaisir frivole;
Il se lève, et, hâtant son pas mal assuré,
Il retourne... Mais quoi! tout s'est transfiguré.
Merveilleux changement! Les collines prochaines,
Au lieu d'humbles taillis s'ombragent de grands chênes;
En place du sentier qui menait au couvent,
S'ouvre une large route; au lieu du pont mouvant,

Dont le bois vermoulu frémissait sous la marche,
Un pont vaste arrondit les pierres de son arche.
Il ne reconnaît plus personne du hameau.
Les pâtres ébahis, ramenant leur troupeau,
Et les femmes filant sur le seuil de la grange,
Le regardent passer avec un air étrange.
Il arrive au couvent; le cloître est agrandi.
Le vieux clocher roman, qui penchait alourdi,
Où les oiseaux du ciel nichaient dans mainte brêche,
Se dresse et lance au ciel une gothique flèche.
L'étonnement, l'effroi lui font hâter le pas;
Il arrive. Un portier qu'il ne reconnaît pas
Lui demande son nom; il le dit... O surprise!
Nul ne connaît Alfus, ce flambeau de l'Église.
Enfin on fit venir le doyen du couvent :
C'était du temps passé le registre vivant.
Il recherche le nom d'Alfus dans sa mémoire :
« — Je me souviens, dit-il, d'avoir ouï l'histoire
D'Alfus le centenaire. Il sortit seul un soir.
Que devint-il depuis? On n'a pu le savoir;
Mais on croyait qu'après sa mission remplie,
Dieu l'avait dans le ciel emporté comme Élie.
Car c'était un grand saint. Dans mon plus jeune temps,
Les anciens en parlaient déjà depuis vingt ans,
Et j'en ai quatre-vingts..... » Mais, Alfus, ô mystère!
Voyant que tout un siècle écoulé sur la terre,
Plus que l'âge d'un homme, avait passé pour lui
Comme l'ombre d'un songe en moins d'une heure enfui;
Alfus comprit soudain que ce chanteur sublime
Était venu du ciel l'arracher à l'abîme.

L'OISEAU DU PARADIS.

Le moindre des oiseaux qui sont au paradis
Tenait depuis cent ans tous ses sens engourdis.
Les mondes et les temps valaient donc moins qu'une heure
Des voluptés que Dieu nous garde en sa demeure?
Tombant à deux genoux, il adora. — Les jours
Suspendus par miracle, ayant repris leur cours,
Sur son front prosterné tout d'un coup s'écroulèrent.
La mort le foudroya ; ses regards s'aveuglèrent ;
Mais confiant en Dieu, certain de sa bonté,
Il entra dans la tombe et dans l'éternité !...

CLAIR DE LUNE

Viens ! la nuit est belle, l'air pur
    Et le ciel sans nuage ;
La lune glisse dans l'azur,
    Comme un cygne qui nage ;
Les fleurs mêlent en un parfum
    Mille senteurs divines ;
Nos cœurs unis n'en font plus qu'un,
    Qui bat dans deux poitrines.

Pose tes deux mains sur mon bras,
    Ton front sur mon épaule ;
Viens ! nous irons où tu voudras,
    Dans les prés, sous le saule ;
Au bord du ruisseau babillard,
    Ou dans le bois qui tremble ;
Marchant et parlant au hasard,
    Mais heureux d'être ensemble !

A UNE BELLE INCONNUE

SONNET

Laissez-moi longtemps en silence,
M'éblouir de votre beauté.
Mon regard n'est pas une offense,
C'est un hommage mérité.

Est-ce que jamais le ciel pense
Par notre terre être insulté,
Si l'azur de son dôme immense
Dans les lacs bleus est reflété ?

Votre image en mon cœur se plonge ;
Je veux l'emporter comme un songe
Dont on ne peut se détacher,

Comme le trésor d'un avare,
Ou le parfum d'une fleur rare
Qu'on respira sans y toucher.

LA JEUNE FILLE ET L'ÉTOILE

SONNET

— Salut, étoile du matin !
Cette nuit j'ai fait un beau rêve.
Peux-tu, dans son château lointain
Voir mon bien-aimé qui se lève?

Selle-t-il son coursier hautain,
Qui piaffe et hennit sur la grève?
Fait-il préparer le festin,
Pour que la noce enfin s'achève?

— Blanche vierge, ma jeune sœur,
Je l'ai vu le hardi chasseur.
Sur son manoir je suis passée.

Il chevauche par la forêt:
Et le festin de noce est prêt...
Mais tu n'es pas la fiancée!...

L'IDÉAL

Lorsque l'idée afflue et monte
Dans mon cerveau qu'elle ravit,
Si je pouvais, comme la fonte
Que l'on jette au moule et qui vit,

La couler dans sa pure forme,
Dans sa grâce ou dans son ampleur,
Plus forte qu'un colosse énorme,
Plus délicate qu'une fleur;

Oh! j'aurais une poésie
A tenir le monde enchanté,
Belle comme la fantaisie,
Grande comme l'Éternité !

Mais quand il faut que je modèle,
Dans un langage glacial,
L'image toujours infidèle
De l'insaisissable Idéal;

Pensée! archange de lumière,
Étoile au radieux sillon,
Plus fragile que la poussière
Sur les ailes du papillon,

Quand il faut que je te saisisse;
Quand il faut que d'un doigt grossier,
Je t'enchaîne et je t'assouplisse
Dans mon vers aux mailles d'acier;

Je sens que je suis sacrilége,
Que je mets en captivité
Celle dont le saint privilége
Est l'espace et la liberté.

Je sens que j'arrache au bocage
Le rossignol mélodieux,
Pour l'enfermer dans une cage,
Sans fleurs, sans ailes et sans yeux.

Si dans la prison douloureuse,
Il jette encore un chant furtif,
Ce n'est plus une hymne amoureuse;
Mais c'est la plainte d'un captif.

Ainsi, vous, rimes cadencées,
Vous êtes un écho moqueur,
Une ombre pâle des pensées
Dont le flambeau luit dans mon cœur.

L'IDÉAL.

Hélas! hélas! tout ce que j'aime,
Tout ce qu'en moi je sens frémir,
Doit-il mourir avec moi-même
Et sous terre avec moi dormir?

FIN

TABLE

FOI, ESPÉRANCE ET CHARITÉ.

Dédicace 3	Une jeune Femme qui tenait son enfant dans les bras.... 83
LIVRE PREMIER.	Les Oiseaux de passage..... 87
La Foi................... 5	La Plainte de Milton........ 91
L'Oraison dominicale....... 12	La Maison paternelle....... 96
Le Rameau bénit 15	L'Oasis................... 99
La Fille de Jaïre........... 18	Le Nouveau-né............ 101
Ave, Maria............... 25	Le Premier papillon........ 103
Les petits Enfants......... 27	Le vieux Grand-Père....... 105
Le Chant des orgues 33	A un Toit hospitalier....... 110
Le Coin du cimetière....... 37	Consolation............... 111
Invocation dans l'orage 41	Sans espoir............... 113
Une Pensée de J. Droz..... 44	Cloches du soir............ 116
Prions 45	La Rose mouillée.......... 117
Destinée................. 47	Frère et Sœur............ 119
Hymne pendant l'Avent..... 49	Les Hirondelles............ 122
Dans le Bois 51	Les Orphelins............. 123
La Fleur brisée 54	La Lettre de la veuve....... 127
L'Angélus de mai.......... 55	Le Cap Nord.............. 129
La Tristesse de Marie....... 58	Loin du monde............ 132
Violette blanche........... 59	
	LIVRE TROISIÈME.
LIVRE DEUXIÈME.	Charité................... 137
Espérance................ 63	La Crèche................ 140
A la Normandie............ 67	L'Asile................... 145
Mon beau Songe........... 70	Les Enfants des faubourgs... 150
Le Chant du berceau....... 73	La Colonie de Mettray...... 157
Chemin dans les blés....... 79	Fraternité 166
Sous les Lilas............. 81	Les petites Sœurs des pauvres. 171

POËMES ET POÉSIES.

Offrande	181	Nahleh	293
Les Deux-Mondes	183	Laisse-moi t'aimer	297
Lever de soleil	191	Les deux Fantômes	299
Soyez ma sœur	196	Crépuscule	305
Les Sylphes des feuilles	199	L'Oreille	308
Les funérailles de Mme Lœtitia Bonaparte	203	Le Roi de mer	311
		Le Papillon égaré	314
Béatrice, sonnet de Dante	206	Stances sur Paul et Virginie	315
L'Ame en peine	207	Le Jardin de Wang-Weï	317
Simplicité	211	La Fiancée	319
Sous un toit de chaume	213	Deux Vieillards	321
Confidence	217	La Fleur fanée	325
Dites-le-moi	221	La Lampe nocturne	326
A un Poëte	223	Chérifa	327
Mélancolie	226	Le Cercueil de Napoléon	331
Ce qu'il faut taire	227	Amour	337
La Jeune Fille et les Fleurs	230	Le Monument de Molière	339
Pensée de nuit	233	Bouquet de bal	346
A madame G. S.	235	Les deux Anges	347
Sur une hirondelle	237	La jeune Fille et le Ruisseau	351
Phialé	240	Retraite	353
Je pense à vous	243	L'Étoile du soir	355
La Ronde des Fées	245	Sur la Mort d'un chat	356
Camélia	251	Petit Oiseau	359
L'Arc de Triomphe	253	L'Enfant perdu	361
Le Livre où vous priez	263	Paysage	366
La Colombe blanche	265	Dernier Vœu	369
Salomon de Caus	269	La Statue du Poussin	371
Le Trappiste	277	Avril	377
Automne	280	Le Rosaire	381
Alain Chartier	281	Le comte Adick	387
Casimir Delavigne	283	Soleil couché	392
La Chanson des bois	290	La dernière page	393
Le Chant des Colons	291		

IDÉAL.

A Marie Désirée	397	La Falaise d'Étretat	447
Le Souvenir	399	Le Cimetière neuf	450
Larme et Perle	402	La Futaie	451
La Nonne et la Fleur	403	Le Matelot sait bien	452
L'Arbre mort	404	La Fée de Romefort	453
A des Amis éloignés	406	L'Étoile solitaire	455
Illusions perdues	407	Rêve perdu	457
Harmonie	411	La Ruine	460
L'Incendie en mer	413	Promenade en septembre	461
Rêves de jeune fille	417	La Fille du Tintoret	465
Fleur séchée	421	Le Bosquet de roses	472
Tristesse	423	A Mlle Gabrielle P	473
Les Ames	424	Nuit d'automne	474
Le Nom de ma mère	425	Longefont	477
L'Aimant	428	A deux	479
A une Lettre	429	La Cheminée de campagne	484
La Première Violette	431	Envoi à Jules Boilly	487
A Marie morte	433	A Mme Amélie R	488
Aux Pères trappistes	436	L'Oiseau du Paradis	490
Mystères	437	Clair de lune	496
Le Spectre du fiancé	439	A une belle Inconnue	497
Notre-Dame du Saule	443	La jeune Fille et l'Étoile	498
L'OEil du lézard	445	L'Idéal	499

PARIS. — IMPRIMERIE DE J. CLAYE, RUE SAINT-BENOIT, 7.

www.ingramcontent.com/pod-product-compliance
Lightning Source LLC
Chambersburg PA
CBHW071716230426
43670CB00008B/1030